Joachim G. Vieregge

Das Selbstwertgefühl

Bibliografische Information Der Deutschen Bibliothek:
Die Deutsche Bibliothek verzeichnet diese Publikation in der Nationalbibliografie; detaillierte bibliografische Daten sind im Internet über http://dnb.ddb.de abrufbar.

Deutsche Erstausgabe 2003

Ulrich Leutner Verlag, Zehntwerderweg 197, 13469 Berlin
www.leutner-verlag.de

Satz und Layout: Ulrich Leutner Verlag
Cover: Ulrich Leutner Verlag
Druck: AZ Druck und Datentechnik GmbH, Kempten
ISBN 978-3-934391-21-5

Joachim G. Vieregge

Das Selbstwertgefühl

Wesen - Verletzung - Therapie

UlrichLeutnerVerlag

Joachim G. Vieregge

ist 1939 in Berlin geboren, studierte Germanistik, Politik und Geografie und arbeitete lange als Studienrat an Gymnasien. Seit 20 Jahren ist er als Körperpsychotherapeut (European Registered ECP) in privater Praxis in München sowie an einer psychiatrischen Reha-Klinik tätig. Er leitet psychotherapeutische Seminare im In- und Ausland.

Inhalt

I Einleitung

In den letzten zehn Jahren hat das Interesse an einer Therapie des Selbstwertgefühls hierzulande stark zugenommen. Seminare, die diese Thematik anbieten, sind gut besucht. Das überrascht, gehört doch das Selbstwertgefühl zum Bewusstsein von der eigenen Identität, das schon viel länger Gegenstand von Psychotherapie ist. Und dennoch ist es etwas anderes, denn hier wird das Gefühl der eigenen Identität in Gestalt des Selbstwerts angesprochen und nicht ein mentales oder rationales psychisches Phänomen.

Das Selbstwertgefühl ist das Gefühl für die eigene Würde, gepaart mit einer Zuversicht, etwas Gutes im Leben bewirken zu können. Es ist die Basis von einer natürlichen Autorität, die es nicht nötig hat, andere beeindrucken zu wollen. Dies alles schwingt in dem Begriff mit, und wir werden im Verlauf dieses Buches zeigen, wie das Selbstwertgefühl im Menschen entsteht und was ein Mensch zu verwirklichen imstande ist, der ein gesundes Selbstwertgefühl hat.

Viel schneller als bei dieser positiven Aussage dürften wir reagieren, wenn wir beschreiben, was ein schwaches Selbstwertgefühl ist. Dieses zeigt sich in leichter Kränkbarkeit, im Nichtaushaltenkönnen von berechtigter Kritik, in der Unfähigkeit, andere in ihrem Sosein gelten zu lassen, in tiefen Selbstzweifeln bei Misserfolgen, in der Selbstaufwertung durch Abwertung anderer, in der rastlosen Suche nach Anerkennung und dem nagenden Grundgefühl, nie der/die zu sein, der/die man wirklich ist.

Die Identifizierung des Selbst als einen Wert ist nichts Selbstverständliches. Es scheint Nationen oder Gesellschaften zu geben, die keinen Begriff des Selbstwerts brauchen, weil das kollektive Schicksal die besondere Betonung des Selbst als Wert überflüssig macht. Wir werden darauf noch zurückkommen. Dieses Buch befasst sich mit der deutschen Gesellschaft, in der offenbar, ähnlich wie in der nordamerikanischen, das Selbst einen hohen Wert darstellt. Dabei gehen viele verschiedene tradierte gesellschaftliche

Vorstellungen in das ein, was als Selbstwert angesehen wird; und diese Vorstellungen wandeln sich auch noch im Laufe der Geschichte. Der Selbstwert von 1880 z.B. wurde anders definiert als der von 1970.

Um zwei Beispiele zu nennen: Berufsarbeit kann für das Selbstwertgefühl eine wichtige Größe sein. Arbeitslos, d.h. ohne eine feste Anstellung zu sein, obwohl man gut qualifiziert ist, kann als beschämend und für das Selbstwertgefühl als kränkend empfunden werden, obwohl man sich rational darüber klar ist, dass die Arbeitslosigkeit kein privates, selbst verschuldetes Problem ist. Verschiedentlich berichten Arbeitsämter, dass in der Tat Berufstätige umso eher ihre Arbeitslosigkeit als persönliches Versagen erleben, je höher sie qualifiziert sind, weil Berufstätigkeit für sie einen hohen Wert darstellt. Ein anderer Wert wäre absolute Treue in Ehebeziehungen, d.h. die Fähigkeit, eine eheliche Beziehung auch dann durchzuhalten, wenn die Liebe längst aus ihr gewichen ist, wenn ein Partner mehrere Treuebrüche begeht oder wenn ein Partner die Ehe durch Gewalttätigkeit oder Alkoholismus belastet. Im späten 19. Jahrhundert hatte dieser Wert der absoluten Treue in konservativen bürgerlichen Schichten eine große Bedeutung; in unserer Zeit ist er fast bedeutungslos geworden.

Was nun macht die besondere Bedeutung des Selbstwertgefühls in unserer Zeit aus? Dies ist nicht leicht zu erkennen. Leicht zu begreifen wäre eine Erklärung, wenn die Bevölkerung nach einer Niederlage im Krieg durch den Sieger kollektiv gedemütigt wäre. Dann würde sie eine Krise des Selbstwertgefühls durchmachen. Auch massenhafter Heimatverlust durch Vertreibung oder, im Falle von Völkermord, das Schicksal der Nachkommen der Ermordeten, könnte man als Grund für den Mangel an Selbstwertgefühl sofort verstehen. Als Beispiel kann man hier das Los des tibetischen Volkes nennen, das nicht nur seiner Heimat, die einen hohen Wert darstellt, beraubt wird, sondern auch noch von der chinesischen Besatzungsmacht gezwungen wird, seine Religion und Kultur zu verleugnen - zweifellos sehr hohe identitätsstiftende Werte. Ihre

Entwürdigung führt zu schweren psychischen Erkrankungen unter den Exiltibetern. Solche dramatischen Vorgänge, die einen breiten Verlust des Selbstwertgefühls bei den Menschen erklären könnte, fehlen in Mitteleuropa seit fünfzig Jahren. Die Gründe für die Suche nach dem Selbstwert müssen also woanders liegen.

Die SHELL-Jugendstudien der letzten Jahre geben darüber genauere Auskunft. Demnach weisen die Hierarchien von Werten, die den Selbstwert ausmachen, seit Jahren keine festen, auf lange Fristen angelegten Strukturen mehr auf. Vielmehr ist es so, dass die Jugendlichen sich herausgefordert fühlen, sich ihren eigenen "Wertehimmel" zusammenzusetzen und dass dieser von sozialem Kontext zu sozialem Kontext anders ist. So leben Jugendliche in verschiedenen Wertestrukturen gleichzeitig und müssen sie immer jeweils neu aushandeln. Aber die weiter oben angesprochenen dramatischen historischen Umstände kommen dann doch noch ins Spiel; denn beim Zerfall fester, langfristig geltender und vertrauensbildender Wertekanons haben der Nationalsozialismus und die anschließende Verdrängungsära dem Holocaust gegenüber kräftig mitgewirkt. Könnte also diese tiefe kollektive Selbstunsicherheit der Grund sein, warum Menschen so sehr an Kursen über die Heilung des Selbstwertgefühls interessiert sind? Sucht man hier vielleicht einen Ort in sich, wo es ein wahres, unzerstörbares wahres Selbst gibt, einen Ort, der alte Traumatisierungen überdauert? Diese Fragen scheinen mir am ehesten zu plausiblen Antworten zu führen. Wir werden aber neben den psychischen Spätfolgen des Vertrauensverlustes in stabile Selbst-Werte auch aufzeigen, wie sich aus diesen Nöten heraus neue, kreative und tiefere Fragestellungen an den eigenen Selbstwert entwickeln, wozu besonders neben der Tiefenökologie die neue transkonfessionelle Spiritualität gehört, die sich für spirituelle Erfahrungen des wahren Selbst ohne Vorurteile öffnen will.

Dieses Buch ist aus psychologischem und psychotherapeutischem Interesse entstanden. Im Verlaufe der Beschäftigung mit der Narzissmus-Problematik gab es jedoch so viele Hinweise auf politische, soziologische und gesellschaftshistorische Aspekte, dass die Psychologie des Selbstwertgefühls nicht mehr nur psychologisch betrachtet werden konnte. Das gilt auch für die Kursbeschreibung im 5. Teil des Buches. Eine Stabilisierung des Selbstwertgefühls bedarf Veränderungen des Kommunikationsverhaltens in Schule, Betrieb und im politisch-öffentlichen Raum, wenn man einem stets drohenden Rückfall in ideologische reaktionäre Lösungen vorbeugen will. Deshalb wurde dem Konzept von HABERMAS vom herrschaftsfreien Diskurs größter Wert beigemessen.

Der erste Teil des Buches setzt sich mit den unterschiedlichen Ansichten von Psychoanalyse, besonders der Narzissmus-Forschung und der modernen Säuglingsforschung über die Entstehung und den Charakter des Selbstgefühls auseinander. Dies führt uns auf die Spur, nach dem Wesen des "falschen" und des "wahren" Selbst zu forschen. Weil der Begriff "falsches Selbst" einen moralisierenden Beigeschmack hat, wird auch öfters vom "kompensatorischen" Selbst gesprochen. Das "wahre Selbst" wird im Zusammenhang mit dem sogenannten "authentischen Impuls" gesehen, der bei kleinen Kindern beobachtet wurde. Danach wird die Thematik in ihrer spirituellen Bedeutung beleuchtet. Quellen des objektiven Mystizismus werden dazu befragt, was für sie das wahre und das falsche Selbst sind. Im 5. Teil folgt die ausführliche Beschreibung und Diskussion eines gruppentherapeutischen Modell-Kurses in vier Stufen. Sein Konzept ist die Quintessenz vieler praktischer Erfahrungen mit Kursteilnehmern aus Deutschland, der Schweiz und Österreich zum Thema Selbstwertgefühl - Teilnehmern im Alter von 25 bis 60 Jahren, die aus den Mittelschichten kommen. Die Beschreibung wird an vielen Stellen erweitert durch Diskussion des Teilnehmerverhaltens und der Wahl der therapeutischen Methoden, vor allem aus dem Bereich der Körperpsychotherapie und psychospiritueller Heilweisen und Meditationen.

Es bleibt in der Verantwortung von Gruppenleitern oder Psychotherapeuten, wenn sie Teile dieses Kurssystems herausnehmen und in ihr eigenes Vorgehen einbauen. Ohnehin hängt viel von der

Persönlichkeit des Gruppenleiters und von der jeweiligen Teilnehmerstruktur ab, wie mit den Bedürfnissen der Menschen umgegangen wird. Dabci wird als selbstverständlich vorausgesetzt, dass sich jeder Trainer, Gruppenleiter oder Therapeut mit seinem eigenen Selbstwertgefühl so auseinandergesetzt hat, dass er relativ frei von Selbsttäuschungen ist.

II Das Selbstwertgefühl in der wissenschaftlichen Literatur

1. Zum Stand der Forschung

Das Selbstwertgefühl wird in der psychologischen Literatur meistens im Zusammenhang mit der Narzissmus- und Borderline-Problematik erörtert, ohne dort als Begriff eine besondere Rolle zu spielen. Es wird unter den Definitionen der verschiedenen Selbst-Konzepte subsumiert. So verwenden es KERNBERG, MASTERSON, KOHUT, WINNICOTT und JOHNSON[1] nur im Kontext der Diskussion des "wahren" oder integrierten und des "falschen" oder pathogenen Selbst. Einzig der Jungianer Mario JACOBY[2] widmet dem Selbstwertgefühl im Zusammenhang mit der Scham-Angst eine eigene Publikation. Populärpsychologische Autoren wie WARDETZKY[3], die den weiblichen Narzissmus untersuchte, lehnen sich an die Narzissmus-Interpretationen von KERNBERG und KOHUT an und integrieren die Selbstwertproblematik in die Narzissmusproblematik. Für die Körperpsychotherapie sind Untersuchungen über den Zusammenhang von Narzissmus, Selbstwert und Körpererleben zwar schon bei REICH[4] angelegt, aber erst sein Schüler LOWEN[5] greift das Thema in einer eigenen Publikation auf. Sowohl bei LOWEN als auch bei PIERRAKOS[6] findet man Beschreibung und Definition der narzisstischen Persönlichkeitsstörung ansonsten unter dem Begriff "Psychopathische Charakterstruktur".

Fündiger wird man bei der Suche, was das Selbstwertgefühl eigentlich ist und wie es entsteht, wenn man die Literatur zur modernen Säuglingsforschung durchgeht. Besonders die Forschungen von STERN[7] haben uns genauer gezeigt, wie das Selbstwertgefühl schon in frühen Phasen der Kleinkindentwicklung im Zusammenhang mit dem "Selbstempfinden" und der Ausbildung des "Kernselbstes" entsteht. Auf diese Untersuchungen werde ich genauer eingehen, zumal im praktischen Teil einige Übungen aus den Erkenntnissen STERNS und anderer Säuglingsforscher abgeleitet sind.

Die von Psychotherapeuten in den letzten fünfzehn Jahren beobachtete Zunahme von Frühstörungen bei den Klienten, zu denen ja auch die Störungen des Selbstwertgefühls gehören, legt eine Betrachtung im gesellschaftlichen Kontext nahe. Aber abgesehen von den Arbeiten ZIEHES[8] über Jugend, Schule, Pubertät und Narzissmus unter spätkapitalistischen Herrschafts- und Produktionsverhältnissen gibt es bis in unsere Tage keine sozialpsychologische Gesamtstudie über dieses beunruhigende Phänomen, die etwa Ähnlichkeit hätte mit dem Werk von LASCH[9], das sich mit der Narzissmusproblematik in der US-amerikanischen Gesellschaft der 70er Jahre befasst.[9a] Aber es gibt bei uns Ansätze, das Selbstwertthema im sozialen und polithistorischen Kontext anzugehen, etwa bei ECKSTAEDT[10], die eine exzellente und zugleich bedrückende "Psychoanalyse von Hörigkeitsverhältnissen" vorgelegt hat, in der sie die Auswirkungen des Nationalsozialismus auf die kurz nach dem Krieg geborenen Kinder der "zweiten Generation" untersucht. Wie wir noch darstellen werden, hängt mit der Selbstwertproblematik eng der Typ des "außengeleiteten" Menschen zusammen, dessen Bewusstsein selbstentfremdet ist. Bereits ab den 30er Jahren hat sich die Frankfurter Schule (ADORNO/HORKHEIMER[11] und ADORNO[12]) mit den Verformungen des Bewusstseins der Massen durch die Fetischisierung der Warenwelten und die Kulturindustrie befasst - Untersuchungen, die angesichts der Globalisierung entpolitisierender Mittelmäßigkeiten in Politik und Kultur durch die Massenmedien geradezu unheimliche Aktualität gewonnen haben. Die Untersuchung von H. KILIAN "Das enteignete Bewusstsein"[13], das Psychoanalyse mit kritischer Gesellschaftstheorie verbindet, steht in der guten "linken" Tradition in Deutschland, falschem und ideologieverhaftetem Bewusstsein den Boden zu entziehen. Schließlich seien noch die Arbeiten von T. MOSER[14] genannt, die sich der postfaschistischen Traumatisierungen und ihrer psychotherapeutischen Behandlungen annehmen. Aber alles in allem genommen - eine sozialpsychologische Studie über die narzisstische Selbstwertproblematik vom Format eines MITSCHERLICH[15], darauf warten wir immer noch.

Bei der Frage, was den wahren Selbstwert eines Menschen ausmacht, möchte ich nicht bei der Psychologie stehen bleiben. Selbst wenn wir die psychologischen Theorien kritisch hinterfragen und ihre relative Gültigkeit in Rechnung stellen, werden wir uns eingestehen müssen, dass wir nicht wissen, was das "wahre Selbst" ist und was den wahren Wert des Selbst ausmacht. Ich vermute, wir können das auch solange nicht, solange wir mit unserer Analyse auf die Verletzungen, die Defizite, Fehler und Unvollkommenheiten oder, um es krasser zu sagen, auf die Pathologie des Selbst losgehen und nicht auf die Qualitäten.
In Parenthese zu dem Wort von Goethe:

> "Wär' nicht das Auge sonnenhaft, die Sonne könnt´ es nie erblikken; läg´ nicht in uns des Gottes eigne Kraft, wie könnt´ uns Göttliches entzücken?"

würde ich hier fragen: Wer nicht mit seinem eigenen wahren Selbst in Kontakt ist, wie kann er es dann in anderen erkennen?

Nun gibt es aber viele Berichte über die Erfahrung des eigenen wahren Selbst und darüber, wie dabei die Welt wahrgenommen wird. Ich erwähne hier die Zeugnisse und Schriften von Gopi KRISHNA[16], von Suzanne SEGAL[17] und die Erfahrungsberichte aus der holotropen Psychotherapie, die Stan GROF[18,19] gesammelt und ausgewertet hat, oder die Berichte von Nahtod-Erfahrungen, die K. RING[20] und R. MOODY[21] recherchiert haben. Und natürlich gehören die vielen anderen älteren und jüngeren Zeugnisse transpersonalen und transzendenten Wissens aus buddhistischer, hinduistischer und christlich-mystischer Tradition und aus dem Sufitum hierher. Alle diese Quellen stimmen darin überein, dass wir bei allen Neurosen, Erkrankungen und Bosheiten einen Kern in uns "sehen" können, der unbedingte und voraussetzungslose und absolute Liebe ist - ein Kern, in dem und durch den wir mit dem ganzen Universum und der Schöpferkraft Gottes selber in Liebe und Güte verbunden sind. Die Quellen sagen aber auch, dass diese Gewissheit nicht ohne weiteres erfahren wird, sondern dass dazu eine altruistische Lebensführung und Schulung, Studium und Führung durch erfahrene Lehrer notwendig sind, die den Schüler anhalten, die spirituellen Werte im eigenen Innern selber zu entwickeln, anstatt einem Guru hörig zu werden.

Die Metaebene des Selbstwertgefühls als Realität zu ignorieren, ließe die spirituelle Dimension unseres Daseins außer acht. Dass der Zugang zu dieser spirituellen Ebene kein Allgemeingut ist, spricht nicht dagegen, dass die spirituellen Erfahrungen des wahren Selbst wirklich sind. Wie ich zeigen werde, spielt diese Meta-Ebene bei der Heilung des verletzten Selbstwertgefühls eine zentrale und zugleich ganz praktische Rolle.

Doch zunächst möchte ich ausführlicher auf die Erfahrungen eingehen, die wir in dieser Gesellschaft mit einem fehlenden oder mangelhaften Selbstwertgefühl machen können. Ich möchte dabei beleuchten, wie dieser Mangel mit der politischen Geschichte Deutschlands zusammenhängt.

2. Sozialpsychologische und historische Aspekte der Selbstwertproblematik

Die Selbstwertproblematik, gemeint als ein Fehlen oder Mangel an Selbstwertgefühl, ist kein individuelles Thema, sondern ein kollektives, ein gesellschaftliches Phänomen. Mangel an Selbstwertgefühl zeigt sich als Mangel an Zivilcourage, und der ist weit verbreitet, wie jeder aus eigener Erfahrung und durch die Nachrichten aus den Medien weiß. Zeuge eines offensichtlichen Unrechts zu sein, das sich sinnlich direkt erfahrbar vor den eigenen Augen abspielt, sozusagen in Tuchfühlung mit der eigenen Person und dabei gleichgültig-teilnahmslos, ängstlich-wegschauend zu bleiben angesichts der Qualen und Schmerzen des anderen, anstatt handelnd zugunsten des anderen einzugreifen, dies meint man gemeinhin mit Mangel an Zivilcourage. Dieser Mangel wird trotz aller Verleugnungen als schlechtes Gewissen gespürt. Der Philosoph Zygmunt BAUMAN[22] hat uns eindringlich vor Augen geführt, dass uns niemand von der subjektiven und autonomen Verantwortung für moralisch-ethisches Verhalten dispensieren kann, auch nicht für Verhalten unter den totalitärsten Regimes. In jedem Menschen gibt es einen ursprünglichen moralischen Impuls, für die Menschenwürde und das Recht auf Leben des anderen einzutreten, wenn man ihm von Angesicht zu Angesicht gegenübersteht. Dieser Impuls besteht vor jeder ethischen Ordnung einer Gesellschaft. Zugleich müssen wir aber mit der Ambivalenz dieses Impulses leben hinsichtlich der Folgen unseres Tuns, denn wir werden niemals Gewissheit über eindeutig gute Lösungen haben, auch wenn kodifizierte Ethiken dies präjudizieren. Wir bleiben fehlbar. Wir bleiben aber auch schuldig, wenn wir dem moralischen Impuls (und es ist immer einer des Handelns) nicht folgen.

Der Mangel an Zivilcourage ist aus einer tiefen Angst vor der Freiheit weit verbreitet. Zumal in Deutschland hat er verheerende Folgen für die soziale und politische Kultur gehabt und wird sie noch lange haben. In der berühmten Studie "The Authoritarian Personality" (1950) von ADORNO/FRENKEL-BRUNSWIK/LEVINSON/SANFORD[23] wurde erstmals in der Soziologie der Nachweis geführt, wie unter autoritären Herrschaftsverhältnissen und Erziehungsvorgängen in der kleinbürgerlichen Familie der Mittelschichten die autoritäre Charakterstruktur zum Zuge kommt, die sich u.a. durch Unterwürfigkeit unter äußere Autoritäten, leichte Verführbarkeit zu Vorurteilen gegenüber sozialen Minderheiten (Juden vor allem) und durch einen völligen Mangel an autonomem, kritisch-rationalem Denken zu erkennen gibt. Tiefer in den psychodynamischen Prozess der Bildung der autoritären Charakterstruktur ist 1933 Wilhelm REICH in dem Werk "Massenpsychologie des Faschismus"[24] eingedrungen, aber auch fast zeitgleich Max HORKHEIMER in "Autorität und Familie"[25]. Diese Untersuchungen verbinden eine kritische, vom Marxismus ausgehende Analyse der kapitalistischen Herrschafts- und Produktionsverhältnisse mit der Methode der Psychoanalyse Freuds oder/und der Soziologie, getragen vom Impetus der Aufklärung. Deutlich wird dabei, dass nicht erst der Nationalsozialismus den Mangel an individuellem wie kollektivem Selbstwertbewusstsein in den von wirtschaftlicher Unsicherheit am meisten bedrohten kleinbürgerlichen Schichten schürte und ausnutzte, sondern dass diese Disposition schon vom imperialistischen Staat des 19. Jahrhunderts mit seinen patriarchalisch-nationalistischen und sexualfeindlichen Ideologien vorbereitet wurde - ein Staat, dessen Eliten sich militant und intolerant anderen Staaten und Völkern gegenüber gerierten und dasselbe den Bürgern über Kirche, Schulsystem und Militärausbildung abverlangte. Die bestialischen Exzesse der Nazis wären nicht möglich gewesen, wenn nicht schon in den Zeiten davor die Fähigkeit des Menschen zur Zivilcourage und seine Sehnsucht nach einem friedlichen Alltag untergraben, deformiert und durch nationalistische und imperialistische Ideologien unter der Hand in eine Autoritätsverherrlichung pervertiert worden wäre. Ob diese Tendenzen, d.h. zugleich auch die Absage an eine republikanische und patriotische Tradition nach französischem Vorbild, erst mit der Bismarck-Ära oder nicht schon früher während der Restaurationszeit unter Metternich begannen, kann hier nicht weiter diskutiert werden.

In seinem Buch "Hört ihr die Kinder weinen" legt Lloyd De Mause[26] dar, wie bei der Erziehung von Kindern erst allmählich in der Neuzeit das Bewusstsein heraufdämmert, dass Babys Subjekte, Individuen sind und wie dabei der emotionale Aspekt von Wertschätzung des Kindes als Subjekt durch die Eltern entsteht. Wenn dagegen die Erziehung entlang von Verhaltensnormen verläuft, die Eltern einer Fremdbestimmtheit unterworfen haben, dann wird auch das Kind fremdbestimmt erzogen, eher als Objekt ohne eigene Seele, ohne eigene körperliche Sensitivität, ohne eigenen Willen gesehen. Die in der Gesellschaft herrschenden Verhaltensnormen werden dann dem Kind aufgezwungen, ohne dass es bei den Eltern ein Schuldbewusstsein gibt, auch wenn sie dies mit Zwang und strafenden Sanktionen tun. Das Ergebnis ist bei den Heranwachsenden ein Nicht-Erkennen und Nicht-Wissen um einen eigenen, individuellen Selbstwert. Dadurch ist sich das Individuum eines von seiner Klassenzugehörigkeit unabhängigen Naturrechts auf Selbstbestimmung und Selbstentfaltung nicht bewusst, und ihm können deshalb auch keine Mittel einfallen, diesen Mangel, den es als solchen ja nicht empfindet, zu beheben. Wir müssen daher vorsichtig sein, wenn wir autoritäre Erziehungsverhältnisse aus ihrem zeitgeschichtlichen Kontext herauslösen und dann verurteilen. In Zeiten, in denen die Mehrheit einer Gesellschaft unter fremdbestimmten Herrschafts- und Produktionsverhältnissen lebt, wie das während des frühkapitalistischen 19. Jahrhunderts der Fall war, gelang es nur ganz wenigen Persönlichkeiten (wie z.B. Heinrich Pestalozzi), sich Gedanken über eine humanistische Pädagogik zu machen und die "normalen" Erziehungssituationen als permanente Verletzung der Würde des Kindes anzuprangern.

Wenn heutzutage in den Verfassungen demokratischer Staaten die Unantastbarkeit der menschlichen Würde das vorrangige Menschenrecht ist, dann setzt eine solche Formulierung die Wahrnehmung jener Erkenntnis voraus, dass jeder Mensch mit der Geburt ein autonomes Subjekt oder ein Selbst ist (und nicht hat), das sich zwar erst sukzessive im Sozialisationsprozess entfaltet und insofern unabschließbar ist, das aber wesensmäßig zu ihm gehört, folglich ihm auch nicht aberkannt werden kann.

Diese Einsicht ist historisch gesehen also noch nicht sehr alt und ja auch noch längst nicht im Alltag demokratischer Staatswesen selbstverständlich. Wilhelm Reich hat durch seine praktischen Aktivitäten und Publikationen sehr viel zur Befreiung des Kindes und Jugendlichen aus den Fesseln autoritärer und sexuell repressiver Erziehungsverhältnisse in Familie und Schule getan und das Selbstwertbewusstsein der jungen Generation in den 20er und 30er

Jahren in Wien und Berlin gefördert; aber so richtig Frucht getragen haben seine Visionen und Ziele erst seit der antiautoritären Studenten- und Schülerbewegung nach 1968. Unterwürfigkeit und widerspruchsloses Hinnehmen von Anordnungen seitens elterlicher und schulischer, aber auch politischer Autoritäten - wie es in Heinrich Manns Roman "Der Untertan" exemplarisch für Generationen dargestellt wurde -, wenn sie ohne Respekt oder Berücksichtigung der Bedürfnisse und Interessen von Kindern und Jugendlichen durchgesetzt werden sollen, ist heute nicht mehr möglich. Durch den verlorenen 1. Weltkrieg, durch die groben Ungerechtigkeiten der Staatsorgane und der Justiz während der Weimarer Republik und endlich durch den Verrat aller ethischen Wertvorstellungen seitens der Nazis, denen die Wirtschaft, die Kirchen und die alten politischen Eliten keinen nennenswerten Widerstand entgegensetzten, ja ihn sogar während der Adenauer-Zeit verschwiegen oder verharmlosten, haben die traditionellen Autoritäten bei den Jugendlichen völlig an Glaubwürdigkeit eingebüßt.

Diese Zusammenhänge sind oftmals analysiert worden, z.B. besonders eindringlich von Horst Eberhard RICHTER, Alexander MITSCHERLICH und Jürgen HABERMAS[27] und müssen hier nicht wiederholt werden.

Mit der Selbstwertproblematik hat besonders ein sozialpsychologisches Phänomen zu tun, das sich im spätkapitalistischen Westdeutschland seit den 70er Jahren aufgrund des Autoritätsvakuums und damit der Legitimationsprobleme von Herrschaft überhaupt entwickelt hat. Die Rede ist vom "neuen Sozialisationstyp". Gemeint war damit seinerzeit ein kollektiv auftretendes, narzisstisch gestörtes Verhalten von Jugendlichen, das in seiner Art ein Novum darstellte und dessen Diskussion damals die Spalten vieler pädagogischer und psychologischer Zeitschriften füllte. Der m. E. beste Analytiker dieses neuen Narzissmus ist Thomas ZIEHE. In seinem Buch "Pubertät und Narzissmus" von 1975, nennt ZIEHE[28] folgende Charakteristika des neuen Sozialisationstyps, die ich hier verkürzt zitiere:

- Ein symbiotisches Verhältnis zur Mutter...
- Ein Streben nach Befriedigung, das nicht so sehr über Objektbeziehungen vermittelt wird, sondern über das Erlebnis von narzisstischen Gleichgewichtszuständen...
- Ein diffus ins Kosmische erweitertes, auf Omnipotenz abzielendes Ich-Ideal...
- Eine schwache Identifikation mit den postödipalen Elternrepräsentanzen und ein hierdurch bedingtes "Offenbleiben" des ödipalen Konflikts...
- Ein strenges, aus archaischen Projektionen auf die Elternimagines konstituiertes Über-Ich, mit dem man sich jedoch nicht mehr identifizieren kann...
- Ein dem Realitätsrisiko narzisstischer Kränkungen aus dem Weg gehendes Verweigerungsverhalten, das vorwiegend der Abstützung des äußerst verletzlichen Selbstwertgefühls dient.

Diese Analyse trifft für die Jugendlichen der 80er Jahre zu, die nicht nur nicht traditioneller Identitätserfahrungen beraubt waren, sondern auch schon kontra-traditioneller, wie sie noch die 68er erlebten, indem sie aus der Rebellion gegen sogenannte "preußische" Tugenden und ihre Repräsentanten ein Selbstwertbewusstsein gewinnen konnte, das sie untereinander verband. Das Selbstwertgefühl des neuen Sozialisationstyps war jedoch wesentlich brüchiger und verletzlicher. Hierauf soll näher eingegangen werden, weil dann auch einige der obigen Formulierungen im soziologischen Kontext klarer werden.

Wie schon erwähnt geht Mitte des 20. Jahrhunderts das Zeitalter klassisch-bürgerlicher Werte zu Ende und damit auch psychostrukturell in den Subjekten das Zeitalter des autoritären Charakters. Beidem haben nicht zuletzt die Pervertierungen durch den Nationalsozialismus den Todesstoß versetzt. ZIEHE beobachtet vor allem die Identifikationsprozesse in der Adoleszenz, weil an dieser Scharnierstelle zwischen zwei Generationen die Kontinuitäten oder Brüche in Gesellschaft und Subjekt besonders deutlich werden. Und hier macht er (und nicht nur er) folgende Beobachtungen:

Das bürgerliche Subjekt der liberal-kapitalistischen Epoche verfügte über relativ stabile Über-Ich-Identifikationen. Diese ermöglichen dem Ich den Aufschub von Bedürfnisbefriedigungen zugunsten höherwertig eingestufter Ich-Ideale und einer moralisch-asketischen Lebensführung. Ein solcher Wert war z.B. emotionale Zurückhaltung; ein anderer Harmonie in allen sozialen Beziehungen, was u.a. die Leugnung von Klassenwidersprüchen oder sozialen Konflikten hieß. Viele Werte bezogen sich sowohl auf sexuelle als auch auf Konsum-Bedürfnisse. Der "lange Atem", mit dem das bürgerliche Ich lebte, machte seine Kohärenz und sein Vergangenheit, Gegenwart und Zukunft umfassendes Zeitbewusstsein aus. ZIEHE sieht das Äquivalent dieses Sozialcharakters in dem "homo oeconomicus", dem Ideal des Kleinunternehmers, der nach dem Gewinnprinzip arbeitet[29]. Der neue Sozialisationstyp entsteht nun aus dem Zusammenbruch der "bürgerlichen Motivationsbasis". Diese bezog sich auf Tugenden des bürgerlichen Sozialcharakters aus der traditional-vorkapitalistischen und liberal-kapitalistischen Epoche wie Initiative, Fleiß und Risikobereitschaft. Sie gewährten damals Erfolg und Ansehen.

Wo nun aber die Marktfunktionen allmählich vom Staat übernommen werden (z.B. durch Strukturpolitik, Infrastrukturbereitstellung, Bildungssystem, Sozialsysteme), greift der Staat auch immer tiefer in ehemals staatsfreie Lebensbereiche ein (z.B. in Freizeitgestaltung, Unterhaltung, Gesundheitsvorsorge, Kommunikation) und funktionalisiert sie für seine Zwecke, und das sind vor allem staatsökonomische. Doch wie wird das vor der Bevölkerung legitimiert? Im Spätkapitalismus muss der Staat dem Kapital neue Verwertungschancen eröffnen, will er ökonomisch überleben. Das tut er, indem er die Ökonomisierung der soziokulturellen Lebenssphären vorantreibt und sie entprivatisiert. Traditionelle ethische Normen des Privatlebens wie Treue, Ehrlichkeit, Ausgleich von Geben und Nehmen, Solidarität mit den Schwachen, Mitleid etc., welche die Gesellschaft zusammenhielten, werden nun ihres erlebten Sinnes entkleidet und finden sich nur noch in den dürren Apellen des Staates an seine

Bevölkerung, eine "Solidargemeinschaft" zu sein, wieder. Damit schrumpft die Motivation, ethische Dimensionen zur Richtschnur des Handelns der Wirtschaftssubjekte zu machen.[30]

In das nun entstandene "Orientierungs-Vakuum" drängte eine "neue, triebstrukturell fundierte Bindung an die Welt der Konsumwaren".[31] Da ZIEHE mit dem Triebmodell Freuds arbeitet, deutet er denn auch diese Veränderung damit, dass die Werbung den Waren "neue Phantasiewerte" durch Sexualisierung zukommen lässt und dass so "freigesetzte Libido" an die Waren gebunden wird.

Außerdem ersetzt ein an die Warenwelt gehefteter "richtiger Lebensstil" das, was früher die an immaterielle Werte orientierten Identifikationen leisteten, ohne aber noch den Zusammenhalt des Subjekts als Ganzes spiegeln zu können. Wir werden auf diesen Zusammenhang noch bei der Diskussion um das "falsche Selbst" zurückkommen.

Weil durch "das Bewusstsein der Kontingenz der jeweiligen Wertungen und Handlungen" das Verhalten von Eltern und Jugendlichen unter einem Begründungszwang steht (die der traditionelle Sinn des bürgerlichen Weltbilds nicht nötig hatte), hat das den Raum für eine "kommunikative Ethik" - ein Begriff, den ZIEHE von HABERMAS übernimmt - eröffnet, in dem Verhaltensnormen "nur dann Geltung beanspruchen, wenn sie Ergebnis herrschaftsfreien Diskurses sind und nicht Übernahme formalisierter Setzungen."[32] Damit hat auch die alte Versagungsmoral ausgedient, und unmittelbare Bedürfnisbefriedigungen sind tolerabel geworden, ja werden "mit Hilfe sozialtechnischer Strategien gefördert".[33] Dazu passt, dass das Zeitbewusstsein sich immer mehr auf die unmittelbare Gegenwart zusammendrängt: Nur was hier und jetzt möglich ist, ist von Wert und zählt. Der geringeren Neigung zum Bedürfnisaufschub entspricht andererseits ein "gesteigertes Anspruchsniveau" auf dem Felde der "kollektiven Reproduktionsbedingungen", z.B. auf dem Ausbildungssektor, um sich die "manipulativ geförderte Laszivität im *Konsum*bereich" leisten zu können. Adressat dafür ist der Staat, der bei knapper werdenden Mitteln mit erhöhtem Leistungs- und Selektionsdruck, erhöhter Arbeitsintensivierung und Berufsdisziplin antwortet.

Eltern können hier den Jugendlichen nicht mehr helfen. Einmal sind sie selber Objekte des eben beschriebenen Wandels und können sich nicht mehr mit der sozialen Realität identifizieren. Zum anderen ist ihre Autorität, besonders wenn sie der NS-Generation angehören, irreversibel geschädigt (dieser Zusammenhang wird übrigens von ZIEHE noch nicht in seiner Tragweite erfasst), und schließlich produziert der kompensatorische Rückzug auf die Familie als angeblich letztem Reservat konfliktfreien, selbstbestimmten und der Warenproduktion entzogenem Seins, in dem die Kinder dazu da sind, die sozialen Verletzungen und Identitätszusammenbrüche der Eltern auszugleichen, jene Bedingungen, die dann zu narzisstischen Störungen während der Primärsozialisation führen - mit daraus resultierendem defizitärem Selbstwertgefühl[34]. Von diesen narzisstischen Störungen soll nun die Rede sein, wobei ich mich erneut auf ZIEHE berufe.

Auffällig für die post-war-Familien wird die Fremdheit zwischen Eltern und Jugendlichen. Wegen der Unfähigkeit der Identifikation mit den Eltern ist ein Rückzug des Adoleszenten von den Eltern zu beobachten. Innerpsychisch entspricht dem eine Auflösung der Über-Ich-Identifikationen. "Zum einen", so ZIEHE, "reduziert sich der Gehalt des Über-Ichs heute eher auf seinen archaischen Kern, der durch narzisstische Projektionen auf die Elternobjekte diese bis zur Übermächtigkeit verzerrt, ohne dass dieser Kern später ausreichend durch stabilere Identifikationen überlagert würde, die realitätsangemessenere Über-Ich-Forderungen mit sich brächten."[35] Zum anderen ist bei der zunehmenden Beschleunigung und Forderung nach rascher Verhaltensanpassung an den technischen und sozialen Wandel eine rigide Ich-Struktur infolge einer rigiden Über-Ich-Identifikation kontraproduktiv. Diesen Zusammenhang und seine Folgen haben in jüngster Zeit Ulrich BECK, Richard SENNETT und Anthony GIDDENS[36] gründlich beleuchtet und bestätigt.

So besteht bei den Jugendlichen zwar ein strenges (aber unreifes) Über-Ich weiterhin, aber die Identifikation mit ihm ist nicht mehr möglich angesichts der täglich vom Kind erlebten Realität der Eltern. Tauchen nun Konflikte mit diesem regulativen Über-Ich auf, so sind Angst und Scham ungleich vehementer für das (schwache) Ich. Es fühlt sich viel leichter exponiert, als wenn es zu sicheren Über-Ich-Angeboten, wie z.B. eindeutigen Verhaltensnormen, Zuflucht nehmen könnte, die allgemein anerkannt sind. Die Abwehr in dieser Lage ist die Regression.

Konflikte mit dem Über-Ich tauchen bei der narzisstischen Störung deshalb auf, weil ihm ein enorm aufgeblähtes, omnipotentes Ich-Ideal gegenübersteht, das von einem zu schwachen Ich nicht gebremst und einer Realitätsprüfung unterzogen wird. Mit anderen Worten: Noch ehe der narzisstisch gestörte Mensch ein stabiles Ich aufbauen kann, überrollt ihn gleichsam das in der primärnarzisstischen Szene entstandene Ich-Ideal. Dieses "größenwahnsinnige" Ich-Ideal "bleibt gegenüber dem schwachen Ich ichfremd".[37] Gegenüber einem solchen Ich-Ideal muss das Ich ständige Schuldgefühle haben, weil es seinen Ansprüchen nicht genügen kann. Diese Schuldgefühle sind so massiv, dass die Hauptarbeit, die das ohnehin schwache Ich leistet, in ihrem Niederhalten bzw. Verdrängen besteht.

Der eine Abwehrvorgang, den Ziehe erläutert, ist das narzisstische Vermeidungsverhalten. Bei diesem geht das Individuum jeder Situation aus dem Weg, in der es eine Kränkung erleben könnte, indem es die eigene Begrenztheit seiner Ich-Kraft erfahren würde. ZIEHE:

> "Gesucht wird hier also nicht nach Formen einer lustvollen *Entfaltung* des Ichs, sondern nach Möglichkeiten der Vermeidung von Unlust durch *Reduzierung* der Ich-Funktionen: Es handelt sich um Ich-Einschränkung zum Zwecke der Scham-Minderung."[38]

Dies scheint mir eine plausible Erklärung zu sein, warum sich junge Leute so wenig in der Öffentlichkeit von etablierten Organisationen "outen", vor allem, wenn diese Organisationen keine wohlwollende Akzeptanz von "Fehlern" bieten. Die Regression besteht darin, dass das Selbst auf die Stufe des omnipotenten primär-narzisstischen Selbst zurückgeht. In dem späteren Kapitel über die von der modernen Säuglingsforschung beobachtete Entwicklung des Selbst und des Selbstempfindens während der frühen Kindheit werden wir darauf eingehen müssen, dass diese psychoanalytische, von Margret MAHLER[39] übernommene Sichtweise ZIEHES so nicht haltbar ist. Dort wird gezeigt werden, dass die sogenannte primär-narzisstische Phase, in der das Ich noch nicht besteht, selber bereits eine pathogene Verzerrung der Mutter-Kind-Kommunikation ist. Dennoch übernehme ich hier ZIEHES Darstellung, weil sie recht gut die Störungen beschreibt, die wir bei Adoleszenten in Familie und Schule erleben können.

Bei dem anderen Abwehrvorgang wird das Ich dadurch ruhiggestellt, dass immer wieder durch Introjektionen nach einer "Idealverschmelzung mit Objekten, die das ozeanische Gefühl des Zerfließens und Schwebens vermittelt", gesucht wird. ZIEHE weist auf die Beat- und Drogenszene hin, die solche narzisstischen Verschmelzungserlebnisse ermöglichte und so einen "intrauterinen Zustand des unbegrenzten Befriedigtseins reproduzieren" konnte.[40] Indem hier das Ich "Allmachtsqualitäten" in sich aufnimmt, können so "das primär-narzisstisch strukturierte Ich-Ideal und die allmächtigen Objekte, deren Anteilhaber man geworden ist, ... miteinander identisch werden." Ich möchte hinzufügen, dass auch ein Teil der esoterischen Meditationsszene aus denselben Gründen Zulauf erhielt.

Diese für den "neuen Sozialisationstyp" skizzierten psychischen Strukturen hängen, so führt Ziehe aus, entscheidend auch mit der Zunahme primär-narzisstischer Mutterbindungen zusammen. Dafür gibt es den einfachen Grund, dass in vielen Familien nach dem Kriege die Mütter mit ihren Kindern allein dastanden, sei es, dass die Väter gefallen oder lange in Kriegsgefangenschaft waren, oder sei es, dass sie beim Wiederaufbau der wirtschaftlichen und beruflichen Basis der Familie weitgehend außer Haus waren. Abwesenheit der Väter meint aber auch deren seelischen Rückzug nach innen, jenes unheimliche Schweigen, mit dem sie die Schrecken des Krieges, die sie nicht nur erlitten, sondern auch als Täter über andere gebracht hatten, zudeckten. Was ZIEHE und andere Forscher in dieser Zeit (z.B. H. E. RICHTER) beobachten, sind die problematischen Schwächen der allein gebliebenen Mutter, die sich über eine symbiotische Beziehung zum Kind "affektiv zu stabilisieren sucht".[41]

Die Bedürftigkeit der Mutter, die Kinder zur eigenen narzisstischen Stärkung braucht, erschwert natürlich beidseitig die Ablösung während der Adoleszenzphase. Im Unterschied zur klassischen Präadoleszenz, wo das präödipale Mutterobjekt durch homoerotische Gruppenidentifikationen beim Jungen und phallische Identifikationen beim Mädchen abgewehrt werden konnten, "löst der 'neue Sozialisationstyp' die unbewusste Bindung an das präödipale Mutterobjekt nie ganz auf."[42] Das angstbesetzte Anklammerungsverhalten der Mutter verstärkt die Mutterbindung noch, wobei die Schwäche des Vaters einschließlich der obsolet gewordenen traditionalen "väterlichen" Normen hinzukommt. So erscheinen die gesellschaftlichen Prozesse der post-war-Generationen vielleicht auch deshalb als nicht mehr überschaubar und unsicher, weil sie durch die Augen des Mutterbildes gesehen werden, dem kein ordnendes, strukturierendes "väterliches" Prinzip zur Seite steht. Diese Ideen entwikkelte Gerard MENDEL[43] weiter.

Ich wage den Gedanken, ob nicht auch das heutige Unbehagen an der aus dem Ruder laufenden, fast rachsüchtig anmutenden Globalisierung der Märkte und Dienstleistungen daher rührt, dass ihr das Sicherheit gebende und Grenzen setzende "Vaterprinzip" fehlt, so dass der "Lilithkomplex", und zwar in Gestalt der alles fressenden, alles verschlingenden und kontrollierenden, alles umklammernden "schrecklichen Mutter", ungehemmt wüten kann. Wie dieses neue "Vaterprinzip" aussehen könnte, hängt allerdings auch damit zusammen, wie eine neue gute Mütterlichkeit entwickelt werden kann.[44]

Wenn wir gesagt haben, dass der Jugendliche für die Mutter eine affektive Stützfunktion hat und oft auch für den "schwachen" Vater, so wird die psychische Stabilität des ganzen Familiensystems bedroht, wenn er sich abzulösen beginnt. Hierbei muss es zu schmerzhaften Konflikten kommen. Weil der Jugendliche spürt, dass er für die Eltern etwas ganz anderes repräsentiert, als er selbst ist, und es bei der Ablösung gar nicht um ihn geht, sondern um den Kampf der Eltern zur Aufrechterhaltung ihrer auf das Kind projizierten oder übertragenen ungelösten Konflikte mit den eigenen Werte vermittelnden Eltern o. ä., kommt es zu einem Nichtverstehenkönnen auf beiden Seiten und beim Jugendlichen zum Rückzug und zu apathisch machender Unlust an jeder Art Klärung mit den Eltern. Dieser regressive Rückzug nach innen gehört zum narzisstischen Vermeidungsverhalten. Die Beziehungsstörung zu den Eltern löst er nicht; denn weil "das Maß an libidinöser Besetzung, die diese (die frühen inzestuösen Bindungen an die Eltern, J.V.) erfahren haben, vergleichsweise gering ist"[45], ist die Fähigkeit zu libidinösen Objektbeziehungen und zu persönlichen Auseinandersetzungen auch geschwächt. Immer wenn es dann um Intimität und engere Bindungen geht, entsteht die Angst, dass sich die Erfahrung wiederholt, die Objekte könnten durch ihre Eigeninteressen und Unbeständigkeiten den ersehnten wohligen Zustand des primären Narzissmus zerstören. So wählt der narzisstisch gestörte Jugendliche lieber "diffus-kosmisch wahrgenommene Objekte, (die) ein ewiges Gleichgewichtserleben versprechen."[46]

Fassen wir die wichtigsten bisherigen Aussagen zusammen:
Den neuen oder narzisstischen Sozialisationstyp, der ab den 70er Jahren die gesellschaftliche Szene beherrscht, kennzeichnen folgende psychischen Strukturmerkmale:

a) ein Rückzug von den Eltern und keine Identifikation mehr mit den von ihnen vertretenen Wertvorstellungen;
b) eine Fokussierung der Interessen auf die unmittelbare Bedürfnisbefriedigung im Hier und Jetzt;

c) keine Identifikationen mehr mit ins Über-Ich hereingenommenen Leitbildern, das aber gleichwohl kontrollierend und streng herrscht;
d) ein enorm aufgeblähtes, omnipotentes Ich-Ideal präödipalen bzw. frühkindlichen Ursprungs, das in der primär-narzisstischen Mutter-Kind-Szene entstand;
e) eine schwache, labile Ich-Struktur (und damit auch ein brüchiges Selbstwertgefühl), das dem Triebdruck des Es und dem hohen Anspruch des Ich-Ideals und des strengen Über-Ichs nicht gewachsen ist;
f) weil die Schamgefühle zu groß sind, wehrt das Ich diese Ansprüche durch Regression in den ursprünglichen primärnarzisstischen Zustand ab und schwächt das Ich (und den Selbstwert) noch mehr;
g) eine verzögerte und erschwerte Ablösung von der Kernfamilie durch die präödipale Mutterbindung und durch das Klammern der Eltern;
h) eine Identitätsbindung an den von der Konsum- und Warenwelt präfabrizierten "Lebensstil";
i) die Neigung, Ethiken durch situative Kontexte per herrschaftsfreier Kommunikation stets neu auszuhandeln.

Wenn auch manche Psychoanalytiker diesen neuen Sozialisationstyp negativ gesehen haben, so u.a. MITSCHERLICH, der ihn die "Momentpersönlichkeit" nennt, so sollte man einige soziokulturelle Merkmale erinnern, die quasi als Kompensation für das "Versagen" der familiären und öffentlichen Sozialisationsinstanzen von der Jugend der 70er Jahre alternativ entwickelt wurden und die, wie ich finde, der westdeutschen Gesellschaft gut zu Gesicht stehen.

Die Jugend der 70er und 80er Jahre hat das Orientierungsvakuum der bürgerlichen Institutionen einschließlich der traditionalen Familie mit der Bildung neuer peer-groups ausgefüllt, die, als eine Art sozialer Uterus fungierend, eine eigene Kultur mit genuinen Innovationen (z.B. auf dem Gebiet der Musik, des Tanzes und des

Körperbewusstseins) entwickelte, oft als "Subkultur" bezeichnet. In dieser Szene waren keine Bedrohungen des labilen Selbstwertgefühls zu befürchten, denn die Kommunikationsmuster waren frei von Leistungsanforderungen der technischen Rationalität und damit von narzisstischen Kränkungserfahrungen. "Rauschartige Erlebnisse des Selbstzerfließens, der Selbsterweiterung und des Schwebens" konnten sich hier "mit der primär-narzisstischen Sehnsucht nach der intrauterinen Homöostase" verbinden.[47]

Das Verhältnis zur Sexualität ist entkrampfter und angstfreier geworden; es wird seit dieser Zeit nicht mehr von vornherein mit Fragen nach der lebensgeschichtlichen Perspektive verknüpft.

Es ist in diesen neuen antiautoritären "Verhaltensräumen"[48], für die etwa die Jugendzentren stehen, die damals in vielen Städten der BRD gegründet wurden, begründet, dass sich eine neue tolerante Art der Werteermittlung und Wertevermittlung entwickelte, die bis heute Gültigkeit hat. Die 13. Shell-Studie "Jugend 2000" zieht das Fazit, dass die Jugendlichen heute nicht so große Mühen damit zu haben scheinen, Werte nur noch als situationsabhängige Konzepte anzusehen und nicht mehr als "überindividuelle Entscheidungshilfen und Verhaltensprädikatoren".[49] Die Zunahme von akzeptierten Lebensformen eröffnet dem Individuum neuartige Wahlmöglichkeiten. Daraus ergibt sich laut Shell-Studie:

> "Jeder Jugendliche wird heute zum flexiblen Konstrukteur seiner eigenen Biografie mit einem persönlichen Wertekosmos, er muss und kann sich seine Identität und seine Wertorientierungen aus Versatzstücken selbst und eigenverantwortlich zusammenbasteln, sozusagen sein eigenes biografisches und ethisches 'Gesamtkunstwerk' schaffen und inszenieren, ein Kunstwerk, dessen Inhalt er eben selbst ist."[50]

Und an anderer Stelle heißt es:

> "Es verfallen dabei jedoch keineswegs die Werte an sich, sondern nur deren intrapersonelle(...)Dauerhaftigkeit und überindividuelle Gültigkeit. Doch mit diesem möglichen Verlust ist ein Gewinn an Vielfalt und biografisch bedarfsgerechten Setzungen verbunden ...

Wir haben es zunehmend mit einer 'Gesellschaft der Zwischentöne' zu tun. Das große 'Sowohl-als-auch' rückt an die Stelle des 'Entweder-Oder', und das dynamische Offenbleiben ersetzt statische Endgültigkeiten."[51]

Das hier angesprochene biografische Improvisieren schließt auch einen anderen Umgang mit Zeit ein. Hier allerdings zeigt sich ein Unterschied zu den 70er Jahren. Waren damals in der jugendkulturellen Szene Gegenwartsorientierung und narzisstische Spontaneität möglich, ohne an die Zeit danach zu denken (man nannte die Szenenmitglieder ja auch die "Spontis"), so muss die 13. Shell-Studie konstatieren, dass Jugend heute eher zukunftszentriert ist, wobei Zukunft hier unter Nützlichkeitserwägungen und Erreichbarkeit von beruflicher Tätigkeit und genügendem Einkommen, auch von sozialer Integration steht; und Zukunftszentrierung korreliert mit Leistungsorientierung und weniger mit Genussorientierung.[52]

Wenn wir diese neuen Befunde der Jugendforschung vor dem Hintergrund unserer Thematik einschätzen, dann scheint die Zeit des "neuen Sozialisationstyps" vorbei zu sein. Er ist sozusagen in die Jahre gekommen. Thomas ZIEHE hat 1991 einen Nachfolgeband mit dem Titel "Zeitvergleiche - Jugend in kulturellen Modernisierungen" geschrieben. Auch in diesem - übrigens sehr anschaulich von eigener biografischer Schul- und Jugenderfahrung aus geschrieben - findet er weiterhin deutliche Anzeichen eines weitverbreiteten labilen Selbstwertgefühls bei Jugendlichen, die er schon bei der früheren Analyse der narzisstischen Störung aufgezeigt hatte. Wenn Jugendliche, wie so oft, denken, "dass ich 'zuwenig erreiche', dass ich als ganzer Mensch immer noch nicht so lebe und so bin, wie es sein könnte"[53], dann kennzeichne das die Brüchigkeit des Selbstwertgefühls. Unter Rekurs auf HABERMAS' Untersuchungen zu den Enttraditionalisierungen der Lebenswelten in der Moderne beklagt ZIEHE den "Verödungseffekt" durch den "Verlust kontra-traditioneller Intensitätserfahrung" und kommt zu drei thesenartigen Formulierungen, wie die Moderne mit den vielen kulturell diversifizierten Lebensbereichen auf ungünstige Weise verarbeitet wird:

"a) In der semantischen Dimension wird die Abstraktion (die gedachten und unverbindlich bleibenden Möglichkeiten vieler Lebensentwürfe) als Entzug von Resonanz und die Kontingenz (die Beliebigkeit nebeneinander bestehender Lebenswelten und Wertesysteme) als Entwertung der eigenen Existenz erlebt. Situativ erwartet werden gegenläufige Gewährleistungen von *Selbstbezug/Eindeutigkeit/Weltbildstabilität.*

b) In der Dimension des sozialen Raumes wird die Abstraktion als atmosphärische Kälte erlebt und die Kontingenz als alltäglicher Zwang zu Plausibilitätszweifeln. Situativ erwartet werden hier dann Gewährleistungen von *Wärme/Gleichgestimmtheit/intuitiverEvidenz.*

c) Und in der innersubjektiven Dimension wird die Abstraktion als Irrealisierung des Selbstgefühls erlebt und die Kontingenz als stetige Verstärkung innerer Ambivalenzen. Hier werden situative Gewährleistungen von *Aufwertung/psychischer Intimisierung/Selbstbildfestigkeit* erwartet."[54]

Das narzisstische Moment, das ein autonom reguliertes Selbstwertgefühl nicht zulässt, liegt nun darin, dass, wenn Selbstbezug etc. die Erfahrungen strukturieren sollen, keine Begegnung mit dem "anderen" mehr möglich ist. Alles Neue wird "immer schon auf das Bekannte zurückgestuft". Wenn Wärme etc. für die Kälte der Moderne schadlos halten soll, wird der Kontakt mit dem Fremden vermieden. Wenn schließlich Aufwertung etc. erwartet werden, dann wird das Subjekt abhängig von "der Zufuhr äußerer Anerkennung".[55] Ich gebe zu, dass ZIEHES Argumentation etwas Bestechendes hat, ohne klar sagen zu können, worauf mein Gedanke, dass er hier etwas richtig sieht, beruht. Liegt es (in Bezug zu a) daran, dass der Ton, wo um ethische Normen diskutiert wird, zunehmend intoleranter und mit demagogischen Mitteln geführt wird und dass ein Diskurs gar nicht mehr angestrebt wird?

Liegt es daran (in Bezug zu b), dass bei kleinster zwischenmenschlicher Unstimmigkeit, leichter Kränkbarkeit bei berechtigter Kritik und bei Konflikten Zuflucht und Trost beim Partner, bei der Familie oder bei einem Therapeuten gesucht wird, die dann einen

Wall gegen die angeblich "böse" Außenwelt ziehen sollen? Oder liegt es daran (in Bezug zu c), dass man gegenüber den sich abzeichnenden Gefahren einer schleichenden Entdemokratisierung in Europa gleichgültig und zynisch wird, anstatt den offenen, couragierten Widerspruch zu riskieren?

ZIEHES Befunden kann man die der Shell-Studie gegenüberstellen, wo abschließend zu den modernen Orientierungsmustern, der Art, wie die Jugendlichen ihre Patchwork-Identität erarbeiten, gesagt wird:

> "Dass die Jugendlichen dabei ziemlich nüchtern und illusionslos ihre eigenen Chancen und Risiken innerhalb des vereinten Europa einschätzen und mit der Ambivalenz ihrer Zukunftserwartungen recht pragmatisch umzugehen wissen, lässt sich daran ablesen, dass sie ihre persönlichen Lebensziele, Werte und Vorstellungen in der Regel hochhalten und auch ihr Handeln daran ausrichten - sofern sie sich selbst dadurch nicht biografisch behindern."[56]

Einen Hinweis auf eine kollektiv vorhandene Selbstwertproblematik kann man hier und auch in der gesamten Studie nicht finden. Dass Jugendliche nicht, wie schon in früheren Shell-Studien konstatiert, in traditionellen öffentlichen Organisationen mitarbeiten (Parteien, Gewerkschaften), sondern dass ihre Sympathie den NGOs, allen voran Umweltschutz- und Menchenrechtsorganisationen gehört, das, meine ich, gereicht ihnen zur Ehre und ist auch hinsichtlich ihrer hohen Bewertung von "Authentizität" und "Ehrlichkeit" nicht verwunderlich.[56a] Zu beachten ist auch, dass eine Mitarbeit in karitativen und ökologisch orientierten Gruppen geknüpft ist an die unmittelbar sinnlich erfahrbare Wirksamkeit ihres Engagements. Und vor allem eins sei ins Stammbuch der Politiker und Verbandsfunktionäre geschrieben: Der Anspruch, sich als Individuum zu zeigen, den die 13. Shell-Studie herausfindet, verträgt sich schlecht damit, sich Werten und Normen zu unterwerfen, deren Gestaltung und Formulierung man nicht selbst mitbestimmt hat, besonders wenn sie von vorgestern stammen. Nur eine durch Diskurs und Kommunikation gefundene Wertehaltung im herrschaftsfreien Raum wird von Jugendlichen mitgetragen. Da fast alle Politiker dazu nicht bereit und in der Lage sind, wird ihnen in Zukunft die Legitimation für ihre Herrschaft fehlen, auch wenn sie sie legal erreicht haben, z. B. durch eine niedrige Wahlbeteiligung.

3. Psychoanalytische Definitionen

Im Zusammenhang mit der Erörterung von normalem und pathologischem Narzissmus definiert Kernberg das Selbst folgendermaßen:

> "Das Selbst ist eine intrapsychische Struktur, die sich aus mannigfachen Selbstrepräsentanzen mitsamt den damit verbundenen Affektdispositionen konstituiert. Selbstrepräsentanzen sind affektiv-kognitive Strukturen, die die Selbstwahrnehmung einer Person in ihren realen Interaktionen mit bedeutsamen Bezugspersonen und in phantasierten Interaktionen mit inneren Repräsentanzen dieser anderen Personen, den sogenannten Objektrepräsentanzen, widerspiegeln... Das normale Selbst, insofern Teil-Selbstrepräsentanzen dynamisch zu einem Ganzen organisiert sind."[57]

In Anlehnung an E. Jacobson verwendet Kernberg den Begriff "Selbstgefühl" für jemand, der sich seines integrierten Selbst bewusst ist; während er den Begriff "Selbstwertgefühl" für jemand verwendet, der sein integriertes Selbst libidinös besetzt hat. Je nach dem Grad der libidinösen Besetzung wird man daher von einem schwachen oder starken Selbstwertgefühl sprechen können. Des weiteren führt Kernberg aus, dass das Selbstwertgefühl manchmal eher affektive Komponenten enthält und dann mit diffusen Gefühlen "von Wohlbehagen, Lebenslust, Euphorie oder Befriedigung" erlebt wird[58], allerdings auch anfällig für Stimmungsschwankungen ist. Wenn dagegen die narzisstische Besetzung des Selbstgefühls auf differenzierterer Ebene (sprich: sprachlich-kognitiver) erfolgt, kann das Selbstwertgefühl mehr durch "die präziser abgrenzende kognitive Einschätzung oder Kritik des Selbst" reguliert werden, so dass, wie man folgern muss, das Real-Selbst dadurch stabiler ist[59]. Welches Gefühl dann aber erlebt wird, das bleibt in KERNBERGs Erörterung unerwähnt. Wir können vermuten, dass die oben genannten Gefühle weiterhin bestehen, aber eher als Meta-Gefühle, vielleicht auch gepaart mit einem natürlichen Stolz und einer Grundfreude über die Kontinuität der eigenen Ich-Identität, durch die man sich selber wertschätzt.

Was leistet ein integriertes Selbst? KERNBERG nennt hier zuvorderst die *"Kontinuität der Selbst-Erfahrung"*, die es sich bewahrt, und zwar sowohl dauerhaft durch das ganze Leben hindurch, als auch "im Querschnitt (durch seine verschiedenen synchron nebeneinander bestehenden psychosozialen Interaktionsbereiche hindurch)"[60]. Wir werden diesen Aspekt der zeitlichen Konstanz später auch bei den Definitionen des Selbst in der Säuglingsforschung wiederfinden.

Entsprechend müsste bei einem unintegrierten Selbst und bei einem schwachen Selbstwertgefühl das Selbst als ein Patchwork nicht miteinander verbundener Eindrücke und zeitlich diskontinuierlicher Erlebnisprägungen erfahren werden. KERNBERG sagt dazu: Das Verhalten eines Menschen mit einem unintegrierten Selbst "wird weit mehr durch unmittelbare Eindrücke gesteuert als durch ein konsistentes und dauerhaft verinnerlichtes Modell von anderen Personen...". Als weitere Folge eines narzisstisch gestörten Selbstwertgefühls (d.h. libidinös unter- oder überbesetzt) nennt KERNBERG die Reduzierung der Einfühlung in andere und damit ein Mangel an realistischer Beurteilung anderer Menschen. Dem liegt zugrunde, dass das Individuum verschiedene Selbsterfahrungsweisen nicht integrieren und sich selber nicht als ganze Person wahrnehmen kann. "Chronische Gefühle von Unwirklichkeit, Verwirrung, Leere..." sind die Folge.[61]

Dem defizitären Selbstwertgefühl entspricht eine spezifische Abwehrstruktur, mit der das Ich den Schmerz und die Trauer vermeidet, dass es einst entwertet, verachtet, verlassen oder emotional depriviert wurde. Die narzisstische Persönlichkeit baut sich ein Größen-Selbst mit Grandiositäts- und Allmachtsvorstellungen auf, die ohne reale Evidenz sind und Illusionen darstellen. Ähnlich wie im folgenden Zitat von KERNBERG[62] kommen andere Autoren (KOHUT, MASTERSON, JOHNSON, LOWEN, WIRTH) sinngemäß zu folgender Charakterisierung der narzisstischen Abwehrstruktur:

> "Narzisstische Persönlichkeiten fallen auf durch ein ungewöhnliches Maß an Selbstbezogenheit im Umgang mit anderen Menschen, durch ihr starkes Bedürfnis, von anderen geliebt und bewundert zu werden, und durch den eigenartigen ... Widerspruch zwischen einem aufgeblähten Selbstkonzept und gleichzeitig einem maßlosen Bedürfnis nach Bestätigung durch andere."[63]

Als weitere Merkmale nennt KERNBERG:

> "...Größenideen, eine extrem egozentrische Einstellung und ein auffälliger Mangel an Einfühlung und Interesse für ihre Mitmenschen... starken Neid auf andere, die etwas haben...das Fehlen echter Gefühle von Traurigkeit, Sehnsucht, Bedauern..."[64].

An anderer Stelle schreibt KERNBERG über das tragische Dilemma der Persönlichkeit mit narzisstisch-pathogenem Selbstwertgefühl.

Ich möchte diese Stelle ausführlicher zitieren, weil sie die Psychodynamik auf den Punkt bringt und weil sie eine gute analytische Grundlage für eine noch zu schreibende sozialpsychologische Studie über Narzissmus abgeben würde. Außerdem ist sie von hoher sprachlicher Qualität. Nachdem KERNBERG zunächst über die Unausweichlichkeit großer Krisen im Leben der narzisstischen Persönlichkeit gesprochen hat, wenn sie mit Altern, Trennungen, chronischer Krankheit und schließlich mit dem Tod konfrontiert sind, fährt er fort:

> "Es ist eindrucksvoll, wie stark solche narzisstischen Persönlichkeiten diese langfristig nicht zu umgehende Wirklichkeit verleugnen können, solange sie unter dem Einfluss eines pathologischen Größen-Selbst unbewusst (manchmal auch bewusst) von ihrer ewigen Jugend, Schönheit, Macht, Reichtum und immerwährenden Bestä-

tigung, Bewunderung und Sicherheit überzeugt sind. Zuzulassen, dass ihre Illusion von Grandiosität zerbricht, bedeutet für sie, sich abzufinden mit dem gefährlichen, sich nur zögernd vollziehenden Bewusstwerden jener anderen, abgelehnten und entwerteten Seite ihres Selbst: einem hungrigen, leeren, einsamen, primitiven Selbst inmitten einer Welt bedrohlicher, sadistisch frustrierender und rachsüchtiger Objekte. Fragt man sich, was das Entsetzlichste ist, was diese narzisstischen Persönlichkeiten ständig abwehren, schließlich aber doch aushalten müssen, so ist es wahrscheinlich die Erfahrung einer sinnentleerten Umwelt ohne Liebe und menschliche Kontakte, einer entmenschlichten Welt, in der die lebendigen und die unbelebten Objekte gleichermaßen ihre frühere magisch befriedigende Qualität verloren haben."[65]

Wir werden unschwer in den Biografien vieler Politiker und von Führungskräften in der Wirtschaft solche Merkmale wiederfinden und können die destruktiven Folgen beinahe tagtäglich den Massenmedien entnehmen (vgl. Anmerkung 9a).

Auf künstlerische Weise hat Bernhard SCHLINK in seiner Erzählung "Zuckererbsen" die Struktur der narzisstischen Persönlichkeit erfasst. Dass sein Band "Liebesfluchten", in dem sich diese Erzählung befindet, ein Bestseller wurde, deutet auf ein weit verbreitetes Wissen über diesen Persönlichkeitstypus hin. Der Autor schreibt über den Helden seiner Geschichte, einem erfolgreichen Architekten, Maler und Frauenliebling:

"Oft war ihm, als schwebe er. Als berühre er die Erde nicht wirklich mit seinen Füßen. Ihm war auch, als nähmen ihn die Menschen nicht wirklich wahr oder als seien die Gesichter und Körper, die er sah, gar nicht wirkliche, lebendige Menschen, sondern Schemen, Gebilde, die sich formten und wieder auflösten... Sein Leben in Berlin und Hamburg erschien ihm erst recht schemenhaft. Was hatte er mit den drei Frauen zu schaffen gehabt? Wozu hatte er die Bilder gemalt und die Brücken gebaut? Was war das für ein Getriebe gewesen, in dem er sich mit vielen anderen geregt hatte? Das Getriebe des Büros oder der Galerie oder die Pläne und Projekte von Helga? Auch seine Kinder machten keinen Sinn mehr. Was wollten sie auch noch auf dieser Welt? Wer hatte sie gerufen, wer brauchte sie?"[66]

Und etwas weiter unten im Text fährt der Erzähler fort:

> "Am Comer See war er Zeuge, wie ein kleiner Junge von einem Bootssteg ins Wasser fiel. Der Junge schrie, schlug im Wasser kurz um sich und ging unter. Niemand war zur Stelle, ihm zu helfen. Als Thomas schließlich von der Bank, auf der er saß, aufstand, zum Bootssteg lief, ins Wasser sprang und den Jungen barg und wieder zum Atmen brachte, tat er es, weil er keinen Ärger kriegen wollte. Wenn ihn jemand beobachtet hätte, wie er saß und sitzen blieb, und seine Beobachtung der Polizei gemeldet hätte, wäre es um sein Leben in der Kutte geschehen gewesen."[67]

In dieser Szene werden wir Zeuge einer radikalen Selbst- und Fremdabwertung und jener Sinnentleerung, von der KERNBERG spricht. Zu den psychischen Abwehr-Vorgängen, mit denen Menschen die Realität innerer Leere und Freudlosigkeit nicht wahrnehmen, gehören Spaltung, Verleugnung, projektive Identifizierung und Allmachtsphantasien. So versucht der Held von Schlinks Erzählung, sich durch einen Beitritt zu einem modernen Bettelorden von allen weltlichen Bindungen und Verpflichtungen abzukoppeln.

Aus der Sicht der Objektbeziehungspsychologie spielen sich bei der Abwehr narzisstischer Selbstwertstörungen auf intrapsychischer Ebene folgende Prozesse ab:

a) wenn das Anspruchsniveau des Ideal-Selbst zu hoch für das Real-Selbst ist, treten Depressionen, Hilflosigkeit und Hoffnungslosigkeit auf;
b) wenn das Über-Ich (das kritisch-strafende Über-Ich und das der Ideal-Objekte, die zusammen das Ich-Ideal bilden) zu streng ist und versagt, werden Menschen abhängig "von äußeren Quellen der Bewunderung, Liebe und Bestätigung"[68]. Sie verfügen über keine innere Autorität;
c) wenn den grundlegenden Triebbefriedigungen (vor allem in der präverbalen Entwicklungsphase bei der Ausbildung eines

Körperselbstes) nicht entsprochen wurde, kränkt jedes physiologische Ungleichgewicht das Real-Selbst so sehr, dass es zu Somatisierungen kommt;

d) wenn äußere Objekte keine Befriedigung geben, soziale Effektivität und Erfolge ausbleiben, intellektuelle Strebungen in der Gesellschaft nicht befriedigt werden können (dabei wirken Über-Ich-Faktoren mit), reagiert das Ich mit exzessiven Über-Ich-Zwängen, ist es in seiner Sublimierungsfähigkeit eingeschränkt und aktiviert aggressive Strebungen, doch noch Gratifikationen durch äußere Faktoren zu erhalten - oder es regrediert negativ in Antriebslähmung.

Sind die Strukturen a), b) und c) stabil, kann das Ich hier Misserfolge verkraften.

Immer wieder wird sowohl bei der Borderline- als auch bei der narzisstischen Persönlichkeit auf das Phänomen der inneren Leere hingewiesen. Dieses wird oft als Gefühl völliger Selbstwertlosigkeit beschrieben, als sei man unwürdig zu leben und müsse sich dafür schämen, dass man existiert. Einige Autoren wie AALBERSE und ALMAAS[69] haben aber darauf aufmerksam gemacht, dass dieses Leeregefühl tatsächlich keine echte energetisch leere Leere ist, sondern die als “leer” im Sinne von lebensvernichtend oder lebensbedrohend erlebte Introjektion einer negativen Mutter-Imago. Ein solcher negativer Mutterkomplex bildet sich in Szenen, in denen die Mutter auf die emotionalen Resonanzbedürfnisse des Kindes kalt und herzlos reagiert. Das Kind erlebt das als lebensbedrohlichen Angriff auf seine seelische Lebendigkeit und antwortet darauf mit großer Angst und psychischen Totstell-Reflexen.[70] Die Bioenergie zieht sich dabei von der Körperoberfläche nach innen und von den unteren Segmenten nach oben und innen in die Eingeweide zusammen. Die chronische Erkaltung von Beinen und Beckensegment ist die Reaktion auf solche traumatischen emotionalen Verlassenheits- und Zurückweisungssituationen in der frühen Kindheit. Die reaktive Leblosigkeit und die herabgesetzte Pulsation der

Lebensenergie wird vom erwachsenen Patienten dann als "leer" im Sinne von "tot" beschrieben. Mit dieser toten Leere ist der Gedanke verknüpft: "Ich bin nicht lebens- und liebenswert." Wenn man dieser Überzeugung gemäß lebt, muss man sich nicht schämen, dass man lebt. So wahr es ist, dass diese negative Leere auf das "Unvermögen, sich auf gute verinnerlichte Objekte zu verlassen"[71] zurückgeht, so wahr ist es aber auch, dass der Klient, den wir vor uns sehen, lebt. SYMINGTON (1999) vor allem hat im Rahmen der Therapie des Narzissmus betont, dass es etwas in uns gibt, dass das Selbst nie völlig ausschalten kann. Dieses "Etwas" nennt er den "Lebensspender". Der "Lebensspender" ist ein emotionales Objekt, das den Säugling am Leben hält und das er in sich hineingenommen hat, z.B. die Mutterbrust. Zugleich ist er aber auch Quelle "initiatorischen Handelns" oder "schöpferischer emotionaler Handlung".[72] SYMINGTONs Begriff des "Lebensspenders" ist identisch mit den Vorstellungen des guten inneren Objekts der Objektbeziehungspsychologen und kommt dem Wesen des wahren Selbst nahe. Originell ist aber seine Ansicht, dass der "Lebensspender" aktiv gewählt oder nicht gewählt werden kann. Das verweist auf den subjektiven Part, den das Kind im Beziehungsgeschehen spielt. Da man den "Lebensspender" nicht ganz abweisen kann, ist es stimmig zu sagen, dass beim Narzissmus nur ein Anteil des Selbst sich vom Lebensspender abwendet[73]. Entsprechend wird mit dieser Wahl nicht die ganze Beziehung abgelehnt, sondern nur ein Aspekt der Beziehung. Selbst wenn die narzisstische Persönlichkeit die Bezugsperson ablehnt, so bleibt sie doch auf sie bezogen, wenn auch ex negativo. Diesen Zusammenhang anzuerkennen wäre im Übrigen ein heilsamer Schritt.

4. Das Selbstwertgefühl als Beziehungsphänomen

4.a - Das Selbst und das Selbstwertgefühl im Licht der neueren Säuglingsforschung

So wertvoll die klinischen Befunde des gestörten Selbstwertgefühls sind, die wir durch die Objektbeziehungspsychologie erhalten haben - und sie sind in der Tat eine schwer zu übersehende Realität - so wenig entspricht ihre Theorie von der Entstehung des Selbst den wirklichen Prozessen, die sich im Kleinkind abspielen, wenn man die Befunde der neueren Säuglingsforschung heranzieht. Daniel STERN und sein Team haben durch direkte Beobachtung der Interaktionen zwischen Mutter und Kind während der präverbalen Entwicklungsphasen ganz andere Prozesse der Entwicklung des Selbst erhellt[74], die eine Revision der objektpsychologischen Sicht notwendig machen. Zwar räumt auch STERN ein, dass wir nicht genau wissen, was das "Selbst" eigentlich ist. Andererseits ist aber das subjektive Empfinden, ein reales Selbst zu sein, eine Tatsache, die sich durch viele Beobachtungen belegen lässt. STERN und seine Mitarbeiter haben dokumentiert, dass schon ab der Geburt der Säugling sich selbst als getrennt von der Mutter (Objekt) empfindet durch die Art der Bezogenheit auf sie[75]. Mit "Empfinden" ist hier ein "*einfaches (nicht-reflexives) Gewahrsein*" gemeint. Durch direkte Beobachtungen des Beziehungsverhaltens des Säuglings kommt STERN zu der allgemeinen Definition, dass das Selbstempfinden "der zentrale Bezugspunkt und das organisierende Prinzip (ist), aus dem heraus der Säugling sich selbst und die Welt erfasst und ordnet"[76]. Über diese subjektive Qualität verfügt der Säugling vom Beginn seines Lebens an. Durch Untersuchungen der Mutter-Kind-Interaktion per Video konnten die Säuglingsforscher nachweisen, dass sich das Selbstempfinden stufenweise immer mehr differenziert und dass diese Stufen aus Entwicklungssprüngen bestehen, die von längeren und ruhigeren Phasen der Integration gefolgt werden. Das selbst-bewusste Empfinden, ein Selbst zu sein, scheint sich erst während der Phase des Spracherwerbs, d.h. der Phase der selbst-reflexiven Bewusstheit auszubilden. Gleichwohl gehen in dieses bewusste Selbstempfinden alle jene Komponenten des Selbstempfindens ein, die sich in den präverbalen Phasen sukzessive ausbilden. Die Komponenten bleiben ein Leben lang invariant, wenngleich sie sich in den jeweiligen sozialen Kontexten anders zeigen.

Diese Komponenten sind:

> "das Empfinden, Urheber der eigenen Handlungen zu sein (- was STERN an anderer Stelle auch 'Wirkmächtigkeit' nennt - JV)..., das Kontinuitätsempfinden..., das Empfinden körperlichen Zusammenhalts ..., die Wahrnehmung der eigenen Affektivität..., das Empfinden, ein Subjekt zu sein, das zur Intersubjektivität mit anderen Menschen fähig ist..., das Empfinden, aktiv eine innere Organisation zu entwickeln, ... und schließlich das Empfinden, Bedeutung zu vermitteln."[77]

An anderer Stelle präzisiert STERN diese Definition. Zur "Urheberschaft" gehört natürlich auch das Empfinden, "Nicht-Urheber anderer Menschen zu sein"[78]. Das Empfinden körperlicher Einheit nennt er "Selbst-Kohärenz". Das Kontinuitätsempfinden umschließt ein "Gefühl der Dauer", so dass man, obwohl man sich ständig verändert, "doch dieselbe Person bleibt", was durch die Wahrnehmung von Regelmäßigkeiten im Fluss der Interaktionen mit der Mutter, dem Beziehungsobjekt, entsteht.

Alle diese invarianten Komponenten machen das "Kern-Selbst-Empfinden" aus ("sense of a core-self"). Es entsteht vom 2./3. Monat bis zum 7./9. Monat. Eine Phase frühkindlichen Autismus oder früher Symbiose oder eines primären Narzissmus gibt es nicht als Teil der Normalentwicklung. Sie wären bereits pathogene Reaktionen auf Entgleisungen der Mutter-Kind-Interaktion, legt STERN dar. Der gesunde Säugling adaptiert sich pathologisch, wenn eine andere Form der Interaktion nicht möglich ist, um seine Integrität und Zugehörigkeit zum System zu bewahren.

STERN gibt in den hier herangezogenen Hauptschriften nur selten detailliert Auskunft über die Störungen des Selbstempfindens, indem er etwa Recherchen über den Beginn von Störungen anstellen und ihren zeitlichen Verlauf mitverfolgen würde.

Zusammenfassend seien hier daher die eher pauschalen Aussagen über die Störungen des Selbstempfindens wiedergegeben.

Mangelhaftes Urheberschafts-Empfinden kann zur Lähmung und einem Gefühl führen, von außen gesteuert zu sein. Mangelhafte Selbst-Kohärenz zieht Depersonalisation oder "Fragmentierung des Körpererlebens nach sich".

Gestörtes Kontinuitätsempfinden resultiert in "Fugue-Zuständen, Amnesien oder Daseinsunterbrechungen" im Sinne Winnicotts. Fehlendes Affektivitätsempfinden erscheint als Anhedonie- oder Dissoziationszustände. Gäbe es kein Intersubjektivitätsempfinden, würden wir "in kosmischer Einsamkeit oder in einem Zustand psychischer Transparenz leben". Würde sich das Gefühl für eine innere Organisiertheit nicht entwickeln, wäre seelisches Chaos die Folge. Könnte der Säugling nicht empfinden, dass das, was er vermittelt, für den anderen Bedeutung hat, würde das zu "kulturellem Ausschluss, zu schwacher Sozialisierung und zur Nichtbestätigung des persönlichen Wissens" führen.[79]

Das alles sind gewiss krasse Formen der Störung; mildere Formen, wie sie zum normalen Mutter-Kind-Alltag gehören, hat STERN dagegen während der Ausbildungsphasen des Kern-Selbst-Empfindens und während der anschließenden Phase des subjektiven Selbstempfindens gesehen und berücksichtigt. Für unseren Zusammenhang wesentlich ist dabei die Frage, wie sich das "falsche Selbst" bildet.

4.b - Die Entstehung des falschen Selbst

In seinen vielen Untersuchungen belegt STERN immer wieder, dass es "bei Säuglingen in diesen frühen Altersphasen keine seelischen Störungen (gibt); Störungen gibt es nur in den Beziehungen, an denen Säuglinge Anteil haben"[80]. Wie entsteht dann aber in der Mutter-Kind-Beziehung das falsche Selbst?

Alle Mütter erziehen, so die Befunde der Forschung, die Kleinen durch selektive Abstimmung der Handlungen, Impulse und Affekte auf allen Ebenen des Erlebens. STERN:

> "Im Wesentlichen ermöglicht die Abstimmung es den Eltern, dem Kind zu vermitteln, welche subjektiven Erlebnisse innerhalb oder außerhalb der Grenzen wechselseitiger Berücksichtigung und Akzeptanz liegen."[81]

Dies ist soweit ein normaler und natürlicher Vorgang. Vermutlich werden auf nonverbalem Weg elterliche Phantasien, Wertvorstellungen mitübermittelt. Medial geschulte Personen berichten von einem Austauschprozess zwischen Mutter und Kind, bei dem das kleine Kind sogar die affekt- und gefühlsgeladenen Gedanken der Eltern in seiner Aura einfängt, wahrnimmt und sich psychophysisch nach ihnen ausrichtet.[82] STERN meint beobachtet zu haben, dass die frühen Arten der Intersubjektivität schon zwischen dem 9. und 18. Monat ein subjektives Selbstempfinden ausformen. In dieser Zeit suchen Babys einerseits nach einem intersubjektiven Einssein mit der Mutter, andererseits rücken sie vermehrt von ihr ab und zugleich können sie ihre psychischen Vorgänge und Gefühle ihrer eigenen Subjektivität mit der Mutter teilen. So werden unsichtbare *innere* Zustände (Absichten/Affekte) erschlossen, steuern das Verhalten und werden "erinnert".[83] DORNES, der die Befunde der modernen Säuglingsforschung vor dem Hintergrund der bisherigen psychoanalytischen Erkenntnisse würdigt, beschreibt die Relationalität zwischen Selbst und Anderen so:

> "Kinder dieses Alters merken, dass es andere 'minds' gibt als ihre eigenen. In bezug auf das menschliche Objekt...entsteht beim Säugling die Vermutung, dass er ein Wesen mit einer Psyche ist, und weiter, dass psychische Zustände des Subjekts...und solche des Objekts 'teilbar' sind, d.h.mitgeteilt und ausgetauscht werden können. Es entsteht die Idee von Psychen, die getrennt sind, sich aber überschneiden können, indem sie bestimmte Erfahrungen gemeinsam haben und miteinander kommunizieren."[84]

Dabei bestehen die in der vorhergehenden Phase gewonnenen Selbst-Empfindungs-Komponenten weiter, werden nun aber um eine affektiv-gefühlsmäßige Ebene erweitert durch "Inter-Affektivität". DORNES: "Der Fokus verschiebt sich von der Regulierung auf die 'Teilung' innerer Zustände."[85]

Wenn nun in dieser Zeit der entstehenden Interaffektivität durch eine einseitige Verstärkung bestimmter Affektäußerungen des Babys seitens der Eltern andere Affekte nicht beachtet werden, weil als unwichtig für die Aufrechterhaltung der Beziehung bewertet, dann führt das dazu, dass das Kleinkind nur die Affekte (und die dazugehörenden sensomotorischen Bewegungen) zeigt, die den Eltern genehm sind. Die anderen werden, obwohl vorhanden, vom inneren Erleben ausgeschlossen. Die Wahlfähigkeit, die aktive Mitgestaltung der Beziehung durch das Baby, führt hier zu einer ersten Verdrängung oder Verleugnung bestimmter Affekte. Baby gibt dann sozusagen eine Affektvorstellung (performance) den Eltern zuliebe.

Dürfen wir hier den Beginn des "falschen Selbst" vermuten? STERN bejaht das.[86] Dagegen warnt DORNES[87] vor zu schnellen Schlussfolgerungen in dieser Richtung, ist doch keine Erziehung ohne selektive Abstimmung zwischen Eltern und Kind möglich. Er räumt aber ein, dass Symptome innerer Entfremdung vom eigenen Gefühlsleben, wie wir sie bei narzisstischen Störungen kennen, auf eine zu starke Modifizierung des Gefühlslebens während dieser frühen präverbalen Entwicklungsphase zurückgeführt werden können. Dass es auch dazu Korrelate auf der Körperebene gibt, hat RÖHRICHT[88] in seinen Untersuchungen zur Körperpsychotherapie bei psychisch Kranken dargestellt.

4.c - Der authentische Impuls: Ausdruck des "wahren Selbst"?

Um den Unterschied bei der Entstehung des "wahren" und des "falschen" Selbst zu veranschaulichen, beginne ich mit der Schilderung zweier fiktiver Szenen.

Szene 1:

Der achtmonatige Thomas ist zufrieden und gesättigt. Eben hat er von der Brust der Mutter getrunken, und sie hat ihn abgestillt, als sie sah, dass er genug hatte, weil er seinen Kopf zur Seite drehte. Dann hat sie ihm frische Windeln umgebunden, und jetzt liegt Thomas auf einer Decke am Boden. Er räkelt mit kleinen gurgelnden Lauten seinen Körper und betrachtet dabei die farbige Rassel in seinen Händen. Im Zimmer ist es still. Die Mutter sitzt in einem Sessel am Fenster und entspannt sich. Ihre Gedanken wandern durch den heutigen Vormittag. Sie ist zufrieden mit dem Tagesablauf. Mit Wärme denkt sie an ihren Mann, der sich am Morgen von ihr verabschiedete, weil er für zwei Tage eine Geschäftsreise machen muss. Sie sieht das Aquarell, das sie gestern zu malen begonnen hatte, angelehnt am Fenster stehen, und plötzlich erkennt sie mit ihrem inneren Auge, wie sie es weitermalen wird. Eine Amsel hat sich auf einen Ast des Fliederbusches vor dem Fenster gesetzt. Thomas entdeckt den Vogel. Seine Augen werden ganz wach. Die Mutter folgt seinem Blick. "Ja", sagt sie, lächelt zu Thomas hin. Der hat kurz ihren Blick aufgefangen und strampelt etwas heftiger mit seinen Beinchen, freut sich, als er das Lächeln der Mutter sieht. Dann schließt er die Augen. Die Mutter hört ihn mit seltsam leisen Tönen in einer unverständlichen Sprache sprechen, so als würde er sich mit jemandem unterhalten. Sie erinnert sich, wie sie beim letzten Spaziergang mit ihrem Mann stehen geblieben war, um den Vogelstimmen zuzuhören und wie er durch ein geheimes Zeichen verstanden hatte, dass sie diesmal nicht mit der Benennung der Vogelart zu reden anfangen sollte. Sie fühlt Dankbarkeit, dass es diese Ebene intuitiven Verstehens zwischen ihnen gibt.

Szene 2:

Julia, 12 Monate alt, bekommt die Flasche. Mehrmals rutscht ihr der Schnuller aus dem Mund, während die Mutter sich zum Herd umschaut, wo sie ein Mittagessen für sich im Backrohr hat. Immer wieder muss sie an die Besorgungen denken, die sie am Nachmittag noch erledigen muss. Sie ärgert sich, dass die Kleine den Schnuller nicht fest im Mund halten kann und denkt: Die macht's mir aber schwer! Dann wickelt sie das Kind in frische Windeln und setzt es im Wohnzimmer ins Laufställchen. Julia scheint zufrieden zu sein; sie lehnt sich an die Gitterstäbe, nimmt den Daumen in den Mund und schaut schläfrig vor sich auf den Boden. Die Mutter spült in der Küche die Flasche aus, nimmt ihre Mahlzeit aus dem Backrohr, setzt sich an den Küchentisch und beginnt hastig zu essen. Zwei-, dreimal fühlt sie sich verpflichtet, nach Julia zu schauen, obwohl sie eigentlich gar keine Lust dazu hat, denn Julia ist ja ruhig. Als sie gegessen hat, hört sie Julia vor sich hinplappern. Sie denkt an den Streit, den sie am Morgen beim Frühstück mit ihrem Mann gehabt hatte. In letzter Zeit stritten sie öfters wegen Nichtigkeiten. Sie fühlt, wie ihr seine Zärtlichkeit fehlt. Ihr Herz ist schwer, als sie hinüber zu Julia geht. Die sitzt vergnügt in einer Ecke des Ställchens, hat den Teddybär in den Händen, knautscht ihn zärtlich und plaudert in ihrer Sprache mit dem Stofftier. Die Mutter wird traurig, als sie das sieht. Sie fühlt ihre Einsamkeit. Sie geht zu ihrer Tochter und hebt sie unvermittelt hoch, drückt sie eng an sich, küsst sie mehrmals auf die Wangen und sagt, während Julia gequält dreinschaut: "Gel, du hast die Mama lieb?" Julia beginnt, ihren Körper aus den Armen der Mutter zu winden und ruft mit quengelnder Stimme nach dem Teddy, der heruntergefallen ist. Die Mutter wird etwas ärgerlich.

Schon WINNICOTT[89] und dann besonders STERN und L. SANDER[90] haben bei ihren Beobachtungen der Mutter-Baby-Interaktionen Phasen erkannt, die relativ frei waren von äußeren Stimuli und Kontaktbedürfnissen seitens der primären Bezugsperson - Phasen, in denen, um mit SANDER zu sprechen, ein "offener Raum" zwischen Mutter und Kind war. In diesem offenen Raum oder Spielraum, der frei war vom Druck, auf Signale oder Botschaften der Mutter reagieren zu müssen, kann das Baby "sein eigenes personales Leben entdecken[91], weil es entspannt ist. WINNICOTT:

> "Der Säugling kann unintegriert werden, herumtasten, in einem Zustand sein, in dem es keine Orientierung gibt; er kann in der Lage sein, eine Zeitlang zu existieren, ohne ein auf äußere Anstöße Reagierender oder ein aktiver Mensch mit gerichtetem Interesse oder gerichteter Bewegung zu sein...Mit der Zeit kommt eine Empfindung oder ein Impuls. In diesem Rahmen (- einer anwesenden für-

sorglichen und selbstzentrierten und selbstzufriedenen Mutter - J.V) wird die Empfindung oder der Impuls sich real anfühlen und wirklich ein personales Erlebnis sein."

Genau in diesem offenen Beziehungsspielraum kann das Baby in Kontakt mit seinem Innenraum treten und das Gefühl von Selbsttätigkeit und Urheberschaft eigener Handlungsimpulse erleben, sowohl auf sensomotorischer als auch auf affektiver Ebene, die STERN für wesentlich bei der Bildung des subjektiven Selbstempfindens hält. Es kann das, weil es gelassen wird, im doppelten Sinn des Wortes. Deshalb lernt das Kind hier auch das "Alleinsein in Gegenwart der anderen"[92], was wir später als ein wichtiges Kennzeichen einer reifen, autonomen Persönlichkeit betrachten. Zugleich aber ist die Erfahrung authentischer Impulse ein Beziehungsphänomen. Wir müssen an dieser Stelle das Paradoxon begreifen: "In dem Augenblick, da wir unsere Unabhängigkeit erreichen, sind wir davon abhängig, sie uns gegenseitig zu bestätigen."[93]

Subjektives Selbstempfinden ist immer auch intersubjektives Selbstempfinden. Es impliziert die wechselseitige "Anerkennung" des Anderen als ein von mir getrenntes und doch verbundenes Subjekt. WINNICOTT betont, dass zugleich mit dem subjektiven Gefühl, dass das Tun von *innen* ausgeht und innere Intentionen ausdrückt, die Wahrnehmung des oder der anderen als eigenständigem Subjekt in der Außenwelt einhergeht und an ihr interessiert ist. Gemeint ist nichts anderes, abstrakt gesagt, dass Wahrnehmung in dualen Polaritäten erfolgt.

So erlebt der Säugling die Impulse als real (und nicht etwa als halluziniert) und als Leben, so wie er auch die Mutter selber und auch die Beziehung zu ihr als real miterlebt. Insofern werden die gerichteten Impulse als real erlebt und nicht als sinnlos, weil ja immer jemand anderes da ist[94]. L. SANDER pointiert nochmals den Wert des "offenen Raums" zwischen Mutter und Kind in dieser frühen Phase, weil hier "der Reichtum von Wahlmöglichkeiten oder Optionen maximal ist, eine Stelle persönlicher Integration, an der der Beginn neuer Verhaltensorganisationen entspringt."[95]

Die Beschreibungen über das Entstehen authentischer Impulse haben starke Ähnlichkeit mit den Untersuchungen von I. PRIGOGINE über dissipative Strukturen lebender Systeme und von VARELA/MATURANA[96] über die Autopoiese, die Organisationsmuster lebender Systeme. Beiden Sichtweisen ist der Wechsel von Objekten zu Systembeziehungen eigen, und darin stimmen sie auch mit der neueren Säuglingsforschung überein. Es ist hier nicht der Ort, diesen Konkordanzen, denen neue Paradigmen des Bewusstseins zugrunde liegen, weiter nachzugehen, obwohl das spannende Aufschlüsse über die Geistesgeschichte verheißen würde; aber es seien dennoch einige Befunde des Systemdenkens genannt. Hierbei beziehe ich mich auf CAPRA[97], der eine Synopsis der verschiedenen Ansätze in Biologie, neuer Physik und Kognitionswissenschaften anbietet. Dissipative Strukturen sind dadurch gekennzeichnet, "dass sie sich in einem stabilen Zustand fern vom Gleichgewicht erhalten."[98] Ohne das Ungleichgewicht wäre Leben nicht möglich. In diesem Ungleichgewicht macht das System Instabilitäten durch, "und diese führen zu neuen Ordnungsformen, die das System immer mehr vom Gleichgewichtszustand entfernen. Mit anderen Worten: Fern vom Gleichgewicht können sich dissipative Strukturen zu Formen von ständig zunehmender Komplexität entwickeln."[99] Gleichzeitig nimmt der Grad der Nichtlinearität der Entwicklung des Systems durch die Rückkopplungsschleifen der Fließprozesse zu, was sich in den mathematischen Gleichungen niederschlägt. Wichtig ist die Beobachtung, dass eine dissipative Struktur nicht vorhersagbar in ihrer Entwicklung ist. An Gabelungspunkten gibt es mehrere mögliche Lösungen, und das System kann "wählen". Jede Wahl eines jeden Systems ist genuin und hängt "nur" von der eigenen Geschichte ab. Am Gabelungspunkt - und er ähnelt sehr dem Prozess in dem offenen Beziehungsraum - ist die dissipative Struktur höchst empfindlich und instabil. Sie kann zusammenbrechen oder zu einer von mehreren neuen Ordnungszuständen weitergehen.[100] Weiterführend im systemischen Denken ist die sog. "Santiago-Theorie" der Kognition. "Nach Maturana ist Kognition die mit der Selbsterzeugung und

Selbsterhaltung autopoietischer Netzwerke verbundene Tätigkeit."[101] Autopoietische Systeme verändern sich ständig strukturell, aber sie bewahren dabei ihr netzartiges Organisationsmuster. "Es koppelt sich an seine Umgebung *strukturell*, d.h. durch wiederholte Wechselwirkungen, die jeweils strukturelle Veränderungen im System auslösen. Das lebende System ist jedoch autonom." Mit Kognition sind hier alle Aktivitäten gemeint, die den Lebensprozess ausmachen. Das geht so weit, dass das System bestimmt, "welche Störungen aus der Umgebung Veränderungen auslösen."[102] So können MATURANA/VARELA sagen, das System "bringt eine Welt hervor", womit gemeint ist, "dass unabhängig vom Prozess der Kognition 'keine Dinge existieren'". CAPRA:

> "Auf einer bestimmten Komplexitätsebene koppelt sich ein lebender Organismus strukturell nicht nur an seine Umgebung, sondern auch an sich selbst, und damit bringt er nicht nur eine äußere, sondern auch eine innere Welt hervor. Beim Menschen ist die Hervorbringung einer derartigen Innenwelt aufs engste mit Sprache, Denken und Bewusstsein verbunden."[103]

Und mit dem vermittelten, präverbalen Gedächtnis, wie wir hier in Kenntnis der Säuglingsforschung ergänzen müssen. Konsequenterweise muss man daher das Selbst und die Beziehung zwischen Selbst und anderen als eine ständig in Kreation sich befindende, sich selbst organisierende Welt sehen, die ihrerseits mit anderen Welten koevolutiv vernetzt ist. Objektiv vorgegebene Strukturen gibt es nicht. Dieser Sichtweise werden wir uns noch nähern, wenn wir über das Selbst aus buddhistischer Perspektive zu sprechen haben.

Szenen im "offenen Raum" der Kommunikation zwischen Baby und Mutter sind hervorragende Situationen, die Vorgänge der Selbstorganisation, wie sie hier erklärt wurden, zu beobachten.

Welche Bedingungen müssen gegeben sein, damit solche offenen Räume in der Kommunikation entstehen können?

In der ersten unserer geschilderten Szenen können wir sehen, dass weder Mutter noch Kind den anderen verändern oder anders haben wollen. Jeder darf in Gegenwart des anderen allein für sich sein. Wir dürfen vermuten, dass beide ein inneres Gleichgewicht gefunden haben, dass stabil genug ist, solche Augenblicke der Entspannung zu genießen. Damit sich das kleine Kind in solchen Zeiten selbst genug sein und sich halten kann, braucht es eine Mutter, die auf unaufdringliche Weise durch ihre Präsenz in sich ruht und eben dadurch auf nonverbale Weise Geborgenheit und Stütze vermittelt. STERN fasst diese Interaktion unter dem Begriff des "communing attunement". Dieses "erlaubt und ermöglicht maximale Gemeinsamkeit im Erleben von Gefühlen. Es kreiert die Erfahrung, dass innere Zustände keine privaten Ereignisse sind, sondern soziale- und Beziehungsangelegenheiten... Und es ist eine positive Reaktion auf das anthropologisch tiefsitzende Bedürfnis nach Wahrnehmung und Anerkennung des eigenen Gefühlszustandes."[104]

Die Anerkennung oder Wertschätzung muss nicht verbal geschehen. Einfaches Präsentsein, das empathisch mitfühlt, reicht aus, um dem produktiven Selbsterfahrungsfluss Spielraum zu geben. Für so kostbar wird das Zulassen authentischer Impulse in diesen Erfahrungsepisoden angesehen, dass BENJAMIN meint, hier würden die Grundlagen für die später sich zeigenden Fähigkeiten zur Kreativität und Kontemplation gelegt, die "die Voraussetzung dafür ist, die Außenwelt als ein selbständig existierendes Objekt zu entdekken."[105] Nach STERN können wir annehmen, dass der Säugling durch solche Episoden ein spezifisches präverbales "scheme of being with" in seinem Gedächtnis speichert, das eine aus Affekten und Bewegungen sich zusammensetzende und zeitlich-räumlich ablaufende "Gefühlsgestalt" darstellt.[106] Dass solche "Gefühlsgestalten" mit einem positiven Selbstwertgefühl gekoppelt sind, leuchtet ein, besonders wenn sie häufiger in der Interaktion Mutter-Kind vorkommen und nicht nur Ausnahmen sind. Beide, Mutter wie Kind, sind an seiner Herstellung beteiligt, beide sind Kreatoren eines Beziehungsmusters.

In der zweiten Szene wird deutlich, wie eine Interaktionsunterbrechung ablaufen kann, die das Kind von den eigenen Gefühlen entfremdet und das subjektive Selbstempfinden dadurch reduziert, dass es nicht anerkannt wird. Weitere Beispiele für die Auswirkungen von gestörtem "communing attunement" finden sich bei STERN[107]. Wir können festhalten, dass das Selbstgefühl sich nicht ohne die Anerkennung durch einen anderen entfalten kann. Unter Anerkennung ist hier die positive nonverbale, affektgetönte und auch durch Körperkontakt und Körpersignale vermittelte Resonanz der Mutter zum Kind hin zu verstehen.

Ein derart anerkanntes Selbstgefühl wirkt beglückend und kräftigend; es stimuliert die im Säugling angelegte Entdeckerlust und sein gesamtes Wachstum. Ob das Selbstgefühl oder das subjektive Selbstempfinden bewusst als Wert bewertet wird, entscheidet sich erst während der Zeit, in der sich verbale Selbstrepräsentanzen ausbilden, d.h. ab dem 3. Lebensjahr.

4.d - Die Bewertung des Selbstgefühls durch sprachliche Symbolbildung als Wert

Im Säugling gibt es unter normalen Bedingungen ein Empfinden darüber, ein Selbstgefühl zu "haben". Dies ist das langsam heranwachsende, in vielen Erfahrungsepisoden gereifte "Wissen" darüber, wo das subjektive Selbstempfinden von der wichtigsten liebenden Bezugsperson erkannt oder wertgeschätzt wurde. Dann empfindet der Säugling, lang bevor er sprechen lernt, Kontinuität, eine Kohärenz seines Seins, Wirkmächtigkeit und die Affekte als seine eigenen, indem diese in der Beziehung zur geliebten Bezugsperson sich ausbilden und sein dürfen. Vor allem in Phasen der Ausfaltung authentischer Impulse dürfte das Kind ein Wissen, eine Zuversicht, einen primären Optimismus und ein Vertrauen entwikkeln, die es auch später selbst-sicher leben lassen kann.

In dem Prozess der selektiven Abstimmung von Signalen treffen Eltern eine unbewusste Akzentuierung durch die Auswahl der Affekte, Handlungen und Absichten, indem sie auf bestimmte antworten und auf andere nicht. Dabei spielen natürlich auch die

Wertevorstellungen der Eltern eine Rolle, die in einer Kultur tradiert werden. Psychologen haben festgestellt, dass in manchen Kulturen das Selbstwertgefühl keine Bedeutung hat, so z.B. in Südamerika. Besonders wichtig ist es dagegen in Nordamerika und in Deutschland, wo mangelndes Selbstwertgefühl ein von der Psychotherapie anerkanntes und behandelbares Leiden meint. Innerhalb Europas scheint die Betonung eines individuellen Selbstwertgefühls eine unterschiedliche kollektive Rolle zu spielen.[108]

Besonders deutlich wird die Wertakzentuierung des Selbstgefühls, sobald die sprachliche Symbolbildung von Haltungen, Interaktionen, Gefühlen und Handlungen zwischen Mutter und Kleinkind ins Spiel kommt. Dies beginnt nach dem 18. Lebensmonat mit Beginn der kognitiven Entwicklung durch Spracherwerb. Während nach Untersuchungen der Säuglingsforscher die in präverbalen Phasen gewonnenen sensomotorischen, im Körperbewusstsein eingelagerten und handlungsabhängigen Formen des Denkens weiterbestehen, tritt nun durch sprachlich-symbolische De- und Enkodierungen eine Kommunikation über innere Bilder dazu, durch die sich das Kind auch ein abwesendes Objekt heranholen kann. Waren davor die frühen Formen des Denkens auf die unmittelbare, sinnlich erfahrbare Realität bezogen und angewiesen, so kann das Kind nun über Abwesendes oder abwesende Personen nachdenken und dabei sich selbst zum Objekt der Betrachtung machen.[109] (Das meint man mit Re-flexion.) Auf die dabei entstehende früheste Erfahrung der Scham werden wir im folgenden Kapitel eingehen. Dabei sieht es auch so aus, als ob das Abwesende durch das Sprachsymbol ersetzt wird, gleichsam als füllte es eine schmerzlich erfahrene Lücke aus.

Vor dem Background der empirischen Säuglingsforschung lässt sich natürlich die Theorie der Objektbeziehungspsychologen und der Psychoanalyse nicht mehr halten, wonach die bildhaften Selbstrepräsentationen sich nach den präverbalen Phasen ausbilden würden.[110] Diese wachsen vielmehr auf dem Fundamentum sensomotorischer und affektiver Interaktions-Schemata.

Durch Sprache entwickeln sich auch neue Formen des Zusammenseins. Weil die Bedeutung von Wörtern und Sätzen bei Eltern und Kindern unterschiedlich sind, kommt es zu schmerzhaften Missverständnissen, die für das Kind die Beziehung bedrohen können. Deshalb wird das Gemeinte zwischen Eltern und Kind in Richtung einer geteilten Bedeutung ausgehandelt, bis die "persönliche Ordnung" wieder stimmt[111]. Eine natürliche vorgegebene Kongruenz von Gedanken und Wort gibt es nicht; sie wird durch einen Prozess erarbeitet. STERN: "Dieser Prozess der gemeinsamen Bedeutungserzeugung liegt im Grunde allen Bedeutungen ... zugrunde"[112], und zwar besonders dann, wenn es um innere Zustände geht. Hinzu kommt, dass ein Wort auch unterschiedliche Bedeutungen gewinnen kann, je nachdem, ob es vom Vater oder von der Mutter kommt. So spiegeln verschiedene Bedeutungen verschiedene Beziehungen wider. Das kann nach STERN mit die Ursache für Schwierigkeiten bei der Ausbildung des Selbstbildes und der Ich-Identität sein. Natürlich ist auch das Selbstwertgefühl davon betroffen. Bei dem einen kann es mit der Mutterbeziehung verbunden sein, bei dem anderen mehr mit der Vaterbeziehung. Der jeweils andere Elternteil kann dann u.U. mit einer negativen Bewertung belegt sein.

Mit den gemeinsam im Dialog entwickelten Bedeutungen "stellt die Sprache ein Vereinigungserlebnis dar, das ... eine neue Ebene innerer Bezogenheit ermöglicht."[113] Auf der neuen Entwicklungsstufe werden die alten Lebensthemen (Bindung, Autonomie, Seperation, Nähe, Urheberschaft etc.) erneut verhandelt und konfrontiert. Die Individuation, die seit der Geburt in Prozess ist, erreicht eine neue Stufe. Zu ihr gehört nach STERN auch, dass Kinder nun anfangen, "die eigene Lebensgeschichte zu erzählen"[114], und dass sie dabei ihr Selbstbild modifizieren oder überhaupt erst entwerfen. STERN vermutet, dass hier ein "erzählendes Selbstempfinden" am Werk ist im Unterschied zum "kategorialen Selbstempfinden", das selbstreflexiv objektiviert durch etikettierende Zuschreibungen. So könne das Selbstgefühl eingebettet werden in eine Art autobiografischer Erzählung, in der Urheberschaft, Intentionen und verfolgte Ziele in einem aufgehen (im Unterschied zum sensomotorisch-kinästhetisch empfundenen Körper). In der belletristischen Literatur ist der Gestus des kindlichen Selbstempfindens, der sich dynamisch in einer Erzählung entfaltet, besonders den Romantikern bekannt gewesen; und mir scheint, dass auch das Entstehen von Märchen hier angesiedelt werden kann.

Aber Sprache ist ein zweischneidiges Schwert. Das präverbale Selbsterleben kann durch sie aufgespalten werden in eine ursprüngliche präverbale oder "globale" Version und in eine verbalisierte Version. Das hat erhebliche Auswirkungen auch auf die Therapie eines verletzten Selbstwertgefühls. Denn es sind "globale Erfahrungen auf der Ebene der Kern-Bezogenheit und der intersubjektiven Bezogenheit ... der Sprache nicht in dem Maße zugänglich, dass sie einen Teil herausgreifen und sprachlich transformieren könnte. Diese Erfahrungen führen dann eine einfach untergründige, nicht-verbalisierte, namenlose (und allerdings nur in diesem Sinn unbekannte), aber nichtsdestoweniger höchst reale Existenz."[115] Störungen des Selbstwertgefühls wären demnach nicht durch Gesprächstherapie, Psychoanalyse und Verhaltenstherapie allein zu therapieren, sondern durch Therapien, die affektiv-körperlich Beziehungsmuster aufschlössen und heilend umstrukturieren.[116]

Eine weitere Folge von Sprache ist, dass dem Kind zwar das "amodale-globale" Erleben nun selber bewusst wird, dass aber die sprachliche Bezeichnung eine einzige Eigenschaft heraushebt und damit eine Kontinuitätsunterbrechung des Wahrnehmungsstroms[117] auslöst. Andere Inkongruenzen entstehen zwischen der generalisierten Bedeutung von Sprache (der in Sprache kodierten "offiziellen oder sozialisierten Weltkenntnis") und der spezifischen, vom Kind erlebten. Über die Missverständnisse, die dadurch unweigerlich zwischen Eltern und Kind entstehen und wie sie überwunden werden, wurde schon gesprochen. Besonders schwierig wird es, eine gemeinsam geteilte Bedeutung zu erreichen, wenn Affekte verbal mitgeteilt werden. Dann erfahren wir die Spannung zwischen digitaler und analoger Kommunikation, auf die WATZLAWICK[118] hinwies, sehr deutlich. Im "double-bind" hat diese Spannung dann pathologische Auswirkungen.

Der Vorteil von Sprache ist, dass man für das Gemeinte und Determinierbare nicht zur Rechenschaft gezogen werden kann, sondern nur für das Gesagte, weil ja das Gemeinte nicht Teil des formalen Sprachsystems wird. Das hat freilich die negative Folge, dass der gemeinte oder analoge Bereich verleugnet werden kann; auch vom Subjekt sich selbst gegenüber. Man kann davon ausgehen, dass das besonders in Beziehungen der Fall sein wird, die mit strafenden und rigiden Über-Ich-Strategien arbeiten. STERN erwähnt in diesem Zusammenhang schließlich noch die Inkongruenz zwischen Erfahrungen des "existenziellen Selbst" wie z.B. die "Kontinuität der Kohärenz, das fortwährende Sein eines physisch integrierten, unfragmentierten Selbst" einerseits und dem verbalen Selbst andererseits. Dabei könne man manchmal erleben, "dass das existenzielle und das verbale Selbst um Lichtjahre voneinander entfernt sein können."[119]

Fassen wir die Vorteile von Sprache zusammen:

Das Kind kann durch Sprache sein "persönliches Welt-Erleben mit anderen teilen". Mit Sprache kann es außerdem die Realität transzendieren. Kinder "können eine Person oder Sache durch symbolisch verknüpfte Attribute repräsentieren (z.B. schlechte Erfahrungen mit der Mutter), die es in Wirklichkeit zwar niemals alle zusammen wahrgenommen hat, die aber aus isolierten Episoden zu einer symbolischen Repräsentation ("die böse Mutter" oder das "unfähige Ich") zusammengezogen werden können."[120] Vor dem Spracherwerb spiegeln die Kinder in ihrer Prägung das wieder, was sie real erfahren haben. "Nun können sie weitergehen, im Guten wie im Bösen."[121] So ist erst ab dem Spracherwerb die von den Objektbeziehungspsychologen beschriebene intrapsychische Spaltung in gute und böse Objektrepräsentanzen anzunehmen und nicht früher.

4.e - Falsches Selbst und Scham

Die Entstehung des falschen Selbst kann man noch genauer mit der Spiegel-Erfahrung des Kindes (im Alter von ca. 1 ½ Jahren) erklären. Bei dieser Erfahrung bemerkt das Kind zum ersten Male, dass sein Bild im Spiegel sein eigenes ist, das von ihm gesehen wird und dass dieses sein eigenes Bild etwas anderes ist als das innere, nicht sichtbare Selbst-Erleben, mit dem es bisher vertraut war. F. J. BROUCEK[122], der die psychischen Vorgänge im Kind im Zusammenhang mit den Ursprüngen des Schamgefühls untersucht, unterscheidet zwei Arten von Selbst-Identitäten, die sich dabei bilden. Wenn sich das Kind im Spiegel sieht, erfährt es sich selbst als Objekt, macht eine objektbezogene Selbstwahrnehmung und erfährt zugleich einen Unterschied zur subjektbezogenen Selbstwahrnehmung, die ihm vertraut ist. Ähnlich wie STERN sieht BROUCEK die subjektbezogene Selbstwahrnehmung als kinästhetischen, innerkörperlich oder "innewohnenden" Prozess, der in den intersubjektiven "self-with-other"- oder auch "self-versus-other"-Situationen gewonnen wird. Dieses Selbst-Bewusstsein ist "unmittelbar, präkonzeptuell und nicht-bildlich"[123]. Es ist aber auch, wie wir schon in den vorangegangenen Kapiteln aufzeigten, gerichtet auf ein Ziel, eine Absicht, ist ferner sich der im Hier und Jetzt über die Sinne wahrgenommenen Vorgänge bewusst und teilt schließlich dieses Wissen und diese Gefühle mit den Gefühlen, Affekten und Wissen des/der anderen (Interaffektivität), ist also mit-geteiltes Bewusstsein.

Im Moment der objektbezogenen Selbstwahrnehmung tritt eine Entfremdung von diesem ursprünglichen Selbstbewusstsein ein. Zugleich wird diese Erfahrung aber auch konsolidiert, indem das kleine Kind Pronomen zu benutzen beginnt ("ich", "mein", "mich"). LICHTENSTEIN zitierend bestätigt BROUCEK, dass der Bruch mit der intersubjektiv entstandenen inneren Seinsheit ein unvermeidbares grundlegendes "Dilemma der menschlichen Identität" ist.[124]

Durch die Spiegelerfahrung wird das Kind sehr empfindlich gegenüber Spaltungsvorgängen, je nachdem wie sehr es sich als

Objekt durch andere gesehen bzw. gespiegelt erlebt oder als Subjekt. Dem Schmerz des Beschämtwerdens ist das Kind in dieser Situation besonders ausgesetzt. Schmerzliche Schamgefühle erlebt das Kind, wie BROUCEK ausführt[125], in den Augenblicken, wo es von einem ihm wichtigen Erwachsenen mit dem Seinsmodus des subjektiven, innewohnenden Selbstgefühls begegnet und derselbe Erwachsene das Kind aber als Objekt sieht, bzw. dazu beiträgt, dass es sich als Objekt im Erwachsenen gespiegelt sieht. Hier liegt für BROUCEK der Ursprung von Scham:

> "Die Objektivierung kann Scham auslösen, weil, wie Lichtenstein aufgezeigt hat, die Selbst-Objektivierung mit dem aktuellen Seinszustand, dem unmittelbaren Selbstgefühl als innewohnendem, das sich mit anderen "verbunden" weiß, unvereinbar ist und einen Unterschied zu diesen anderen ausmacht. Wenn man sich auf den anderen von diesem verbundenen, innewohnenden Selbstgefühl her bezieht und sich dann plötzlich objektiviert fühlt, wird das eigene Selbstgefühl gestört und man fühlt sich aus dem Kontext geworfen. Sehr wahrscheinlich wird Scham die Folge sein."[126]

Andererseits ermöglicht dieses Identitätsdilemma, dass das Kind zu einer reflexiven Beziehung zu sich selbst, zur Selbstreflexion fähig wird. Das geschieht, indem es das Bild von sich selbst in eine vergleichende Beziehung setzt zu seinem inneren subjektiven Selbstgefühlsprozess, wobei es auf diese Weise herausfindet, in welchen sozialen Kontexten mal der eine Seinszustand und mal der andere die Beziehungs- und Lebensfähigkeit fördert und erhält. Hierbei lernt das Kind die Entwicklung eines idealen Selbstbilds, durch das es sich die Akzeptanz, Liebe oder Wertschätzung der Bezugspersonen auf optimalste Weise zu sichern weiß. Das schließt ein, sich mit anderen vergleichen zu können. Aber mit der Spannung zwischen objektiver (objektbezogener) und subjektiver Selbstbewusstheit muss es künftig leben.

Natürlich gelten die hier aufgezeigten dialektischen Prozesse auch für das Selbstwertgefühl, dessen Ursprung wir ja in die präverbale Phasen zurückverfolgt hatten und das sich nun erweitert um den selbstreflexiven, "objektiven" Aspekt der Spiegelerfahrung in der Kommunikation mit den anderen.

Wo aber kommt dabei das "falsche" Selbst ins Spiel, das den Selbstwert unterminiert?

Das "falsche" Selbst bildet sich in dem Maße aus, in dem das Kind sich einseitig im Spiegel der Eltern als objektiviert erlebt, sich daher nach den von den Eltern gewünschten Selbstbildern richtet und den Faden zur direkten gefühlten Erfahrung verliert, die im innewohnenden, intersubjektiven Selbstgefühlsbewusstsein aufgehoben ist. Das tut es, wie BROUCEK zeigt, um Wiederholungen von Schmerzen des Beschämtwerdens zu vermeiden, d.h. von Verletzungen seines natürlichen Anspruchs auf die primäre Kommunikation des "communing attunements". Fallbeispiele solcher Kindheitserfahrungen sind Legion, in denen Kinder "lernen", die natürlichen, offenherzigen Bedürfnisse nach primärer Kommunikation als "unangebracht", "Fehler" oder "infantil" zu disqualifizieren.

Dies werden Kinder, die alles daransetzen, einem idealen Selbstbild und den idealen Anderen gerecht zu werden, um doch noch die Vertrautheit einer ursprünglichen Beziehung zu erreichen.

Wir sagten, dass die Selbstentfremdung mit der Identifizierung des Selbst mit Selbstbildern zusammenhängt, wobei das aktuelle oder subjektive Selbst unbewusst entwertet wird. Je mehr die Rückbindungsfähigkeit an den Grund des Selbstgefühls, das in der primären, interaffektiven Kommunikation wurzelt, verloren geht, desto entfremdeter ist der Mensch von anderen. Wir nähern uns dabei den Beziehungsstörungen, die KERNBERG und auch BROUCEK unter "pathologischem Narzissmus" verstehen.[127] BROUCEK beschreibt drei Typen dieser narzisstischen Störungen, die wir auch als Erscheinungsweisen des "falschen Selbst" bezeichnen können[128]:

Beim ersten Typ, den er den "egoistischen, widerspruchslosen" nennt, fehlt jedes Schamgefühl, insofern zwischen dem idealisierten Selbst und dem aktuellen, realistischen Selbst jede Spannung fehlt. Beschämungen und Schamschmerzen waren hier so unerträglich extrem in der Kindheit, dass sie nur um den Preis des Fehlens von zwischenmenschlichen Empfindungen und von Selbstreflexion besiegt werden konnten. Das subjektive Selbst bleibt abgespalten, entwertet und Anteile davon werden anderen projektiv zugeschrieben und so entwertet, z.B. Weichheit, Toleranz etc.

Die Eltern dieses Typs, selber narzisstisch gestört, haben das Kind einseitig objektbezogen gesehen, indem sie ihr eigenes grandioses idealisiertes Selbst auf das Kind projizierten. Eine Unterstützung für das wahre Selbstempfinden und Hilfen, die Spannung zwischen dem aktuellen und dem idealisierten Selbst auszuhalten, blieben aus.

Die Biografie von Adolf HITLER zeigt diese Züge aufs deutlichste, und man darf mit Recht sagen, dass der Mangel an Scham, Reue und affektiv-moralischer Verantwortung für andere ein wesentlicher Aspekt der kollektiv auftretenden faschistischen Charakterstruktur ist. Wie psychische Vorgänge und sozioökonomische zusammenwirken, wenn die Defizite an Selbstwertgefühl und die Prädispositionen zu einem falschen Selbst in ein kollektives Phänomen münden wie in Deutschland, das hat Wilhelm REICH in der "Massenpsychologie des Faschismus" analysiert. Bertolt BRECHT tat dasselbe auf künstlerische Weise in seinem Theaterstück "Der aufhaltsame Aufstieg des Arturo Ui", einem Parabelstück auf die Entstehung der Nazi-Diktatur. In der Gestalt des Ui gab er zudem eines der treffendsten Psychogramme des egozentrischen Narzissten.

Den zweiten Typ des "falschen Selbst" nennt BROUCEK den "dissoziativen Typen".

Bei ihm sei die Selbstentwertung auffällig bei gleichzeitiger Abspaltung des idealisierten Selbst und seine Projektion auf andere, denen er sich unterwirft. Dieser Typ ist leicht zu beschämen, ist sehr empfindlich gegenüber Zurückweisungen und zeige aber auf versteckte Weise Überlegenheitsverhalten. Wir können diese Struktur mit der masochistischen Charakterstruktur in der Körperpsychotherapie in Verbindung bringen. Heinrich MANN hat in seinem Roman "Der Untertan" (1914) das sich wechselseitig bedingende und bestärkende Beziehungssystem zwischen dem ersten und dem zweiten Typ geschildert - ein System, das die wilhelminische und Weimarer Gesellschaft in Deutschland bestimmte und den Nährboden für den Faschismus bereitete.

Den "turbulenten Typ" nennt BROUCEK seine dritte Form narzisstischer Störungen.

In diesem Typ wechselt das Verhalten rasch auf verwirrende Weise zwischen innerpsychischen Szenarios des ersten und des zweiten Typs. Weil das Ego fragmentiert ist, schwankt es zwischen verschiedenen Selbst-Zuständen, erlebt Verwirrung und stiftet sie auch durch Desintegrieren von eigentlich einheitlichen Situationen. Wir können hier an die Borderline-Struktur erinnern.

Die Unfähigkeit, den Wert gewachsener Strukturen zu erkennen und sie auf ihrem Fundament weiterzuentwickeln, äußert sich auf gesellschaftlicher Ebene in einer als "Moderne" ideologisierten neuen Flexibilität, die darunter die Zerschlagung gewachsener Einheiten versteht, gleichgültig ob sie effizient und sozial willkommen sind. Auflösungen sozioökonomischer Großorganisationen, wie z.B. in Deutschland der Bundesbahn oder der Post oder demnächst auch kommunaler Versorgungseinrichtungen, die bar jeder ökonomischen und sozialen Vernunft sind, werden offenbar hingenommen, weil die Willfährigkeit und wertentbundene Impulsivität der Borderline-Struktur sich nunmehr als kollektiver Trend behauptet.

Der dabei sich freisetzenden Borderline-Aggressivität kann deshalb keine regulierende, Grenzen setzende Kraft Einhalt gebieten, da ja auch die Großorganisation "Staat" begonnen hat, sich von ihrer ursprünglichen verantwortungsvollen Position dem Ganzen gegenüber zurückzuziehen. Da sollte man sich nicht wundern, wenn hie und da Kräften eines neuen Faschismus die Türen offen stehen.

4.f - Ganzheitliche Wahrnehmung und Kontinuität des Selbst von Geburt an

Der Säugling nimmt aufgrund der amodalen Wahrnehmung von Anfang an Ganzheiten wahr. Als amodale Wahrnehmung bezeichnet man die Fähigkeit, eine "in einer bestimmten Sinnesmodalität aufgenommene Information ... in eine andere ... übersetzen zu können."[129] Es ist noch unbekannt, wie Säuglinge das tun. STERN vermutet, dass die "generelle Wahrnehmungsweise der Säuglinge so umfassend oder 'global' (ist), dass sie amodale Eigenschaften jeder beliebigen Modalität aus jedem Bereich des menschlichen Ausdrucksverhaltens erkennen, diese Eigenschaften abstrakt repräsentieren und sie dann in andere Modalitäten übersetzen können."[130] Die Differenzierung der Ganzheiten in verschiedene Empfindungen erfolgt dann erst im Verlaufe des Entwicklungsprozesses.

Aus diesen Befunden heraus wird die Revision der psychoanalytischen Theorie der Spaltung, zumindest für die frühkindliche Entwicklung, notwendig. Zur Diskussion darüber sei auf DORNES verwiesen.[131]

Auch das *Gedächtnis des Säuglings* arbeitet in ganzheitlichen Perzeptionen. Das Kleinkind nimmt Empfindungen, Wahrnehmungen, Handlungen, Gedanken, Affekte und Ziele als kohärente Einheit real gelebter Episoden wahr. Wenn sich gleiche Episoden häufiger wiederholen - und das ist Beziehungsalltag - werden sie als "events", als kleine oder umfassendere Skripts im Gedächtnis gespeichert, das STERN und andere Autoren als "Episoden-Gedächtnis" bezeichnen. Hier sei nochmals daran erinnert, dass Vorläufer des kognitiven (bildlichen) Gedächtnisses das motorische und das affektive Gedächtnis sind. "Episoden" sind kleine Handlungsszenen zwischen Mutter und Kind, die sich häufig, wenn auch jeweils mit geringeren Abweichungen, wiederholen (z.B. gibt es eine "Zu-Bett-Gehens-Episode" oder die bekannte "Brust-Milch-Episode"). Das Gedächtnis vermittelt dabei dem Säugling auch das Empfinden einer eigenen Kontinuität und Geschichtlichkeit; denn bei jeder Wiederholung äußerer Vorgänge wird auch die Kontinuität innerer Wahrnehmungs-Schemata bestätigt. Ich vermute im Übrigen im Episoden-Denken des Säuglings eine Frühform des Rituals, das später bei Zeremonien die strukturierende Matrix für die Beziehung zwischen Innen- und Außenwelt abgibt.

Die Frage, ob der Säugling per Gedächtnis eine Kern-Selbst-Geschichte, d.h. eine Geschichte des Selbst-Empfindens (der invarianten Komponenten "Urheberschaft", "Kohärenz", "Affekt" usw.) entwickeln kann, muss bejaht werden, wenn wir die empirischen Befunde über das sensomotorische und affektive Gedächtnis heranziehen.

Die Kontinuitätserfahrung enthält nach STERN die Repräsentation generalisierter, sich wiederholender Episoden, die eine Durchschnittsrepräsentanz dieser Episoden im Gedächtnis bilden. Die Durchschnittsrepräsentanzen nennt STERN[132] "representation of interaction generalized" oder kurz RIG. DORNES: "Eine RIG ist die prototypische Repräsentation individueller Interaktionserfahrung und der Hintergrund und die Folie, auf der neue, aktuell ablaufende Episoden...eingeschätzt und wahrgenommen werden."[133] So können verschiedene RIGs "eine Grundeinheit der Repräsentation des Kern-Selbst bilden."[134] Der Säugling integriert so verschiedene Selbst-Invarianten zu "einer einzigen, organisierenden subjektiven Perspektive".[135] Weil aber das Episoden-Gedächtnis dynamisch ist (wie das Beziehungsleben auch), befördert es auch den Sprung zum Empfinden eines Kernselbstes, durch das das kleine Kind ein Selbst und einen Anderen identifizieren kann.[136]

Das Selbstwertgefühl könnte man nun als eine Super-RIG definieren. Sie enthält das positive, angenehme Erleben etlicher Episoden, die um das "Thema" des offenen Raums zwischen Kleinkind und Mutter kreisen, in dem innere Impulse deshalb als subjektiv erlebt werden können, weil das andere Subjekt auf anerkennende oder zumindest erkennende Weise anwesend ist. Das Selbstwertgefühl umschließt daher auch Selbstvertrauen in Wirkmächtigkeit oder Schöpfungsfähigkeit als ein Aspekt von Beziehung. Alleinsein wird als lebendig, fruchtbar und spielerisch erlebt, und Autonomie steht nie im Widerspruch zu Beziehung. Die spätere Ausbildung des verbalen Selbst fügt dieser Grundstruktur des Selbstwertgefühls die Einarbeitung von Bewertungen hinzu und ermöglicht dann die reflexiven Selbstbewertungen.

Von praktischer Bedeutung für die Psychotherapie ist besonders der Befund der empirischen Säuglingsforschung, dass es keine linear angeordneten alterspezifischen Entwicklungsphasen gibt, wie es Psychoanalyse, Entwicklungspsychologie und die von der reichianischen Körperpsychotherapie vertretene Lehre der Charakterstrukturen behaupten. Alle wichtigen Lebensthemen wie z.B. Urvertrauen, Oralität, Bindung, Autonomie und eben auch Selbstwertgefühl sind relevante Themen zu *allen* Zeiten der Entwicklung. Das Kind geht bei seinen Entwicklungssprüngen nicht von einer Phase in die nächste und lässt die alte hinter sich; vielmehr verändert sich durch neue Arten des Selbstempfindens jeweils das soziale Erleben. Alle Erlebensbereiche bleiben aber nebeneinander bestehen und entwickeln sich simultan weiter - oder auch nicht. Bereiche der Bezogenheit aus der subjektiven Sphäre bestehen simultan weiter, und die Aufmerksamkeit kann zwischen dem Erleben der verschiedenen Selbstempfindungsbereiche hin- und herpendeln.

Allerdings kann das verbale oder "narrative" Selbst nach STERN die präverbalen Selbstempfindungen verdunkeln (verdrängen, verneinen, verleugnen). Da es also keine altersspezifischen Problemphasen realiter gibt, kann man auch nicht mehr vorhersagen, "zu welchem Zeitpunkt in der Entwicklung später zutagetretende klinische Probleme entstanden sind, die mit diesen Themen zusammenhängen."[137] Und ebenso, so muss man ergänzen, kann man nicht vorhersagen, in welchem Alter sich ein beobachtetes Interaktionsproblem erneut auf spezifische Weise zeigen wird. Über die Konsequenzen für die praktische Körperpsychotherapie werden wir im nächsten Kapitel diskutieren.

Das Selbstempfinden, das aus den vier verschiedenen Arten der Selbsterfahrung besteht, nämlich "Urheberschaft", "Selbst-Kohärenz", "Selbst-Affektivität" und "Selbst-Geschichtlichkeit", entwickelt sich, indem diese vier Arten ein Leben lang nebeneinander bestehen bleiben, sich aber sukzessive entfalten und dabei verfeinern. Sie werden im motorischen, dann im affektiven und dann im kategorialen Gedächtnis gespeichert. Und auch diese Gedächtnisarten bleiben nebeneinander bestehen und können zu unterschiedlichen Zeiten und bei unterschiedlichen Situationen aktiviert werden.

STERNs Definition des Selbstempfindens liest sich über weite Strecken wie eine wertneutrale Beschreibung des wahren Selbst: Im Kern ist es invariant und intrapsychisch konfliktfrei. Wenn wir uns später der spirituellen Betrachtung des Selbst zuwenden werden, sehen wir Ähnlichkeiten zu den Aussagen religiöser Traditionen über das Selbst. Vorerst aber sollen nun einige Folgerungen der empirischen Säuglingsforschung für die praktische Psychotherapie, inbesondere für die Körperpsychotherapie angesprochen werden.

5. Neue Säuglingsforschung und Praxis der Körperpsychotherapie

Die bisherige Praxis der neoreichianischen Körperpsychotherapie orientierte sich mehr oder weniger deutlich an der Lehre von den sich während der ersten fünf Lebensjahre angeblich linear entwickelnden Charakterstrukturen. Die neoreichianischen "Klassiker" der Körperpsychotherapie W. REICH, A. LOWEN, J. PIERRAKOS und R. KURTZ arbeiteten diese Lehre aus und entwickelten ein daraus abgeleitetes Arsenal von therapeutischen Techniken zur Heilung von charakterstrukturellen Fixierungen, das sie in Ausbildungstrainings an ihre Schüler weitergaben. REICH selber hatte anders gearbeitet. Er ging von den unmittelbar sinnlich erfahrbaren Phänomenen aus, die sich während der Psychotherapien seiner Klienten zeigten und formulierte sodann seine Hypothesen und Folgerungen. Die Mehrheit der Körperpsychotherapeuten, die ihre Trainings während des Zeitraums von 1965 bis 1990 durchliefen, wurden in Theorie und Praxis von diesen "alten Meistern" und ihren Schülern geprägt.

Die Popularität der Charakterstruktur-Lehre erklärt sich aus ihrer Übersichtlichkeit, ihrer simplen Belegbarkeit durch die Körperselbsterfahrung und ihrer implizit mitgelieferten Wertorientierung. Die Lehre gab dem Therapeuten und dem Klienten Ziele vor, zu denen hin sich eine bewusst gemachte, bearbeitete und erlöste Charakterstruktur entwickeln konnte. Anhand körperlicher Veränderungen konnten Therapeut wie Klient stets überprüfen, wie weit sie bei der Heilung der strukturellen Defizite fortgeschritten waren. In den diagnostischen Begriffen schwangen leider aber auch Wertvorstellungen mit, die, wenn erfüllt bzw. überwunden, ein Selbstbild des vollkommenen Menschen nährten, oder, wenn sie nicht erreicht wurden, ein Selbstbild des gescheiterten oder ungenügenden, fehlerhaften Menschen insinuierten, "der noch an sich zu arbeiten hatte". Das gibt der Charakterstrukturlehre einen unangenehmen Beigeschmack.

Der Lehre von den Charakterstrukturen liegen geistige Konzepte über die Evolution des Menschen zugrunde, die implizit "Weiterentwicklung" als stufenförmige Höherentwicklung oder Reifung denken, wobei jede der "höheren" Entwicklungsstufen gegenüber der vorausgegangenen selbstverständlich als überlegener mitgedacht wird. Diese Konzepte menschlicher Entwicklung hängen mit den Ideenstrukturen in Politik, Wirtschaft und Naturwissenschaften der 50er bis 70er Jahre zusammen. In dieser Zeit (des Kalten Krieges) beherrschte ein stark wettbewerbsorientiertes Denken zwischen den kommunistisch-sozialistischen und den parlamentarisch-kapitalistischen Staaten die weltpolitische Szene, das mit Wertigkeiten wie "weiter", "höher", "besser" etc. wenig Raum für kritisches Hinterfragen von Werten zuließ.[137a]

Alle auf dem Charakterstrukturmodell aufbauenden Psychotherapien sind ein weiteres Beispiel dafür, wie ein ursprünglich durch unmittelbare Beobachtung gewonnenes Ergebnis nach und nach beginnt, die Wahrnehmung von Wirklichkeit zu figurieren, so dass dann die einfachsten und natürlichsten Vorgänge nicht mehr gesehen werden. Dieses Schicksal teilt das psychologische Modell der Charakterstruktur mit anderen "objektiven" Theorien.

So hat man übersehen, dass die menschliche Entwicklung nicht nur linear-phasenhaft, sondern auch in Sprüngen und Schleifen verläuft. Bestimmte Konfliktkonstellationen treten in bestimmten Lebenssituationen zu unterschiedlichen Lebenszeiten immer wieder auf, wenn auch ihre Intensität und Dichte sich verändern. Andere mögliche Konfliktkonstellationen kommen gar nicht vor. Die Lehre von den Charakterstrukturen verbindet dagegen alle Lebensäußerungen eines Charakters zu einem Netzwerk, das negativ in Defizit- oder Defektbegriffen beschrieben wird. Außerdem behauptet sie eine Abfolge in sich abgeschlossener Entwicklungsphasen. Die Wirkungen dieses Konzepts auf Klienten können bedenklich sein, wenn das Modell unkritisch zum Leitfaden von Therapie gemacht wird. So kann der Klient die demütigende oder Scham auslösende Erfahrung machen, dass er letztlich nicht als Individuum wertgeschätzt wird, sondern als Objekt gesehen wird. Noch unangenehmer können Minderwertigkeitsgefühle sein, wenn der Klient spürt, dass seine Charakterstruktur einer niedrigeren Entwicklungsstufe zugeordnet wird. Natürlich dürften sensible und selbstkritische Therapeuten ihre Klienten vor solchen Etikettierungen schon immer bewahrt haben, z. B. wenn das therapeutische Ziel gerade darin bestand, die Entfremdung des Menschen von seinem subjektiven Gefühls- und Körpererleben zu überwinden, indem die Beziehung Klient-Therapeut im Fokus ist. Aber die Klienten spüren dennoch hier etwas Richtiges: dass ein solches Modell nicht der Realität menschlicher Entwicklung entspricht. Dieser wird die empirische Säuglingsforschung eher gerecht. Dort finden wir nirgends einen Hinweis, dass das Selbstempfinden eines kleinen Kindes während der präverbalen Phase dem Selbstempfinden während der verbalen unterlegen oder geringerwertig sei. Zwar wachsen mit den

Lebensjahren die Weite, Vielfalt und Komplexität der Interaktionsmuster, aber das ist, jedenfalls vom Kind her gesehen, keine Bewertungsfrage.

Wie sähe nun eine Körperpsychotherapie aus, die die Befunde der Säuglingsforschung berücksichtigt?

Seit DORNES[138] die Diskussion über Psychoanalyse und Säuglingsforschung eröffnete, gibt es auch Untersuchungen über den Zusammenhang von Körperpsychotherapie und Säuglingsforschung. Dabei werden STERNS Ergebnisse als Bestätigung für den Wert körperbezogener Interventionstechniken bei der Therapie präverbal gestörter Klienten verwendet[139]. DOWNING[140] baut die von ihm ausgearbeitete Körperpsychotherapie wesentlich auf den Erkenntnissen der Säuglingsforschung auf.

Alle diese Untersuchungen sensibilisieren für einen bewussteren Umgang mit dem Körperkontakt in der Therapie, besonders im Hinblick auf Übertragung und Gegenübertragung. Eine klare, eventuell lern- und lehrbare Übersicht, welche Arten von Beziehung und Körperkontakt zum Klienten hin für welche Art von Störung des Selbstempfindens ratsam sind, vermitteln diese Untersuchungen aber nicht. Das verwundert, ist doch die frühe Interaktion Mutter-Kind stark körperbezogen.

Im Kapitel V. dieses Buches hoffe ich, einige Anregungen geben zu können, welche Settings in der Körperpsychotherapie helfen können, gestörte sensomotorisch-affektive Beziehungsmuster auszugleichen.

III Selbstwert, wahres Selbst und Selbstwertgefühl in einigen spirituellen Traditionen

Aussagen anderer Art über das Selbst des Menschen finden wir in Berichten über transpersonale Erlebnisse und Seinszustände. Dazu zählen klassischerweise die Berichte der Mystiker, Schamanen und Meditationsmeister in allen Kulturen. Aber es gibt auch eine moderne Literatur von und über Menschen, die ohne jede spirituelle Schulung transpersonale Erfahrungen über ihr "wahres Selbst" hatten. Zu ihnen rechnet man die Nahtod-Erlebnisse (NTE), Kundalini-Erfahrungen und Außersinnlichen Wahrnehmungen (ASW). Solche außergewöhnlichen spirituellen Erlebnisse können plötzlich auftreten, z.B. während schwerer Lebenskrisen, lebensbedrohlicher Krankheiten, bei Unglücksfällen und unter extremem Stress.

Nahtod-Erfahrungen dagegen scheinen viele Menschen durchzumachen. Die Berichte darüber verdanken wir Menschen, die durch medizinische Reanimation wieder ins Leben zurückgeholt wurden.

Andererseits können transpersonale Erlebnisse durch längere Meditationspraxis oder bestimmte Atem- und Bewegungsübungen ausgelöst werden, die die Energiekanäle im Körper stimulieren, wie z. B. im Kundalini-Yoga. Im tibetischen Buddhismus, vor allem dem Vajrayana, bilden von einem Lehrer betreute und tradierte Meditationserfahrungen die Grundlage für eine komplexe und subtile Psychologie des Ich oder Selbst (was hier oft synonym gebraucht wird), die weit über die Dimensionen der westlichen Psychologie hinausgeht und radikaler ist. Im Christentum fehlt eine systematische Geistesgeschichte dieser Art. Hier begegnen wir lediglich den Zeugnissen einzelner, isoliert voneinander lebender Mystiker über die Essenz des Menschen. Erstaunlicherweise dekken sie sich aber mit den Aussagen der spirituellen Schulen des

Ostens, vor allem der Hindus, Buddhisten und Sufis, so dass wir in diesem Zusammenhang von einem "objektiven Mystizismus" sprechen können. Die Zeugnisse aus allen diesen Traditionen und Erfahrungen sind bekannt. Wie später konkreter zu zeigen sein wird, kann ihre Einbeziehung in die Psychotherapie besonders bei narzisstischen Störungen von großem Nutzen sein.

Erfahrungen des präverbalen, "existenziellen" Selbst der selbstbewussten Persönlichkeit zugänglich zu machen, führt uns zu den Vorgängen in den feinstofflichen Licht- oder Energiekörpern, die uns umgeben. Traditionell eine Domäne der spirituellen Heiler in allen Kulturen, sind in den letzten Jahrzehnten zahlreiche Untersuchungen dieser feinstofflichen Energiephänomene von westlichen Wissenschaftlern gemacht worden. Zu nennen wären hier die Forschungen zum Kundalini-Phänomen von Lee SANNELLA[141], Untersuchungen über Frequenzen von Energiefeldern in Abhängigkeit vom Bewusstsein durch Itzhak BENTOV[142], über die Physiologie der Chakren von MOTOYAMA[143], über die Strukturen der Aura von KILNER[144], über neue Energieformen, die nach holographischen Gesetzen wirken durch DUBROV[145] und DE LA WARR[146]. Gute Zusammenfassungen über den (nicht ganz aktuellen) Stand der Forschung sind bei F. CAPRA[147], S. SABETTI[148], J. PIERRAKOS[149] und bei B. BRENNAN[150] nachzulesen. Natürlich müssen hier auch die Pionier-Forschungen von W. REICH über die Orgon-Energie angeführt werden.[151]

Auf medizinisch-therapeutischem Gebiet ist das Wissen um Energie- oder Lichtkörper, über die ätherische Energieform und ihre Anwendung oder Beeinflussung zu Heilzwecken seit PYTHAGORAS bekannt. Man wusste in der griechischen Antike, dass man über die ätherische Energie oder "etherikos" mit Göttern in Kontakt treten und Fernheilungskräfte sowie hellseherische Fähigkeiten entwickeln konnte. In allen Kulturen gibt es dieses Wissen. Vermittler zwischen der materiellen Alltagsrealität und den transmateriellen kosmischen Wirklichkeiten waren Priester und Schamanen, oft in einer Person. Wer in die dem normalen Wachbewusstsein entzogenen Wirklichkeiten eintrat, erfuhr dort Götter als real lebende Wesen, ebenso "sah" er Naturgeister, z.B. Feen, Elfen, Kobolde und sprach mit ihnen. Er traf auf Engel in ihren verschiedenen Hierarchien und mit ihren verschiedenen Aufgaben, auf aufgestiegene Meister, Boddhisattvas, Heilige, aber auch - bis zu einer bestimmbaren, begrenzten Wirkungsebene - auf Dämonen und gefallene Engel. Das Wesentliche aber war, dass alle, die diese Welten betraten und noch betreten, bezeugen, dass klares Licht, besser gesagt eine Art Über-Licht, verbunden mit All-Liebe, die Substanz, das Wesen von allem, was ist, ausmacht.

Man kann das nachlesen in den Schriften von HILDEGARD VON BINGEN, MEISTER ECKHART, Jakob BÖHME, PARACELSUS.[152] Man kann es nachlesen in den "Discourses" des indischen Meisters MEHER BABA und RAMANA MAHARSHI[153] oder in Veröffentlichungen von Gopi KRISHNA[154], der nach einer dramatischen Kundalini-Selbsterfahrung sich für die biologischen Wurzeln des Erleuchtungsprozesses zu interessieren begann. In neuerer Zeit belegen die Erfahrungen, Heilungen und Publikationen von Dr. Stylianos Atteshlis, genannt DASKALOS: "Der Mensch als Mikrokosmos, als getreues Abbild des Makrokosmos, ist das Ebenbild und Gleichnis des absoluten Seins."[155] Es war das innigste Anliegen aller Menschen, die durch Gnade, Disziplin, Demut und Karma die Realitäten der transpersonalen Welten besuchen konnten, dies deshalb zu bezeugen, damit wir wissen, dass jeder Mensch ein wahres Selbst ist und dass dieses seine göttliche Natur ausmacht. Weniger "mystische" Belege dafür sind auch die Berichte von Menschen mit Nahtod-Erfahrungen (NTEs), wie sie K. RING[156], J. MOODY[157], E. KÜBLER-ROSS[158] und MORSE/PERRY[159] weltweit gesammelt und ausgewertet haben. Außerordentlich wichtig ist auch der Bericht über eine eigene Nahtod-Erfahrung von Betty EADIE[160] insofern, als er wesentliche Kapitel des tibetischen Totenbuchs bestätigt. Alle diese Reports haben die für uns tröstliche Botschaft, dass das wahre Selbst in jedem von uns ist, egal welche Leiden, Abhängigkeiten und Schicksale wir durchmachen und dass es Licht und Liebe ist.

Daskalos sagt dazu: "Wir wissen, dass wir Projektionen des absoluten Seins in seiner Vielfältigkeit sind. Wir wissen ferner, dass wir uns als Projektionen in der Welt der Existenz aufhalten, während wir zugleich in der Welt des Seins sind."[161]

Wie also, so fragt man sich, kann da das wahre Selbst zerstört werden...?

Aus dieser spirituellen Sicht heraus, die ja keine theoretische ist, sondern erfahrene Wirklichkeit, kann man dem Menschen das wahre Selbst überhaupt nicht nehmen oder geben, z.B. durch Sozialisation. Weder wird es bei der Geburt oder der Zeugung durch die Eltern gegeben noch durch den physischen Tod genommen. Vielmehr kommt jeder Mensch als wahres Selbst oder "mit" einem wahren Selbst aus einer anderen Welt auf diese Welt und verlässt diese Welt mit einem wahren Selbst (das nun klüger, weiser, wissender sein mag), um in eine andere Welt hinüberzuwechseln. Worum geht es dann bei diesem irdischen Durchgang, den wir "Leben" nennen?

Es geht darum, sich von den Verunreinigungen des wahren Selbst durch negative Vorstellungs-Emotions-Handlungsmuster zu befreien, die uns in die Gut-Böse-Dualität verstricken. Das wahre Selbst ist unsterbliche, allumfassende und selbstlose Liebe und Wissen um die eigene göttliche Natur (wobei dieses Gottesbewusstsein bildlos ist).

Das Wissen ist jenseits, vor, über oder inmitten aller Formen des Denkens, Fühlens und Wollens der derzeitigen (sterblichen) Persönlichkeit. Verdunkelt wird das lichte wahre Selbst durch Egoismus. Der freie Wille des Menschen macht es möglich, dass man sich für Formen, Ideen und Bilder entscheidet, die von dieser Liebe weg in die Illusionen des falschen Selbst hineinführen. Eine solche vom wahren Selbst entfremdete Idee ist z.B. die christlich-jüdische Vorstellung von Gott als einem rächenden und strafenden Richter. Eine solche Vorstellung hat natürlich erhebliche Nachteile für das Selbstwertgefühl eines Menschen.

Aus den vielen religiösen und spirituellen Belegen über die Existenz und Natur des wahren Selbst möchte ich im folgenden drei Beispiele herausgreifen. Zunächst gehe ich kurz auf die Nahtod-Berichte ein. Sodann werde ich ausführlicher die Natur des Selbst aus tibetisch-buddhistischer Sicht erläutern und diese in Beziehung setzen zu den Erkenntnissen der modernen Kinder- und Kleinkindpsychologie. Dabei werde ich den Bericht von Suzanne SEGAL einbeziehen, die ohne irgendeine religiöse Praxis eine Erfahrung des wahren Selbst machte. Schließlich werde ich die Erkenntnisse von DASKALOS, des wohl bedeutendsten Mystikers der Neuzeit, über das Selbst vorstellen und erläutern.

1. Nahtod-Erfahrungen

Aus den Erfahrungsberichten über Menschen, die nach klinischem Tod ihren Körper verlassen haben, geht hervor, dass wir jenseits der Selbstverurteilungen unserem Wesen nach Liebe und Licht sind, dass wir von diesem Licht bedingungslos geliebt werden und dass es Weisheit und Mitgefühl ausstrahlt. Indem es uns durchstrahlt, sind wir essentiell Weisheit und Mitgefühl. Alle Menschen mit NTEs hatten, egal ob sie ein spirituelles Leben führten oder nicht, das Wissen, dass dieses Licht ein Wesen ist und dass es sie lehrte, sich selbst und alle anderen zu lieben, sich wertzuschätzen und sich und andere so zu akzeptieren, wie man ist. Mit diesem Auftrag kamen sie in ihren physischen Körper zurück (durch Reanimation) und führten ihn künftig für den Rest ihres Lebens auch aus. In allen Berichten wird indirekt bestätigt, dass es eine Hölle oder ein Jüngstes Gericht nicht gibt. Allerdings machen wir beim Sterben eine Lebensrückschau durch, in der man seine positiven wie seine negativen Taten nochmals erlebt. Zu den negativen gehören alle Gedanken, Gefühle und Handlungen, die anderen wehgetan haben, vor allem der Gedanke, ein abgegrenztes Ich zu sein. Dabei erlebt man den Schmerz der anderen als eigenen Schmerz.

Aber wo der Schmerz zu überwältigend ist, scheint eine höhere Kraft der Liebe, z B. in Gestalt der Erzengel einzugreifen, die weiterführt zu Gnade und Vergebung oder zu dem klaren Auftrag der Wiedergutmachung. Eine Verurteilung jenseits von Schmerz und Reue gibt es nicht; sie erscheint einzig als das Werk unseres Ego. Als Folgen der NTEs wurde von K. RING[162] festgehalten: Zunahme des Selbstwertgefühls; Verringerung der Angst vor dem Tod; Zunahme von Toleranz und Mitgefühl; größere Lebensfreude; starkes Nachlassen des Interesses an materiellen Dingen (u.a. mit ein Grund, warum die NTEs keine Beachtung in den Massenmedien finden); Wachsen der geistigen Gesundheit.

2. *Aus der tibetisch-buddhistischen Meditationspraxis*

Aus dem reichen Schatz jahrhundertelanger Meditationserfahrungen schöpfend, kann man mit Fug und Recht die Behauptung wagen, dass jeder Mensch essentiell ein Buddha ist, ein "Erleuchteter". Erleuchtung heißt hier, die Verwirrungen oder Trübungen durch Emotionen und angelerntes, kognitives Wissen aufzulösen, so dass wir nur der offene, identitätslose, freie, grenzenlose und klare Geist sind. Im Tibetischen wird er auch "rig-pa" genannt. "Rig-pa" ist ursprüngliches Gewahrsein.

Es ist das Bewusstsein im natürlich belassenen Zustand, d.h. ein Bewusstsein ohne Hoffnung (die nach etwas greift) und ohne Angst (die etwas festhält), ohne durch Bestätigung oder Ablehnung verändert zu werden. Wenn man in die Natur des Geistes blickt, vergehen Angst vor dem Tod, vergehen Leiden und Aggression, und es entfaltet sich stattdessen grenzenloses Mitgefühl (Resonanz) mit dem Leben; dann ist das Sein da ohne Konzepte und Gedanken. Dieses Sein ist Leere (sanskrit: shunyata), die zugleich die totale Fülle in unmittelbarer Präsenz ist. Man kann sich diesen Zustand als einen Blick in das makellose Blau des unendlichen Alls bei Tag vorstellen: Obwohl nichts da ist als nur reine Energie, entsteht doch alles daraus und löst sich alles wieder darin auf, und man fühlt eine innere große Weite, Stille und Freude.

Meditation führt allmählich dazu, dass die Produkte des kategorialen Denkens, die außerdem noch von Affekten und Emotionen durchtränkt sind, sich auflösen. Und da geschieht etwas Merkwürdiges: Wir erkennen, dass das, was wir für Realität hielten, ein Netzwerk von Begriffen, Ideen und mentalen Konstruktionen ist, das sich an verschiedenen Stellen zu Geschichten oder Überzeugungen oder Hypothesen verdichtet und dass diese Art von Realität eine Schein-Wirklichkeit ist. "Die gesamte spirituelle Praxis ist daher der Umkehrung dieses Prozesses der Unwissenheit gewidmet: dem Entflechten, Auflösen und 'Verflüssigen' dieser vernetzten und aufeinander aufbauenden, falschen Wahrnehmungen, die uns in die Gefangenschaft einer selbstgeschaffenen Schein-Wirklichkeit geführt haben."[163]

Aus buddhistischer Sicht gibt es kein Selbst (dieser Begriff wird übrigens manchmal mit "Ich" gleichgesetzt) als invariante, unabhängig aus sich selbst heraus existierende psychische Größe - eine Erkenntnis, der sich die Säuglingsforscher ohne weiteres anschließen würden. Das Selbst kann man vielmehr immer nur in Relation zu verschiedenen Faktoren definieren. Im Übrigen ist auch der Begriff "Ich" selber ein historisches Phänomen, worauf VARELA hingewiesen hat[163a]. Die buddhistische Psychologie sieht das Selbst als einen sich ständig in Wandlung befindlichen Prozess in Abhängigkeit von vielen Daseinsfaktoren, die man im Sanskrit "skandhas" nennt. Diese sind Form, Empfindung, Wahrnehmung, Formkräfte und Bewusstsein.

Leiden entsteht nun, wenn man an bestimmten Aspekten des Selbst durch Zuneigung oder durch Ablehnung anzuhaften beginnt und sie dabei als für "mich" typisch oder "mir" zugehörend etikettiert, denn diese Festlegungen (treffend heißt es im Deutschen ja auch "etwas feststellen") im mental-emotionalen Bereich ziehen die Neigung des Menschen nach sich, etwas Erlebtes bewahren zu wollen oder zu vermeiden oder sogar aggressiv gegenüber anderen zu verteidigen. An der Basis der Fest-Stellungen gibt es eine Angst, sich dem Fluss des Lebens mit seinen permanenten Veränderungen vorbehaltlos auszusetzen. Demgegenüber soll der fixierende Griff nach einer Selbst-Identität Sicherheit und Angstfreiheit verschaffen.

Das Greifen (Gier), das Festhalten und Verteidigen (Aggression oder Zorn) und die Selbsttäuschung über die wahre Natur des Lebens (Ignoranz) entfremden uns aber von unserem wahren Selbst durch den Aufbau des "falschen Selbst" um den Preis des Mangels an Authentizität und eines nagenden Grundgefühls, nie wirklich der zu sein, der man ist[164]. Gier, Aggression und Ignoranz werden im Buddhismus als die drei Grundübel angesehen, die Samsara, den Lebenskreislauf, am Drehen halten, Unfrieden in die Welt bringen und Leid verursachen.

Wie die wahre Natur des Lebens, mithin unser wahres Selbst, von jedem von uns entdeckt und Leiden beendet werden kann, das hat der Buddha gelehrt und viele, viele Meister haben in den Jahrhunderten nach ihm, der Überlieferungslinie durch Praxis folgend, Buddhas Lehren immer wieder erneuert und bestätigt. In neuerer Zeit hat der tibetische Meister Chögyam Trungpa Rinpoche hellsichtige Analysen über die Entstehung und Arbeitsweisen des Ego (Ich, Selbst) gegeben und hat darauf aufbauend die speziell für westliche Menschen gedachte Shamatha-Sitzmeditation entwickelt, in der man sehen lernt, wie das denkende Ego arbeitet, so dass man frei wird, durch Nicht-Identifikation mit den Gedanken und Emotionen, die unverstellte Natur des Seins zu erfahren[165].

Über die Vorgänge bei der Ich-Bildung schreibt er:

> "Allem zugrunde liegt da einfach ein offener Raum, der der Urgrund dessen ist, was wir wirklich sind. Es ist unser Sein, bevor das Ego geformt wurde, mit seinem absoluten Offensein und Urfrieden. Nimm zum Beispiel unser Denkverhalten im täglichen Leben. Wir sehen ein Ding - und im ersten Augenblick ist diese Wahrnehmung ohne Logik und Verstand; wir nehmen ein Objekt eben nur wahr. Dann versuchen wir eiligst und panikartig, etwas hinzuzufügen,

indem wir einen Namen dafür zu finden oder es sonst irgendwie einzuordnen suchen. Von hier an entwickeln sich die Dinge dann allmählich weiter.
Sie führen jedoch nicht zu einer greifbaren Einheit, sondern bleiben eine Illusion, der irrtümliche Glaube an das 'Selbst' oder 'Ego'. Der befangene Geist hat die Tendenz, sich selbst als etwas Konkretes zu sehen, er ist jedoch nur eine Ansammlung von Tendenzen und Geschehnissen. In buddhistischer Terminologie nennt man diese Ballung die 'Fünf Skandhas' oder fünf Gruppen. Wahrscheinlich durchlaufen wir alle Stadien dieser Entwicklung.
Im Anfang ist da nur offener Raum, niemand zu eigen. Die Ur-Intelligenz jedoch ist stets mit Raum und Offensein verbunden. Vidya bedeutet 'Intelligenz' in Sanskrit - Präzision und Raumumgrenztheit, kurzum ein Bereich, in dem man Dinge tun und Dinge auswechseln kann. Er ähnelt einer geräumigen Halle mit viel Raum zum Tanzen, ohne die Gefahr, etwas umzuwerfen oder über etwas zu stolpern; also mit unbehinderter Weite. Wir sind dieser Raum, wir sind eins mit ihm, mit Vidya, Intelligenz, Offensein.
Wir sind einfach in diesem Raum aktiv geworden. Die Weite hat uns inspiriert, darin zu tanzen; aber unser Tanz wurde etwas zu lebhaft. Wir begannen, uns mehr zu drehen, als nötig war, um dem Raum Genüge zu tun. Dann wurde es uns bewusst, bewusst dass 'ICH' in dem Raum tanzte.
Unter diesen Umständen jedoch ist der Raum nicht länger Raum an sich. Er wird zu Materie. Anstatt eins zu sein mit dem Raum, fühlen wir ihn als greifbare Masse um uns. Es ist das erste Erlebnis von Dualität - der Raum und ich, ich tanzend im Raum. Der Raum wird zu einem separaten Sein. Dualität bedeutet 'Raum und Ich', anstelle von völligem Einssein mit dem Raum. So kommt es zur Geburt von 'Form' und 'allen anderen Erscheinungen'".

Es liegt nahe, in diesem Zusammenhang an die Bedeutung des "offenen Raums" in den Interaktion zwischen Mutter und Kind zu erinnern, von der SANDER und WINNICOTT gesprochen haben (siehe Kapitel II/4.c). Der "offene Raum" oder Spielraum ermöglichte dem Kind die Einheitserfahrungen auf spielerische-kreative Weise, dass das subjektive Selbstempfinden auf Impulsen beruht, die aus einer schöpferischen Quelle im Innern des Kindes aufsteigen.

Handlungen, Regungen, Aktivitäten im Innern wie im Äußern, die im "offenen Raum" entstehen, brauchen die bejahende Spiegelung durch cin wahrnehmendes anderes Subjekt, um in ihrer Authentizität anerkannt zu sein. Das was wir als das "wahre Selbst" zu bezeichnen pflegen, hat hier seinen Ursprungsort. STERN ließ es offen, was das "wahre Selbst" eigentlich ist. Er ließ es mit der Annahme, dass es ein solches geben könne, sein Bewenden haben. Wir könnten sagen, dass diese schöpferische Quelle in uns, die etwas Gesundes, völlig Unneurotisches allmählich ans Licht des Selbst-Bewusstseins hebt, das ist, was alle Menschen wesensgemäß ausmacht. Man könnte sie unsere Buddha-Natur nennen oder, um einen Ausdruck von CHÖGYAM TRUNGPA zu verwenden, unsere "basic goodness", unsere "innewohnende Gesundheit".

Der Meditationsprozess ist nun nichts anderes, als dieser unserer Buddha-Natur Raum zur Entfaltung zu geben. Allen Erscheinungen liegt der offene Raum zugrunde, auch dem Kern-Selbst-Empfinden. Es ist die Offenheit, "die ohne Eingriffe auskommt"[166], es ist der Raum des Selbst, wenn es nicht (mehr) reagieren muss. In diesem offenen Raum herrscht der "Ur-Frieden" oder die "Leere" - Raum ohne alles Kämpfen, ohne Angst, ohne Hoffnung, ohne Dualität von Subjekt und Objekt, Wahrnehmenden und Wahrgenommenen. CHÖGYAM TRUNGPA:

> "Da es niemanden gibt, der das eine oder das andere wahrzunehmen vermag, ist ihr begriffliches Vorhandensein als 'Form' und 'Ding' illusorisch, denn hier gibt es keine Realität, keinen Beobachter dieser Wirklichkeit, und daher besteht auch kein Gedanke. Sobald wir das Konzept eines Vorhandenseins von Realität und Geist fallen lassen, erscheint die Situation plötzlich klar, so wie sie ist. Niemand hat je etwas beobachtet; niemand weiß etwas. Realität ist einfach, und das ist in dem Begriff 'Shunyata' ausgedrückt. Mit dieser Einsicht wird der Aufpasser, der uns von der Welt fernhält, beseitigt."[167]

Die Leere als Wirklichkeit wie sie ist, gesehen ohne Bild zwischen Wahrnehmenden und Wahrgenommenen, ist zugleich totale Fülle. Die Klarheit von "Shunyata" durchdringt alles Begriffliche und

Verwirrende. Sie macht frei von Präferenzen und Verstrickungen in Objektbeziehungen. J. KORNFIELD[168] hat diese Erfahrung sinngemäß wie folgt beschrieben:

Die "Leere" ist wie das Auge Gottes, das alles mit einem Herzen betrachtet, das alles umarmt, was ist: Licht, Dunkelheit, Aufbau, Zerstörung - und uns selbst. Wenn wir "shunyata" sind, dann sind wir alles, jeder Teil des Lebens, der in der Ganzheit dieses Herzens enthalten ist.[169]

3. Suzanne Segal - ein westliches Beispiel der Erfahrung des wahren Selbst und der Leere

Ein zeitgenössisches Zeugnis der Erfahrung von Leere (shunyata) stammt von Suzanne SEGAL, einer Frau, die plötzlich, ohne spirituelle Vorbereitung, einen Selbstverlust durchmachte, dabei in Panik geriet und deshalb viele Psychotherapeuten aufsuchte, um ihre Angst vor dem Verrücktsein, als den sie diesen Selbst-Verlust definierte, zu behandeln; allerdings ohne Erfolg. Erst die Begegnung mit buddhistischen Lehrern ermöglichte ihr, den Zugriff der Angst, der mittlerweile auch ihr Privatleben zerstört hatte, zu lokkern, weil diese den positiven Wert ihrer Erfahrung verstanden. Derartig von der paranoischen Angst befreit, erlebt sie eines Tages jene Fülle oder All-Liebe oder Leere-Erfahrung auf zustimmende Weise. Darüber berichtet SEGAL so:

> "Inmitten einer besonders ereignisreichen Woche befand ich mich auf einer Fahrt nach Norden, um Freunde zu besuchen, als mir plötzlich bewusst wurde, dass ich durch mich selbst fuhr. Viele Jahre lang hatte es überhaupt kein Selbst gegeben, doch plötzlich, hier auf dieser Straße, war alles ich selbst, und ich fuhr durch mich, um dorthin zu gelangen, wo ich bereits war. Genau genommen fuhr ich nirgendwohin, denn ich war bereits überall. Die unendliche Leere, als die ich mich erkannt hatte, offenbarte sich nun als die *unendliche Substanz* all dessen, was ich sah."[170]

Und in ihren Formulierungen, fast identisch mit den Berichten buddhistischer Meditierender, fährt SEGAL dann fort:

> "Gleichzeitig begann noch etwas anderes zu entstehen, das sich bis zum heutigen Tag fortgesetzt hat - ich kann es nur als 'Verdichtung in die Einheit' beschreiben - und es war beides, eine Erfahrung und eine Wahrnehmung. Seit diesem Tag wurde es meine ununterbrochene Erfahrung, mich durch die 'Substanz', aus der alles gemacht ist, zu bewegen und gleichzeitig aus ihr zu bestehen. Was man zuerst wahrnimmt, ist der Stoff der Einheit, seine Beschaffenheit, sein Geschmack und seine Substanz. Diese nicht lokalisierbare, unendliche Substanz kann weder mit den Augen, den Ohren oder der Nase wahrgenommen werden, sondern nur von der Substanz selber, aus sich selbst heraus. Wenn die Substanz der Einheit auf sich selbst trifft, nimmt sie sich durch ihre eigenen Sinnesorgane wahr. Die Form ist wie ein Gemälde auf der Leinwand der Einheit, in welcher alle - das Gemälde, die Leinwand und die Hand, die es malt, eins sind."[171]

Andere Lehrer umschrieben die "unendliche Substanz" mit "absolute unendliche Seinsheit" (bei dem zypriotischen Mystiker Daskalos) oder "die Leere" (bei den Buddhisten). Obwohl die Begegnung mit dem Absoluten als Erfahrung des absoluten Nichts umschrieben wird, als kosmisches Vakuum, wird es zugleich als Ursprung alles Seienden erlebt, das in sich auch die totale Fülle, die gesamte Schöpfung, enthält. Das Absolute ist daher ein erfülltes Nichts.[172]

In seinen Analysen holotroper Bewusstseinszustände hat GROF auf die Übereinstimmungen von mystischen, transpersonalen Erlebnissen quer durch alle Kulturen hingewiesen[173]. Diese lassen sich durchaus auch in Beziehung zu den Erfahrungen von SEGAL setzen. Offensichtlich werden solche Erlebnisse durch die Ausdehnung des Bewusstseins in die Energie- oder Lichtkörper möglich, die jeden Menschen umgeben. Dabei verlässt man das gewohnte dreidimensionale Raum-Zeit-Kontinuum des abgegrenzten, rationalen Ich oder Selbst und erfährt die Möglichkeit von mehrdimensionalen Wahrnehmungen mit ungeheurer Geschwindigkeit. Auf diesen Wahrnehmungsebenen kann man die Identifikation nicht nur mit Menschen, Tieren, Pflanzen und allen Aspekten der Natur erfahren, sondern auch die Vereinigung und Identität mit dem transzendenten Ursprung alles Seienden.

Während dieses Erkenntnisprozesses, der seit dem Mittelalter als "unio mystica" bekannt ist, wird direkt erfahrbar, dass unsere gewöhnliche Identifizierung mit einem Selbst oder Ich eine Illusion ist. Unser wahres Wesen ist vielmehr eine kosmische Schöpferkraft oder auch "Gott in mir" oder "ER und ich sind eins" oder in der Sprache der arabischen Mystiker "Ana'l-haqq", wobei dies umständliche Umschreibungen dessen sind, was man erkennt, wenn man sich auf diesen transzendenten Erfahrungsebenen bewegt. Eher gibt die Lyrik eines RUMI[174] einen Widerschein vom Glanz und dem Glück der transmateriellen Welten.

Suzanne SEGAL drückt den Kern spiritueller Erfahrung so aus:

> "Die Erkenntnis, dass alles aus der gleichen Substanz besteht, löschte alle Beziehungen aus, weil es keine Erfahrung mehr von jemand anderem gab. Ohne einen anderen gab es nichts getrenntes, um sich darauf zu beziehen. Natürlich existierten auch weiterhin die Funktionen der Beziehungen, und es wirkte immer so, als ob sie völlig unbeeinträchtigt fortbeständen. ... Nichts wird aufgegeben. Liebe, die einen persönlichen Zug aufweist, basiert auf dem vom Verstand konstruierten Gefühl des Getrenntseins. In einem solchen Zustand beinhaltet Liebe das Verlangen, sich mit dem Anderen zu vereinigen, um Erfüllung zu finden. Aus der Perspektive der unendlichen Weite aber existierte der Andere gar nicht. Wenn die unendliche Leere sieht, dass alles von ihr selbst aus ihr selbst besteht, dann ist das allerhöchste Vertrautheit. Der Geschmack eines jeden einzelnen Moments der unendlichen Weite in der Wellenbewegung ihrer selbst - so wie sie sich selbst durch jedes Teilchen ihrer selbst überall wahrnimmt - erzeugt eine Liebe, die keine Grenzen kennt und alles weit in den Schatten stellt, was sich der Verstand unter der idealen Liebe, die er sucht, vorstellen könnte."[175]

Bliebe anzufügen, dass diese Einheitserfahrung von einer nichtpersönlichen oder Meta-Freude begleitet wird. SEGAL:

> "Freude ist auch in ihrer nicht-persönlichen Erscheinungsform überwältigend. In der unendlichen Weite des natürlich auftretenden Zustandes zu leben, ist wie im Ozean der nichtpersönlichen Freude zu schwimmen. Diese Freude, die niemandem gehört, hat nichts mit der Freude gemein, die sich scheinbar auf jemanden bezieht oder jemandem gehört. Die Leere ist so unglaublich erfüllt, so absolut, so grenzenlos glückselig in sich selbst.
> Diese Augen sehen das unglaubliche Wohlwollen des Universums, das in jeder Hinsicht absolut vertrauenswürdig ist. Es gibt nichts, wovor man Angst haben müsste. Für alles ist in jedem Augenblick bestens gesorgt - und ist es immer gewesen. So wie die unendliche Weite durch diese Augen die postmoderne Welt betrachtet, wird sie berührt von den unzähligen Formen des Leidens, die es gibt und verspürt das Bedürfnis, darüber zu sprechen."[176]

Der spirituelle Weg, der uns mit dem Leben als Ganzem konfrontiert und lehrt, die Tatsachen von Geburt, Altern, Krankheit und Sterben anzunehmen, ist kein bequemer und nur erfreulicher Weg. Aber er ist inspiriert von der Antriebskraft, die C.G. JUNG das religiöse Bedürfnis nannte, dem er neben den anderen klassischen Bedürfnissen des Menschen den gleichen Wert einräumte. Diese Kraft bestätigt, dass wir Menschen nicht verworfen sind und nicht von Grund auf schlecht und fehlerhaft. Oder wie es der Mystiker und Lehrer DASKALOS (Stylianos Atteshlis) sagt:

> "In der mentalen Welt gibt es nichts Böses. Alle, die in die mentale Welt eingetreten sind, können sehen, dass das Böse dort nicht existiert, und sie können auch keine Umstände erzeugen, die eine Vorstellung vom Bösen vermitteln würden. Dort herrscht Harmonie, und überall, wo Harmonie herrscht, ist Böses nicht anzutreffen."[177].

Mit diesem Zitat leite ich über zu einem weiteren wesentlichen Beleg über das uns eingeborene wahre Selbst.

4. Die Erfahrung der "selbst-bewussten Seele" nach den Lehren des christlichen Mystikers Stylianos Atteshlis, genannt Daskalos

Die esoterischen Lehren von DASKALOS sind nicht leicht zu verstehen. Ich will versuchen, das, was ich davon verstanden habe, mit eigenen Worten wiederzugeben, wobei ich die Frage nach der Natur des wahren Selbst im Auge habe. Wie viele Mystiker verfügte Daskalos über die Fähigkeit zur Exosomatose, d.h. der Fähigkeit, auf eigenen Wunsch den physischen oder grobstofflichen Körper vollbewusst zu verlassen und sich in die Räume und Zeiten der Energiekörper zu begeben. Die Dimensionen dieser Sphären nannte er "psychonoetisch". Die Erfahrungen und Erkenntnisse dort brachte er in unsere Alltagswirklichkeit mit, verwendete sie zur Heilung vieler Kranker und vermittelte sie uns in den vielen Vorträgen, die er bis kurz vor seinem Tode (1995) in seinem Haus in Strovolos bei Nikosia auf Zypern gab.

Nach diesen Lehren ist der Ursprung des Menschen ein Gedanke Gottes, der "absoluten unendlichen Seinsheit", wie Daskalos Gott oft synonym nennt. Dieser Ursprung taucht als Urbild in der noetischen Welt auf, der fünften Dimension, die dem Menschen durch Praxis zugänglich ist. Es ist die Welt der Gedanken. In dieser Dimension sind Raum und Zeit überwunden. Das Urbild des Menschen ist die "idea" (gr., im ursprünglichen platonischen Sinn gemeint) Gottes vom Menschen oder der Archetypus, in dem sich das absolute Sein selbst erfüllt. Es ist daher der Mensch in Vollkommenheit und Harmonie. Eigenschaften des Absoluten sind All-Weisheit und All-Liebe. Sie bleiben substanziell auch im Menschen. Daskalos betont, dass der Mensch als geliebtes Kind des Absoluten "ein getreues Abbild des Makrokosmos" ist, "das Ebenbild und Gleichnis des absoluten Seins"[178].

Das Motiv für die Schöpfungsimpulse des Absoluten ist Freude, sich selbst aus der Fülle und Selbstgenügsamkeit heraus Ausdruck zu geben, dabei sich selbst erfüllend. Zunächst drückt sich das

Absolute in einer heiligen Einheit oder einheitlichen Wesenheit aus, die Daskalos, einen ähnlichen Sinnbegriff wie Leibniz aufgreifend, "heilige Monade" nennt. Es gibt natürlich unzählige heilige Monaden, die sich "aus der göttlichen Fülle heraus Existenz und Ausdruck verleihen", z.B. die Erzengel.

Wenn die heilige Monade "Mensch" durch das Urbild des Menschen "geht", nimmt die Ausstrahlung der heiligen Monade die Gestalt der "selbst-bewussten Seele" an. Diese Gestalt nennt Daskalos die "permanente Persönlichkeit" oder das "innere Ich". Es ist unsterblich und ewig und besteht aus "unvergänglicher Übersubstanz". Das Ich der permanenten Persönlichkeit wird von der "selbstbewussten Seele" in die Welten von Raum und Zeit hinabgesendet. Der Schatten oder die Projektion der permanenten Persönlichkeit ist das, was wir die "derzeitige Persönlichkeit" oder die uns allen vertraute zeitliche Persönlichkeit nennen.

Auch im Kontext der hinduistischen Religion ist die Erfahrung des alltäglichen Selbst oder Egos als "Schattenwurf" der Gottesseele (Atman-Brahma) bekannt. Sie ist Illusion, Maya, insofern als sie vergänglich ist und in der Welt von Geburt, Altern und Tod, in Samsara also, dem Leid von Werden und Vergehen unterliegt. In unserer Sprache könnten wir sagen, dass der Mensch in zwei Welten gleichzeitig lebt und das auch weiß: Er lebt zum einen als wahres, göttliches, unsterbliches oder selbst-loses Selbst und zugleich als relatives, irdisches, persönliches und vergängliches Selbst. Aber er lebt nicht in parallel angeordneten Welten, sondern in Ganzheiten, die Teile größerer Ganzheiten sind, sogenannte Holons[179]. Das vergängliche Selbst der derzeitigen Persönlichkeit wird dann zum falschen Selbst, wenn wir uns mit ihm total identifizieren, es für die *ultima ratio* halten. Dann schneiden wir den Faden zur nicht-egoistischen, altruistischen Liebe ab, durch den sich uns auch die heiligen und transpersonalen Bewusstseinsebenen eröffnen. Dann sind wir dem Auf und Ab von Emotionen und egozentrischen Impulsen ausgeliefert. Wir befinden uns dann in einer Disharmonie zur permanenten Persönlichkeit, unserem wahren Selbst. Diesen

Zustand nennt Daskalos "das Böse": "Was den Begriff des Bösen hervorbringt, ist ungenügende Harmonie, die wir als das Fehlen des Guten deuten."[180] Fehlende Harmonie ist der Preis, den man zahlt, wenn man sich mit der derzeitigen Persönlichkeit identifiziert. Aus buddhistischer Sicht würde man sagen: wenn man das Ego als eine unabhängige, aus sich selbst heraus existierende Entität ansieht und sich mit ihm identifiziert.

Die weitere Frage nach dem Wesen das wahren Selbst ist, was die selbstbewusste Seele antreibt, sich zu inkarnieren und all die Mühen eines irdischen Daseins auf sich zu nehmen und zu durchleben.

Daskalos nennt als letztes Ziel der Entwicklung des Selbst die Theose. Darunter versteht er die "bewusste Verwirklichung unserer Gottwesenheit...nachdem es (das Selbst, J.V.) die Erfahrung der grobstofflichen Materie durch aufeinanderfolgende Inkarnationen hinter sich hat."[181] Die gesamte Schöpfung hat, nachdem der schöpferische Impuls des Absoluten - aus welchen Motiven auch immer[182] - die materiellen, vergänglichen und unbeständigen Welten aus seiner unendlichen Überfülle heraus hervorgebracht hat - die Sehnsucht, zum Ursprung, zum Absoluten (oder zum "Vater") zurückzukehren und ewig zu werden in der Substanz. Für den Menschen heißt das, "das Leben zu gewinnen, nicht die Phänomene des Lebens"[183].

Als "Phänomene" werden hier die Erscheinungen gemeint, die von ihrem Wesen, ihrer An-sich-Natur zu unterscheiden sind. Zwischen dem Absoluten und der grobstofflichen Materie gibt es eine Hierarchie von Übergangs- und Zwischenwelten, die aus feinstofflicher Materie oder ätherischer Energie unterschiedlicher Dichte, Leuchtkraft und Frequenzen und voller lebendiger "Formen" (Gestalten) bestehen. Unter anderem gehören zu diesen Hierarchien die Ordnungen der Engel (z.B. der Seraphim und der Cherubim), der Heiligen, der Erzengel, der Aufgestiegenen Meister usw. In jüngster Zeit hat das Werk von A. Kriele[184] uns darüber informiert, wie der Himmel strukturiert ist und wie wir ihn auf

Erden herabholen können. Alle diese Wesen haben bestimmte Aufgaben in der Schöpfung. Diese Wesen sind uns durch Meditation, Gebet, ethische Lebensführung, vor allem aber durch unsere Entscheidung, sie anzurufen und uns helfen zu lassen, liebevoll zugetan.

Die Ähnlichkeiten zu den Geistwesen im tibetischen Buddhismus sind auffallend. Je feiner unser Bewusstsein, desto vertrauter werden uns diese Zwischenwelten und umso umfassender unsere Liebe.

Daskalos hat wie viele Mystiker vor ihm den Weg in diese Dimensionen gewiesen durch die Analyse der eigenen Handlungsmotive, durch Gebete, durch Meditationen und durch eine ethische Lebensführung, die den Gehalt der Lehren von Jesus Christus praktisch vermittelt. Ähnliche konsequente Entschiedenheit, den Weg altruistischer Liebe und Versöhnung als Basis und Voraussetzung für die Befreiung von Leid zu gehen, vertreten alle Religionen.

Der Mensch hat Zugang zum Makrokosmos, denn er ist "ein Ebenbild und Gleichnis des Herrn."[185] Wenn der Mensch sich selbst studiert, kann er die Universen und die in ihnen wirkenden Kräfte und Prinzipien kennen, nicht umgekehrt. So ist das "innerste Selbst" in Resonanz mit dem absoluten Sein. Wenn unsere Seele sich ihrer selbst bewusst wird, entspricht das dem Christus-Bewusstsein in uns, und schließlich ist unsere permanente Persönlichkeit mit ihren drei Körpern (dem mentalen oder noetischen, dem psychischen oder emotionalen und dem grobstofflichen oder physischen) einschließlich dem jeweiligen ätherischen Doppel ein Ausdruck des Heiligen Geistes, womit der dynamische, kreative Aspekt des Absoluten gemeint ist.

Die Sehnsucht des Menschen nach Entwicklung ist eigentlich die Sehnsucht nach Heimkehr zum absoluten Sein, im Buddhismus als Aufgehen im Nirvana bezeichnet...

Dies meint Theose. Durch sie verwirklicht der Mensch sein unermessliches Potential und wird zum gesamten Universum.[186]

IV Heilung des falschen Selbst: Psychotherapie des Selbstwertgefühls

1. Wirksamkeitsfaktoren - Gesellschaftlicher Kontext

Eine Psychotherapie des Selbstwertgefühls steht bei Menschen, die ungefähr zwischen 1940 und 1950 geboren sind, vor ganz anderen Aufgaben als bei Menschen, die zwischen 1965 und 1975 auf die Welt kamen, um nur die zwei wichtigsten Klientengruppen zu nennen. Die erste Gruppe ist von Eltern erzogen worden, die überwiegend in der Tradition patriarchalisch-autoritären Erziehungsstils standen. Die Perversionen aller humanen Werte in der Nazi-Zeit führt zu der Frage: Wie kann ein Kind Authentizität erfahren in einer Zeit, da Angst vor Terror, vor Bombenabwürfen, vor Flucht und Vertreibung und täglichem Überlebenskampf die Mütter in Beschlag nahm? Und weiter: Wie soll das "anthropologisch tiefsitzende Bedürfnis nach Wahrnehmung und Anerkennung des eigenen Gefühlszustands"[187] sich beim Kleinkind ausbilden, wenn die Eltern nach einem autoritären Erziehungsmodell groß geworden sind, das so etwas wie Autonomie nur rudimentär kannte? Und weiter gefragt:

Wie kompensieren die Söhne und Töchter den Mangel an Authentizität der Eltern, ihre Hörigkeit gegenüber sogenannten Autoritäten, ihre Unfähigkeit zur Individualität, ihre Unfähigkeit über die 1945 zerstörten Illusionen und die Konfrontation mit dem Holocaust sich zu schämen und zu trauern? Wie verarbeiten die Kinder der Nachkriegszeit die kollektive Verdrängung dieser tiefen Gefühle dadurch, dass ihre Eltern erneut während der Adenauer-Ära preußische Staatstugenden hochhielten und das schlechte

Gewissen gegenüber den Opfern mit der materiellen Wiederaufbauarbeit zudeckten? Wie können außerdem diese Kinder einen Wert ihres wahren Selbst erfühlen, wenn sie, da die Väter im Krieg gefallen oder durch die Wiederaufbauarbeit von zu Hause stets abwesend, von den Müttern als Trostquelle (oft erotisch gefärbte) benutzt werden, wenn sie, die Söhne, an Vaters Stelle gesetzt, mit einem hohen Anspruchsniveau stimuliert werden, das ihnen keinen Raum zur Selbsterfahrung lässt; wenn die Töchter von den Müttern eifersüchtig überwacht werden, damit die ihnen nur ja keinen Vorsprung an Lusterfahrungen gewinnen? Solche Kinder lernen, sich anzustrengen und den Eltern nur keine Schande zu machen. Denn diese Kinder spürten, mit welchen Leiden die Eltern den Krieg, die Vertreibung, den Tod von geliebten Angehörigen und die materiellen Verluste haben hinnehmen müssen. Sie möchten auf keinen Fall Schuld daran sein, dass ein Versagen in Schule und Beruf den Eltern neues Leid bereitet. Die Jugend zwischen 1940 und 1960 ist eine brave, angepasste Jugend, der vor allem eines fehlt: Spielfreude und Frechheit, Widerspruch und Rebellion. Sie identifizierte sich vor allem mit Leistung. Aber verdeckt von den Kompensationsstrukturen des falschen Selbst des post-autoritären Anpassungscharakters breiteten sich subkutan Depression, Versagensängste und eine ins Träumerische verschobene Ahnung aus, dass es irgendwo eine "größere Freiheit" mit Luft zum Atmen geben müsse.

Wenn wir auf STERNs Definition des Selbstempfindens zurückgreifen, dann fehlte diesen Kindern ganz gewiss "das Empfinden, Urheber der eigenen Handlungen zu sein", und Ohnmachtsgefühle sind sicher keine wesentlichen Komponenten des Selbstwertgefühls.

Dennoch waren gerade sie es, die den Fortschritt brachten. Historiker sagen, das Aufwachen der post-war-Generation sei durch die Studentenunruhen in den USA an der Uni Berkely ausgelöst worden. Zu erinnern sei hier daran, dass das Bekanntwerden der Ungeheuerlichkeiten der Nazi-Verbrechen durch den Auschwitz-Prozess in Frankfurt und durch den Prozess gegen Eichmann in Jerusalem sehr bald den Protest gegen alles auslöste, was bis dahin als staatliche, kirchliche und wirtschaftliche Machtelite mehr oder minder perfide dieses aufdeckende Erinnern verhindert, verzögert oder als "Nestbeschmutzung" diffamiert hatte. Folgerichtig nannte sich dieser Protest der außerparlamentarischen Opposition eine "antiautoritäre Bewegung". Fast alle traditionellen autoritären Über-Ich-Werte, die ja auf Langzeitwirkung angelegt waren, brachen im Sturm der Demonstrationen in Deutschland (und auch in Frankreich) zusammen. Marode waren sie schon lange geworden durch den Missbrauch, den die Nazis und ihre Verbündeten mit ihnen getrieben hatten, marode auch durch die Scheinheiligkeiten während der Adenauer-Ära, die nur durch die Angst vor dem Kommunismus währen konnte.

Die zweite Nachkriegsgeneration, das sind die zwischen 1965 und 1970 geborenen Kinder, lernte jetzt in vielen Familien, in Kinderläden, in den alternativen Schulen, die gegründet wurden, neue Werte kennen: Das erste war die Rebellion gegen alles, was von erwachsener Seite mit alten Regeln daherkam. Die Solidarität GEGEN war der NEUE Wert. Diese Generation muss aufwachsen in obsolet gewordenen Wertegrenzen. Wie aber sollte das Neue aussehen? Politisch war die Zeit der Reformpolitik der Regierung Brandt/Scheel bald vorbei, so dass die Protestbewegung in ein Vakuum geriet. Dennoch: Ein völliger Rückschritt in autoritäre Wertvorstellungen war nicht mehr möglich. Gesamtschulen, Kinderläden, Jugendzentren hatten sich etabliert, und der Staat hatte weiter an Legitimation verloren, auch die Kirchen. Zwischen Politikern und Jugend öffnete sich eine Kluft, die bis heute besteht und immer noch breiter wird.

Thomas ZIEHE hat die Geschichte der Jugendkulturen und ihre psychischen Innenseiten dargestellt (vgl. Kapitel II, 2). Diese Generation ist allen verallgemeinernden Werten gegenüber äußerst skeptisch, besonders wenn sie von Organisationen des Establishments kommen, wie z.B. den Staatsschulen. Sie zieht sich ins Private, in die Ego-Zentrik zurück. Es entsteht eine unsichere Such-

und Experimentierzeit im Innern der Psychen, während man sich nach außen mit dem Markt, dem Konsum und der Mode arrangiert. Diesen Kindern von "Marx und Coca-Cola" entgleiten vor allem die eigenen, heutigen Kinder, da ihr Wertehimmel leer geworden ist. Es entsteht ein Beliebigkeitsraum, aber ohne Resonanzpunkt zwischen den Generationen. Diese heute 30- bis 35jährigen Eltern sind es, die Psychologen wegen narzisstischer Probleme oder Selbstwertprobleme konsultieren. Wenn es an internalisierten Wertvorstellungen fehlt, werden die Ich-Strukturen unscharf, die Grenzen zwischen den Subjekten wie zwischen Ich- und Es-Strukturen im Individuum selber löchrig. Die Gefahr ist das Phänomen kollektiver Borderline-Aggressivität, mit der Versuchung, neue Sicherheit durch einen starken Führer (oder Führerin) zu suchen. Die sog. Neue Rechte in Europa, aber auch in den USA, mit ihren fundamentalistischen Regressionen sind das äußere Kennzeichen. Die Chance dieser Werte-Leere, die wir zur Zeit erleben, ist aber, neue Werte zu entwickeln. Aber anders als in der autoritär-patriarchalischen Zeit können die neuen Werte nur bei und von jedem einzelnen **von innen** her entwickelt werden. Was wir dazu brauchen, sind viele "offene Räume" (im Sinne Winnicotts und Sanders), offene Kommunikationsräume zwischen Elterngruppen, zwischen Eltern und Kindern, zwischen Lehrern, zwischen Lehrern und Schülern und schließlich zwischen Kindern untereinander und zwischen Schülern und Jugendlichen untereinander, um konsensfähige Werte zu entwickeln.

Damit neue Werte von innen her entwickelt werden können, müssen die Gruppen, wenn sie zusammenkommen, einige "Prinzipien" für unverzichtbar und nicht verhandelbar vereinbaren:

- Gegenseitiger Respekt der Subjekte auf der gleichwertigen Ebene;
- Verzicht auf ausgrenzende Feindschaft, Strafe, Macht und Kontrolle;
- Ehrlichkeit, die eigenen Selbsttäuschungen und Illusionen aufzudecken;

- Mitgefühl und Empathie, zumindest den guten Willen dazu;
- Bereitschaft zu kontemplativer Stille und Nachdenken;
- Bewusste Entscheidung, das Gute zu tun und das Schädliche zu lassen;
- Grenzen setzen gegen Missbrauch der Kommunikationssituation;
- Anerkennen der Tatsache, dass es DIE Wahrheit nicht gibt;
- Fehler machen dürfen als Begleiterscheinung jeden Prozessdenkens;
- Zulassen von Gefühlen als eigener wertvoller Ausdruck der Persönlichkeit;
- Anerkennen von Mut, sich verletzlich zu zeigen;
- Zivilcourage anerkennen;
- Transpersonale, mystische oder spirituelle Erfahrungen, Werte und Erkenntnisse zulassen.

Bei solchen menschlichen Diskursen werden sich wahrscheinlich Wertekulturen herausbilden, die von Gruppe zu Gruppe verschieden sind. Aber der nicht verhandelbare Rahmen der gegenseitigen Achtung, Liebe oder Güte (der im Übrigen viel mit den allgemeinen Grund- und Menschenrechten der UNO-Charta gemeinsam hat) sorgt dafür, dass kein beliebiger Wertepluralismus entsteht und falscher Toleranz Vorschub geleistet wird.

Die Psychotherapie des 20. Jahrhunderts hat hier schon viel Vorarbeit geleistet, indem sie ethische Standards für eine möglichst herrschaftsfreie Kommunikation ausgearbeitet hat. Sie hat auch sehr viel getan, die schlimmsten Verheerungen an Leib und Seele zu beruhigen, auszugleichen oder zu heilen, die Menschen durch Kriege, Folter, Vergewaltigungen, sexuelle Repressionen in Familien, Genozid oder politischer Ausgrenzung angetan wurden. Und sie tut es weiterhin. Die Liste der Namen von Psychotherapeuten, die tief verstörten Menschen wieder den "aufrechten Gang" (Ernst Bloch) ermöglich haben, könnte ich nicht beziffern. Wenn man den Wert ihrer Arbeit sieht, dann fällt einem das krasse Missverhältnis zu denjenigen Werten auf, die von den Massenmedien Tag für Tag durch die Sendungen aus Politik und Wirtschaft mitgeliefert werden. Sind Ruhmsucht, Machtgier, egozentrische Selbstdarstellung, Korruption, Lügen, Verdrehungen von Wahrheiten, Sich-lustig-Machen über Spiritualität, Verachtung der Bedürfnisse des 'kleinen Mannes', Nationalismus, Ehrgeiz zum Nachteil des Anderen, Lustprinzip ohne Verantwortung für die Folgen und Gewalt als Mittel der Konfliktlösung wirklich Werte???

Die Psychotherapie des Selbstwertgefühls kann sicher nicht direkt die politischen Rahmenbedingungen verändern, unter denen ständige Selbstwertverletzungen der Menschen passieren: bei Behörden (z.B. bei Asylanträgen), in den Schulen, in der Öffentlichkeit bei Wahrnehmung der Grundrechte (z.B. der Demonstrations- und Meinungsfreiheit) und in den Familien. Aber sie kann Eltern helfen, eigene Selbstwertdefizite auszugleichen. Das ist besonders wichtig, wenn diese Eltern noch kleine Kinder haben oder Kinder haben wollen.

Bei der Therapie des Selbstwertgefühls ist die Frage, ob und wie wir den Klienten Erfahrungen ermöglichen können, die einen befriedigenden Abschluss unterbrochener oder verzerrter Interaktionen mitsichbringen, durch die eine ausreichend wohlwollende Anerkennung authentischer Impulse möglich wird.

Natürlich kann der Therapeut nicht die Bezogenheit bieten, wie sie sich der Klient für das Ursprungssetting ersehnt.

Frühe Erfahrungen von Verlassenwerden, von körperlichen Übergriffen, von ständigen Unterbrechungen des Kontaktzyklusses zwischen Mutter und Kind, von Nichtanerkennen (Spiegeln) der Affekte des Kindes, von Nichtgreifbarkeit der Mutter und des Vaters als Subjekte usw. kann der Therapeut nur als Ersatzperson ausgleichen. Deshalb ist das Trauern über diese Defizite ein unvermeidlicher Prozess der Heilung in der Psychotherapie des Selbstwertgefühls. Ein weiteres Hindernis beim Zugang zu den frühen Dimensionen des gestörten Selbst-Empfindens, das die Grundlage für ein gestörtes Selbstwertgefühl bildet, ist die Sprache. Die präverbale Sprache ist die Sprache von Gesten, Bewegungen und Gefühlsausdruck, während die spätere verbale Kommunikation symbolisch verdichtet und gesellschaftlich vermittelt ist. Auf die dadurch entstehenden Inkongruenzen haben wir schon weiter oben hingewiesen. In der Körperpsychotherapie gibt es verschiedene Wege, dies zu überbrücken. Eine davon hat Gerda Boyesen entwickelt.[188] Sie spricht den Klienten auf der "Es-Ebene" und nicht auf der "Ich-Ebene" an. Anstatt dass sie z.B. den Klienten fragt, was er nun tun will, bittet sie ihn, eine bestimmte Bewegung, die er spürt, sich entwickeln zu lassen, oder dass er sich von "der Energie", die er dort fühlt, leiten lässt. So gibt sie dem Klienten mehr Raum, dass sich etwas Unbekanntes, vielleicht Verborgenes zeigen kann. So verzichtet sie darauf, den Klienten auf die Ebene des Machens, des Wollens zu bringen, weil dort das interpretierende, analysierende und bewertende Ego ins Spiel kommt. Interventionen wie diese, die wir bei vielen Fallstudien nachvollziehen können, eignen sich dann besonders, wenn eine autoritäre, restriktive Erziehung dem Kleinkind keinen offenen Selbsterfahrungsraum ermöglicht hat.

Ein anderer Weg, die Spanne zwischen nonverbaler und verbaler Sprache zu überbrücken, ist die Verwendung metaphorischen Sprechens wie es die Lyrik, das Märchen, die Mythologie oder das Gleichnis tun. Denn wo rationales Verstehen einerseits und magisch-mythisches andererseits auseinanderdriften, da stellt die große Metapher in Lied, Bild und Geschichte die Erfahrung von Einheit beider als Widerschein von etwas Größerem und Unvergänglichem her. Darin hat J. Campell die Funktion der alten Mythen gesehen:

> "Die alten Mythen waren dazu ersonnen, Geist und Körper zu harmonisieren. Der Geist kann auf sonderbare Weise abschweifen und Dinge wollen, die der Körper nicht will. Die Mythen und Riten waren Mittel, den Geist in Einklang mit dem Körper und die Lebensführung in Einklang mit dem Gebot der Natur zu bringen."[189]

Und er fügt hinzu, dass die alten Geschichten deshalb in uns leben, weil "die menschlichen Entwicklungsphasen heute die gleichen wie von altersher (sind)." So könnte man die Reise eines Menschen von seinem falschen Selbst zu seinem wahren Selbst durchaus mit dem alten biblischen Gleichnis vom verlorenen Sohn in Verbindung bringen oder auch mit der Geschichte von Jona und dem Wal. Hier wie dort geht es um das Wiederfinden eines ganz gewöhnlichen Friedens auf Erden in der Seele, bei dem man sich im Einklang mit allem befindet, auch (und gerade) mit dem absoluten Sein.

2. *Zum therapeutischen Setting*

Einzelfallstudien von Psychotherapien narzisstischer Selbstwertprobleme gibt es inzwischen einige (vgl. JOHNSON, KOHUT, KERNBERG, MOSER, Aufsätze im Sammelband des VEREINS FÜR INTEGRATIVE BIODYNAMIK und Aufsätze in ENERGIE UND CHARAKTER[190]). Keine Arbeiten sind dagegen bisher erschienen über diese Problematik im Kontext der Gruppenpsychotherapie. Wenn man bedenkt, wie wichtig gerade während der Adoleszenz die Clique oder Gruppe für die Stabilisierung des individuellen Selbstwerts ist, wirkt das befremdlich. Im folgenden Kapitel werden vier Schritte für die Therapie des Selbstwertgefühls als gruppentherapeutischer Prozess skizziert. Diese vier Schritte kommen auch in der Einzeltherapie vor. Und die Einzeltherapie ist ohne Frage ein grundlegendes Setting für die Heilung der Störungen des Selbstwertgefühls durch eine gestörte Mutter-Kind-Interaktion. In Ergänzung dazu sollten die Vorteile der Gruppenpsychotherapie gesehen werden:

Die Stärke des Gruppensettings liegt in der hohen Verdichtung und Beschleunigung der Energievibrationen zwischen den Teilnehmern. Verdrängtes kann rasch an die Oberfläche kommen; Klärungsprozesse eines einzelnen Teilnehmers in der Gruppe können ansteckend für die anderen sein. Transformationen von Gefühlen und mentalen Einstellungen schaffen ein Energiefeld, das sich durch Synergieeffekte verdichtet und verfeinert, so dass alle mitgerissen und in Schwingungen von höherer Ordnung versetzt werden. Ein weiterer bedeutsamer Aspekt der Gruppenarbeit ist die soziale Anerkennung und Spiegelung von authentischen Impulsen beim einzelnen. Die Gruppe kann hier quasi als ausgedehnte Mutterfigur hilfreich sein. Zugleich ist die Gruppe ein Erfahrungsfeld, das dem einzelnen wesentlich mehr Courage abverlangt, sich zu exponieren. Der Nachteil der Gruppenpsychotherapie liegt vor allem an der geringen Ausdifferenzierung und Verfeinerung des Selbstempfindens, weil der Therapeut nicht die Zeit hat, eine tiefe Bindung zum Klienten aufzubauen. Außerdem kann man mit der Übertragungsbeziehung in der Gruppe nicht so präzise arbeiten wie in der dyadischen Einzeltherapie.

Für den Psychotherapeuten mit narzisstischen Anteilen ist die Leitung von Gruppen ein gefährliches Pflaster, besonders wenn es um die Heilung des Selbstwertgefühls geht. Wenn er sich aber in den Dienst des Klienten stellt, der sein wahres Selbst sucht, widersteht er leichter der Gefahr, Autorität aus dem falschen Selbst heraus zu sein. Andererseits kann er, wenn er sich zurücknehmen kann, ein gutes Modell für herrschaftsfreie, nicht-autoritäre Kommunikation sein, die einen Raum eröffnet, in dem die Klienten ihre authentischen Impulse erforschen können und eine autonome Gruppe werden.

Vielleicht werden die Nachteile eines Gruppenkontextes dadurch etwas ausgeglichen, dass man mit einer Gruppe über einen längeren Zeitraum zusammenarbeitet und für gewisse Phasen der Arbeit mit einer weiblichen Partnerin (bzw. einem männlichen Partner) kooperiert. Was der Therapeut (das Therapeutenpaar) an Zuwendung für alle Teilnehmer aufteilen muss, kann andererseits durch die Bildung von Untergruppen ausgeglichen werden.

3. Die verwendeten Methoden

Bei der Heilung des falschen Selbst und der Förderung des wahren Selbst verwenden wir drei Methoden.

Da ist zunächst die Körperpsychotherapie zu nennen. Weil die Grundlagen des Selbstwertgefühls sich in der präverbalen Phase entwickeln und dort als kinästhetische, innerkörperlich gefühlte, sensomotorisch vermittelte subjektiv erlebt werden, bieten Methoden der Körperpsychotherapie hier den geeigneten Zugang.

Das früheste Selbstempfinden ist ein körperliches. Der Körper ist das Gefäß, in dem alle Wahrnehmungsimpulse verankert sind. Auch die Abspaltungsprozesse des narzisstischen, falschen Selbst können ebenfalls durch Rekurs auf das Körpererleben ihres Charakters entlarvt werden. Das narzisstische Größenselbst und (nach-)gemachte Gefühle brechen in dem Moment zusammen, in dem durch Introspektion nach den Körperempfindungen gefragt wird. Für die so gefürchtete innere (schwarze) Leere, die das falsche Selbst kompensieren soll, gibt es auf physischer Ebene kein Pendant. Ein lebendiger Körper ist niemals leer, auch nicht der feinstoffliche Energiekörper. Ein gut Teil der psychotherapeutischen Heilarbeit ist also der aufmerksamen Hinwendung zum eigenen Leib gewidmet. Allein schon diese Arbeit transformiert die abwertende Einstellung dem eigenen Körper gegenüber in eine wertschätzende.

Da die Entstehung des subjektiven Selbstempfindens ein intersubjektives Beziehungsgeschehen widerspiegelt, kommt der nonverbalen Beziehung Therapeut - Klient die größte Bedeutung zu. Der hier wichtige Kommunikationskanal läuft über die Sinne Sehen, Hören, Berühren und über das Wahrnehmen und Austauschen oder gutes Spiegeln von Affekten. Besonders das Sehen und Gesehenwerden spielt eine bedeutende Rolle für die Stärke des Selbstwertgefühls.

Die theoretische Basis der hier gemeinten Körperpsychotherapie setzt sich aus einer Synthese vieler Therapieschulen zusammen: den Arbeiten von Reich, Lowen, Sabetti, Pierrakos, Boadella,

Kurtz, Boyesen, Petzold und Downing[191]. Auch die Meridiantherapie nach Ohashi[192], die ich "Ki-Energetische Therapie"[193] nenne, bildet einen weiteren körpertherapeutischen Baustein.

Die zweite Methode ist das psychospirituelle Heilverfahren des "Etherikos Resilience Process" von Nicholas Demetry[194], einem Schüler des zypriotischen Lehrers und Heilers Daskalos (von Strovolos). Das griechische Wort "etherikos" meint die feinstoffliche Energie, die das Leben lenkt. Der englische Begriff "resilience" meint die Spannkraft oder Elastizität, die uns ermöglicht, die widrigsten Lebensumstände durchzustehen und an ihnen seelisch-spirituell zu reifen. Der Etherikos-Prozess zeigt, dass alle Heilung mit der Aktivierung, Reinigung und Harmonisierung des Körpers beginnt, in dem diese subtile, dem Alltagsbewusstsein schwer zugängliche Energie pulsiert, vibriert und wirkt, und das ist der Energiekörper oder Ätherleib oder auch Lichtkörper, der unseren physischen Körper umgibt. Der Begriff "spirituell" soll hier nicht nur Energievorgänge in transmateriellen Erlebnisdimensionen anzeigen, sondern darüber hinaus auch auf Vorgänge verweisen, die religiösen Charakter haben, ohne dass damit konfessionelle Festlegungen gemeint sind.

Wie wir diskutiert haben, entsteht das falsche Selbst durch negative Selbstbilder, mit denen sich das Kind identifiziert und dabei den Kontakt zu einem ursprünglichen integren, ungespaltenen subjektiven Selbst verliert. Des weiteren haben wir die Existenz des wahren Selbst in der Erfahrungs-Tradition der Mystiker aller Kulturen hervorgehoben. Was nun den Etherikos-Prozess angeht, so ist er nichts weiter als eine therapeutische Anwendung der Erkenntnisse der Mystiker und, das sei hier ergänzt, der Heilmethoden von Schamanen (vor allem Südamerikas), die aber verwandt sind mit denen spiritueller Meister überall auf der Erde. Alles in allem erkennen spirituelle Heiler durch Hellsehen negative Selbstwertbilder als Verunreinigungen im an sich lichten Energiekörper, vor allem in Höhe der Chakren, den Energiezentren in der Aura. Diese Verunreinigungen nennen Daskalos und Demetry "negative Elementale". Sie sind für jedermann sichtbar zu machen, wenn man durch Aktivierung der Chakren mittels Körpertherapie, Tranceinduktionen und geführte Visualisierungen das Bewusstsein für die Sensibilität des Energiekörpers ausdehnt. Die Elementale sind lebendig; d.h. sie bewegen sich, haben Gestalt, Farben und senden auch Frequenzen in Form von Worten, Sätzen und Gefühlen aus. Sie sind das, was unsere Ahnen "böse Geister" genannt haben.

Der esoterische Metaphysiker C.W. Leadbeater[195] nannte sie "Gedankenformen" und hat eine Darstellung geliefert, die sich durch viele Erfahrungsberichte bestätigen lässt.

Negative Selbstbilder, die den Selbstwert herabsetzen, werden als gestaltgewordene negative Kernüberzeugungen erlebt, die im Energiekörper hausen, dem Menschen Lebensenergie rauben und im Sinne einer selffulfilling prophecy genau das herbeiführen, was man zu vermeiden trachtet. Interessant ist dabei, dass offensichtlich den sieben Hauptchakren sieben negative Kernüberzeugungen entsprechen. Der Heilungsvorgang besteht nun darin, die bestmöglichen positiven Elementale im Energiekörper anzurufen und zu visualisieren, die diese negativen Elementale transformieren oder zumindest desenergetisieren können. Im allgemeinen bestehen diese positiven Elementale aus reinem weißen oder weißgoldenem Licht. Sie können die Licht-Formen von Engeln verschiedener Ränge, spirituellen Meistern, Heiligen usw. oder auch von Jesus Christus und Mutter Maria annehmen.

Die Lichtgestalten sind kulturabhängig und abhängig von der spirituellen Orientierung des Klienten. Für einen Buddhisten mögen sie als Dakinis (entspricht den Engeln), Boddhisattvas oder Angehörigen der Buddhafamilien, wie z.B. Aryatara oder Chenresig auftauchen.

Eine Reinigung von den belastenden parasitären negativen Elementalen hat deshalb nachhaltige Wirkung auf die seelisch-körperliche Gesundheit, weil mit der Transformation im Energiekörperbewusstsein Gestalten oder Entitäten zugänglich werden, die um das wahre, essentielle Selbst wissen und deren einziges Interesse es ist, den Menschen dabei zu helfen, es ans Licht der Welt zu bringen.[196]

Die dritte Therapiemethode ist das Familienstellen, das Bert HELLINGER entwickelt hat. Diese Methode ist inzwischen so bekannt, dass auf eine Darstellung hier verzichtet wird. Der Interessent sei auf die einschlägigen Publikationen hingewiesen[197]. Es hat sich durch zahllose Aufstellungen der Herkunftssysteme von Klienten herausgestellt, dass Defizite im Selbstwert durch das "Nichtnehmen" der Eltern oder eines Elternteils seitens des Klienten verursacht werden. Unter "Nehmen der Eltern" versteht man, den Eltern von Angesicht zu Angesicht die Tatsache oder Wahrheit zu sagen: "Du bist mein Vater, und du bist meine Mutter. Ich bin euer Kind." Manchmal kann man auch den Satz hinzufügen: "Ich gebe euch die Ehre." Entscheidend ist, dass diese Sätze in ihrer seelischen Bedeutung auch gefühlt werden. Was während des Familienstellens in solchen Situationen oft passiert, ist, dass Klienten die Barriere zwischen sich und den Eltern durchbrechen, die sie aus Vorwürfen, Rechthaberei und Angst zwischen sich und den Eltern aufgebaut haben, so dass sie zu einer direkten, basalen und primären liebevollen Beziehung zu den Eltern fähig werden, die ein Ausdruck des wahren, liebenden Selbst ist. Diese Erfahrung wirkt in das gegenwärtige Leben des Klienten hinein, indem bisher unlösbar erscheinende Verstrickungen in Gegenwartsbeziehungen sich entwirren und man sich von einer starken Lebenskraft getragen fühlt. Die Entfremdung von den Eltern und damit von der primären Beziehung geschieht aber auch deshalb, weil das innere Kind des Klienten sich mit einem Auftrag identifiziert hat, den es meint, übernehmen zu müssen, um seinem Familiensystem treu zu sein und sich dessen Wohlwollen zu erhalten. Diese Aufträge sind meistens Projektionen, die unbewusst oder auch gezielt von den Eltern auf das Kind übertragen werden oder die das Kind in aller Unschuld an sich zieht, um seine Eltern oder das ganze Familiensystem glücklich zu machen. Wir können sie als Überzeugungen oder Bilder des falschen Selbst verstehen, die den wahren Selbstwert unterminieren, so dass das Leben unglücklich und belastend verläuft.

Wir verwenden die Methode des Familienstellens, weil sie die Selbstwertproblematik in ihrem komplexen familiensystemischen Zusammenhang (der zwei oder drei Generationen umgreifen kann) und nicht nur als individuelles oder dyadisches Problem ziemlich klar vor Augen führt und weil sie eine grundlegende heilsame Lösung direkt im Hier und Jetzt erfahrbar macht für alle Beteiligten eines Familiensystems.

V Das Selbstwertgefühl - Ursprünge, Verletzungen, Heilung, Stabilisierung

Ein Selbsterfahrungskurs in vier Schritten

Einführung

Die folgende Beschreibung gibt den Verlauf eines Gruppen-Selbsterfahrungskurses in spiritueller Körperpsychotherapie zu dem Thema wieder. Er besteht aus vier Abschnitten. Jeder Abschnitt umfasst drei Kurstage mit sechs Stunden Therapie pro Kurstag. Die Beschreibung besteht aus der Wiedergabe der am häufigsten verwendeten Übungen und Settings sowie kurzen Erläuterungen der Therapiemethoden. Nicht wiedergegeben sind die Gruppen-Diskussionen nach den Übungen. Es werden aber von Fall zu Fall Hinweise gegeben, die ein Therapeut beachten sollte.

Selbstverständlich steht es dem Therapeuten frei, einzelne Settings zu verändern, so wie es der Verfasser ja auch immer wieder von Seminar zu Seminar tut in Abhängigkeit von der Schwingungsfähigkeit der Gruppe. Unverzichtbarer Bestandteil der Arbeit in der Großgruppe sind:

a) die körperpsychotherapeutischen Aktivierungs- und Reinigungs-Übungen, die sich auf die psychospirituellen Funktionen der Chakren beziehen;
b) die geführten spirituellen Visualisierungsmeditationen, die zum einen dem Schutz des einzelnen Teilnehmers bei seiner Arbeit während des Kurses dienen und zum anderen bei der so entscheidenden Transformation negativer Bilder;
c) der Raum für Rückmeldungen und Erfahrungsaustausch der Teilnehmer nach wichtigen Prozessequenzen. In diesen Raum können dann auch kurze therapeutische Arbeiten mit einzelnen Teilnehmern in der Gruppe stattfinden.

Jeder Kurs beginnt mit einer Runde, in der sich die Teilnehmer vorstellen, vor allem in Bezug auf die Erwartungen an den Kurs.

Die erste gemeinsame Praxis ist eine Schutz-Meditation. Diese Meditation wird vom Therapeuten geführt. Begleitende Musik, die die Praxis erleichtert, findet man auf der CD "Within the Light".

Meditation für innere Stabilität und Schutz

Anmerkung zur Meditation: Man sollte die Teilnehmer vorher darauf hinweisen, dass sie während der Meditation locker bleiben sollten. Wenn man sich zu sehr anstrengt, die Farben und Formen zu sehen, kann man leicht frustriert werden. Auch sollte man bedenken, dass nicht jeder einen leichten Zugang zum Visualisierungskanal des dritten Auges hat; und natürlich ist das auch eine Frage der Übung. Man sollte auch dem folgen, was während der Visualisierung die Führung übernimmt. Die Vorgaben hier sind nur Vorschläge! Bitte nicht zu sehr an den Begriffen hängen! Während einer solchen Meditation kann man nichts falsch machen. Entscheidend ist stets der Herzenswunsch, sich vom falschen Selbst zu lösen und das eigene wahre Selbst auszufalten.

Wenn eine Gruppe sehr abgespannt oder gestresst in den Kurs kommt, ist es besser, mit einer Runde von belebenden Bewegungs-Übungen zu beginnen.

Die Punkte bei den folgenden Anweisungen deuten Pausen an. Mehr als drei Punkte sind längere Pausen, damit die Teilnehmer Zeit haben, die Vorgänge nachzuvollziehen. Der Leiter der Gruppe sollte das Tempo seiner Vorgaben mit der Gruppe abklären.

- Suche dir eine bequeme Sitzposition, schließe die Augen... Atme tief und natürlich... Entspanne deinen Körper...
- Visualisiere einen Ball aus weißem Licht unter deinen Füßen...
- Während du atmest, visualisiere, wie das weiße Licht nach oben in deine Füße und weiter in deine Beine, deine Schenkel und deine Hüften steigt...

- Spüre und sieh, wie das weiße Licht heller und heller wird...
- Fühle, wie es weiter hochsteigt in deinen Unterleib, deinen Bauch, weiter in deinen Brustkorb und dein Herz... Nimm wahr, wie es auch über die Hautgrenze hinaus strahlt und eine weiße Aura um deinen Körper bildet...
- Lass das Licht weiter aufsteigen zu deinen Schultern, die Arme hinab bis zu den Fingerspitzen... und schließlich durch deinen Hals in deinen Kopf..........
- Erschaffe mit deinen Lichthänden vor dir auf dem Boden eine kreisrunde Scheibe aus weißem Licht und lass sie im Durchmesser doppelt so groß sein wie deine Körpergröße... Errichte auf dieser Scheibe einen Kegel aus weißem Licht und lass ihn die dreifache Höhe deiner Körpergröße einnehmen...
- Sieh, wie du dich in die Mitte dieses Lichtkegels hineinstellst...
- Wende dein inneres Auge nach rechts... Von der Kegelbasis siehst du blaue Lichtflämmchen aufsteigen bis zur Kegelspitze hin... Lass das blaue Licht sich ausdehnen, bis dein Körper davon eingehüllt ist und atme dieses Licht ein...
- Danke diesem Licht, dass es dir deine körperliche Gesundheit erhalten hat und bitte es, dich in Zukunft bei allem, was du für deine physische Gesundheit tust, zu unterstützen...
- Wende dein inneres Auge nach einer Weile nach links...Dort siehst du von der Kegelbasis aufsteigend ein smaragdgrünes Licht bis hinauf zur Kegelspitze... Lass dieses Licht sich ausdehnen, bis dein Körper davon eingehüllt ist und atme dieses Licht ein...
- Danke diesem Licht dafür, dass es dir bisher klares Denken und einen gesunden Menschenverstand bewahrt hat und bitte es dann, dich weiterhin beim Bemühen um klaren Geist und klares Denken zu unterstützen...

- Nimm wahr, wie vom Boden der Kegelwand hinter dir kristallweißes Licht nach oben steigt bis zur Kegelspitze hin...
- Lass dieses Licht sich ausdehnen, bis dein Körper davon eingehüllt ist und atme es ein...
- Danke dem weißen Licht dafür, dass klare und liebevolle Gefühle im Leben dich weitergebracht haben und bitte es darum, auch künftig für die notwendige Klarheit der Gefühle zu sorgen...
- Sieh nach einer Weile vom Boden her um dich herum, wie eine Säule rubinrotes Licht aufsteigt... Je höher diese Lichtsäule wächst, desto mehr verfärbt sie sich in goldenes Licht...
- Bitte dieses Licht, Harmonie, Stabilität und Vertrauen in dein Leben zu bringen, wann immer du dich darum bemühst.........
- Geh durch die Kegelwand vor dir hinaus und betritt einen wunderschönen Garten...
- Suche dir einen Ruheplatz in diesem Garten und lass dich dort nieder...
- Nach einiger Zeit gewahrst du eine Säule aus weißgoldenem Licht, die herabkommt und dich einhüllt; dieses Licht wird dich zum Tempel deines Herzens führen, wo dein Führungsengel auf dich wartet...
- Spüre die Nähe deines Schutzengels an deiner Rechten, tritt aus deinem Körper und fühle, wie du in diesem Licht immer höher und höher steigst... Fühle, wie du immer leichter und leichter und freier und freier wirst...
- Du kommst an eine Gartentüre... Auf ihr leuchtet ein sechszackiger goldener Stern...
- Wenn du ihn berührst, gehen die Türen deines Herzens auf und du betrittst einen schönen Rosengarten...

- Vor dir liegt ein goldener Lichtweg... Geh ihn entlang, bis du vor dir die heilige Halle deines Herzens siehst... Gehe die Stufen hinauf.... Dort wartet dein spiritueller Führer auf dich und empfängt dich mit Freude... Mit deinem Schutzengel rechts und deinem spiritueller Führer links betretet ihr das Innere der Halle...
- Sie ist mit leicht-rosa Licht erfüllt... Sieh dich um, wen du hier bemerkst... Deine Begleiter führen dich an die heiligste Stelle... Bleibe hier und öffne dein Herz... Richte nun an deinen Führungsengel und an das dir heiligste spirituelle Lichtwesen deine Fürbitte auf deinem Weg, das falsche Selbst ins Licht gehen zu lassen, dein wahres Selbst zu erfahren und ihm künftig zu folgen.........
- Empfange den Segen des Führungsengels...Bitte ihn, dir Zeichen zu geben, woran du erkennst, dass deine Bitte gehört wurde...
- Verlasse die heilige Halle deines Herzens... Danke deinem spirituellen Begleiter...
- Gehe durch den Garten und das Tor zurück... Bevor du in der Lichtsäule hinabsteigst, fasse den herzhaften Entschluss, an deine Seele und an die himmlischen Helfer gewandt: “Gemeinsam schaffen wir das! So wahr mir Gott helfe!”...
- Steige nun hinab in deinen Körper in dem Garten...Gehe zurück in den Lichtkegel... Spüre noch einmal die Präsenz der leuchtenden Farben...und verlasse den Kegel und komme allmählich in deinen physischen Körper zurück.........

1. Erster Schritt: *Wertschätzung und Geringschätzung unterscheiden*

1.a - Der Sehnsucht nach Wertschätzung folgen

Niemand will abgelehnt, geringgeschätzt oder entwertet werden. Jeder möchte, wenn schon nicht geliebt, so doch zumindest von anderen akzeptiert, wertgeschätzt oder respektiert werden. Aber die wenigsten Menschen gehen so miteinander um. Ehe wir nachforschen, wie wir selber dem allgemeinen negativen Trend der Geringschätzung anderer folgen, erkunden wir Erinnerungen an Situationen, in denen wir Wertschätzung erfahren haben: Damit ist nicht gemeint, dass man uns nur deshalb achtete, weil wir eine Leistung lieferten, dass wir uns sozusagen Anerkennung erkauften, sondern dass wir uns wertgeschätzt fühlten, einfach weil es uns gab und ohne dass wir etwas Besonderes darstellen mussten.

- Wir suchen eine bequeme Sitz- oder Liegeposition auf dem Rücken und schließen die Augen...
- Welches Bild oder welche Szene entsteht in dir, wenn du dich an Wertschätzung erinnerst?...... Sieh dir genau an, welche Menschen in dem Bild auftauchen... Was tun sie?... Wie drücken sie die Achtung dir gegenüber aus?... Mache dir bewusst, wie du dich dabei fühlst und was du dabei körperlich empfindest... Was sagtest du oder dachtest du in dieser Szene?......
- Jetzt gehe weiter zurück in deine Kindheit und erinnere dich an eine Situation, in der du dich um deiner selbst willen angenommen, gemocht oder geliebt fühltest... Sieh dir genau an, welche Menschen in dem Bild auftauchen... Was tun sie zu dir hin?... Wie vermitteln sie dir, dass du so wie du bist, gut genug bist?... Was spürst du im Körper, wenn du dich daran erinnerst?... Und welche Gefühle durchströmen dein Herz?...

Welche Gedanken entstanden damals in dir?... Lege jetzt deine Hände auf die Stelle deines Körpers, an der du Wertschätzung am deutlichsten spürst......

Nach dieser Rückerinnerung ist der verbale nichtbewertende Austausch in der Gruppe über die Erfahrungen sehr wichtig, denn dadurch werden verschüttete Erinnerungen wieder ins Bewusstsein zurückgeholt. Natürlich ist auch wichtig, die Gefühle und Gedanken mitzuteilen, die entstanden, wenn keine positive Erinnerung verfügbar war. Bei dieser Runde kann geklärt werden, ob und inwieweit Wertschätzungen doch von Bedingungen abhängig waren, wie z.B. Wohlverhalten oder Leistungen, oder wie spürbar ein Kern von nicht-bedingter Liebe oder Zuneigung in der Wertschätzung mitschwang. Der Therapeut sollte sich auf die Rolle eines empathischen Spiegels auf der Gefühlsebene für die Mitteilungen der Teilnehmer beschränken, denn das gibt ihnen Raum zur Selbsterfahrung.

Mit positiven Erinnerungen zu beginnen, erleichtert die zukünftige Gruppentherapie, weil sie mehr Kraft haben und länger anhalten.

1.b - Selbst- und Fremdentwertungen: Ursprünge und Methoden

Das Ausmaß von Entwertungen, mit denen Menschen miteinander umgehen, ob ausgesprochen oder gedacht, ist erschreckend. Man hat sich an die Verbreitung dieser emotionalen-mentalen Pest schon so sehr gewöhnt, dass die Sprache, auf natürliche Weise jemanden gegenüber in aller Öffentlichkeit Wertschätzung auszudrücken, entweder fast verstummt ist, peinlich hölzern wirkt, unangenehm aufgebauscht oder zwanghaft verschroben-witzig daherkommt oder nichtssagend phrasenhaft ist.

Wer mit Selbsterfahrungs-Gruppen zu tun hat, kann sicher sein, dass auch hier das ganze Potential an Entwertungen und Geringschätzungen jede gut gemeinte Arbeit sabotieren kann, wenn man sich nicht diesen Tendenzen stellt. Anfangs versuchen Gruppenteilnehmer, die inneren negativen Absichten durch Nettigkeiten voreinander zu maskieren aus Angst vor irgendwelchen phantasierten Sanktionen. Leider aber setzt diese Maskerade das Energieniveau einer Gruppe herab, und man beginnt sich zu langweilen.

In der von John Pierrakos[198] entwickelten Core-Energetik (aber nicht nur dort) wird diese Maskerade des falschen Selbst als Abwehr dahinterliegender, gewaltiger tabuisierter destruktiver Gedanken-Gefühls-Handlungs-Impulse verstanden, vor der jeder Angst hat. Aber diese "Schatten" der Persönlichkeit aufzudecken, anstatt sie abzuspalten, ermöglicht erst die Öffnung für den Weg zum dahinter brennenden Licht der selbstlosen Liebe und des versöhnenden Friedens - zum Erkennen des wahren Selbst. Eine Bearbeitung der Selbst- und Fremdentwertungen kommt also nicht nur dem einzelnen Teilnehmer im Kontext seiner Familie oder sozialen Gruppe zugute, sondern auch der therapeutischen Gruppe an Ort und Stelle.

Daher lauten die nächsten Fragen an die Teilnehmer: Wie bist du entwertet worden und wie entwertest du dich selber und andere?

Jede intersubjektive Beziehungsepisode wirkt sich, besonders wenn sie den Charakter von RIGs (siehe S. 62) annimmt, somatisch aus. Wo es um das Selbstwertgefühl geht, ist auf der feinstofflichen Körperebene besonders das Gebiet des 3. Chakras am Solarplexus davon betroffen. Es reguliert den Bereich der sozialen Beziehungen, wenn es um soziale Anerkennung und Erfolge geht. Bezogen auf diese Bereiche offenbart dieses Energiezentrum, was man von sich denkt, wie man seinen Selbstwert fühlt und welche Hochachtung man sich und anderen gegenüber hat. Ist dieses Zentrum verletzt worden, z.B. durch eine einseitige Übererbetonung des idealen Selbstbildes oder durch zu starke Betrachtung des Kindes als Objekt, entwickelt man ein kontrollierendes, angeberisches oder falsches Selbst, das zu negativer, egomanischer Machtausübung, zu Kontroll- und Bestrafungslust, Unfähigkeit zu Kooperation und Konsensbildung mit anderen und zu aggressivem und unnachsichtigem Leistungsdruck neigt. Dieses Zentrum "reift" ab dem Alter von 1 ½ Jahren heran. Menschen mit einem verletzten 3. Chakra hegen u.a. folgende Kernüberzeugungen:

- "Ich schaffe es nie allein."
- "Die Menschen sind hier, um mir zu dienen."
- "Ich bin es nicht wert, geachtet zu werden."
- "Ich tue, was man von mir erwartet."
- "Ich bin nicht gut genug."
- "Ich muss für alles kämpfen."
- "Wenn man jemanden liebt, besitzt man ihn."

Ist das Zentrum geheilt, so zeigen sich seine lichten Aspekte:

- Harmonie
- Unabhängigkeit
- Selbst- und Fremdrespekt
- Kooperationsfähigkeit
- tiefes Wissen um den eigenen Platz im Universum
- Friedensliebe
- Fähigkeit, um Hilfe zu bitten.

Wenn wir uns in der Gruppe die frühen Erfahrungen der Entwertung bewusst machen wollen, so beginnen wir mit der Aktivierung der Energie im 3. Chakra[199]:

- Wir legen uns im Kreis mit dem Rücken auf den Boden, so dass die Füße zur Mitte zeigen, heben den Kopf, die Schultern, die Arme und die Beine etwa eine Handbreit vom Boden weg, so dass wir wie eine flache Parabel auf der Erde liegen. In dieser anstrengenden Position atmen wir dreißigmal rasch und stark durch die Nase ein und aus. Danach legen wir uns kurz ab, um zu entspannen. Dann wiederholen wir diese Übung noch zweimal. Wir entspannen uns und bleiben mit geschlossenen Augen liegen

- Anschließend visualisieren wir unsere Herkunftsfamilie, den Ort, an dem wir als kleines Kind wohnten, sehen die Wohnung vor uns, dann die Eltern und Geschwister.

- Dann erinnern wir uns, wie wir als Kind gekränkt wurden.... was hat uns damals am meisten gekränkt?... Welchen Weg haben diese Kränkungen in meinem Leben genommen? Erfahre ich dasselbe Muster auch heute noch?...

Die Teilnehmer werden gebeten, die Hände auf die Körperregion zu legen, an der sie die Verletzungen jetzt am deutlichsten spüren. Das ist für sie ein wichtiger Indikator, an dem sie später überprüfen können, ob sie sich somatisch wohler fühlen. Der Therapeut kann Hinweise erhalten, wie er zu einem späteren Zeitpunkt mit einem Teilnehmer in der Einzelarbeit umgehen kann.

- Die nächste Frage: Wie wollten wir damals spontan reagieren, wenn wir gedurft hätten?... Mache dir die Impulse bewusst... Jetzt hier darfst du sie ausdrücken und freilassen...

Wir ermutigen an dieser Stelle die Teilnehmer, die Fäuste zu ballen und die Füße aufzustellen und mit einem Kopfschütteln "Nein" zu diesen Verletzungen zu sagen, wobei sie die Eltern oder andere wichtige Bezugspersonen vor sich sehen. Dabei trampeln sie mit den Füßen auf den Boden, schlagen mit den Fäusten auf den Teppichboden und simulieren so den Protest, den sie damals nicht zeigen durften. Es ist darauf zu achten, dass dieser Wutausdruck koordiniert ist: zuerst sollte der Kopf langsam hin- und herpendeln simultan mit dem Wort "Nein"; während diese Bewegung schneller wird, kommen meistens unwillkürlich die Arme und Fäuste mit dazu und dann die tretenden Beine. Beine und Arme sollten diagonal den Boden schlagen. Der Therapeut gibt entsprechende Hilfen während des Gruppenprozesses. (Musik, die diesen Prozess gut unterstützt: Guy & Allen/ Peyote Canyon. SOAR-129-CD, 1991.)

- In der anschließenden Stillphase setzen sich die Teilnehmer auf mit dem Gesicht zur Mitte. Mit geschlossenen Augen visualisieren sie ihre Eltern vor sich und sagen ihnen leise, was sie damals von ihnen gebraucht hätten.....

- Die daran anschließende, für das persönliche Wachstum wichtigere Frage ist allerdings: Welche Fähigkeiten und Kräfte habe ich durch diese Entwertungen entwickelt?....

Diese Erkenntnisse können die Teilnehmer dann in der Großgruppe austauschen.

(Liebe Leser! Bitte bedenken Sie an dieser Stelle, dass die Wirksamkeit solcher Settings davon abhängt, wie sehr die Teilnehmer entschieden haben, den Weg ehrlicher Selbsterforschung zu gehen. Im Rahmen dieser Beschreibung kann der Geist, in dem diese Arbeit erfolgt, nur annähernd wiedergegeben werden. Von Seiten des Therapeuten sollte immer wieder auf den hohen ethischen Wert hingewiesen werden, den eine ehrliche Selbsterforschung hat.)

Wer als Kind in seinem Sosein entwertet oder geringgeschätzt wurde, der lernt allerdings auch, wie man andere entwertet und geringschätzt. Deshalb lautet die nächste Frage zur Selbsterforschung: Wie entwertest du andere?

Wir verwenden eine Methode der Selbsterforschung, die in die Tiefe führt.

- Zwei Teilnehmer (A und B) setzen sich gegenüber. A legt die Hände in die von B.
- Sie schließen die Augen und sammeln ihre Aufmerksamkeit im Herzen. B beginnt dann, A die Frage zu stellen: "Wie entwertest du andere?" Er lässt A Zeit für die Antwort. Wenn sie ausgesprochen wurde, sagt er einfach "Danke" und wiederholt sogleich die Frage.
- So geht es 5 Minuten weiter. Wenn A lange für eine Antwort braucht - B lässt sie ihm. Am Ende der 5 Minuten schließen beide wieder die Augen.
- B lässt noch einmal seine Antworten Revue passieren und stellt sich dann die Frage: "Wie entwerte ich mich dabei?"....

Nach einer Pause erfolgt der Wechsel der Rollen von A und B, und derselbe Vorgang wird wiederholt.
A und B können anschließend austauschen, welche Erfahrung sie bei der Übung gemacht haben.

Diese Arbeit erfordert den Mut, sich der eigenen unschönen Seiten zu stellen. Wie sollte ich aber mich jemals für etwas Humanes entscheiden können, wenn ich das Inhumane oder Destruktive in mir nicht kenne und nicht weiß, was ich damit anrichte?

Man kann in der Gruppe noch radikaler vorgehen, indem ich mir klarmache, welche Person in dieser Gruppe ich entwerte und wie ich das tue. Ich trete vor diese Person und offenbare ihr meine negativen Absichten. Welche Reaktionen gibt es bei dem anderen? Die sollte er/sie aussprechen, aber nicht ausagieren. Wie fühle ich mich, nachdem ich das gesagt habe? Diese Gefühle nicht runterzuschlucken, sondern zuzulassen, kann zu heftigen Auseinandersetzungen führen. Die Gruppendynamik kann sehr turbulente Formen annehmen. Der Therapeut muss durch eine genaue Zeitvorgabe und das Verbot körperlicher Gewalt Sicherheit geben. Nach dieser Szene werden alle beteiligten Paare gebeten, sich Rücken an Rücken zu setzen und folgende Frage zu durchdenken: "Was spiegelt mir der andere über mich?" (Ergänzt: Was entwerte ich in mir selber und wie tue ich das?). Nach dieser Besinnung sollten sich die Paare umdrehen, so dass sie sich von Angesicht zu Angesicht gegenübersitzen, sich die Hände geben und die so gewonnenen Erkenntnisse sich sagen und die Projektionen zurücknehmen. Wenn sie spüren, dass es ihnen leid tut, was sie da dem anderen zugemutet haben, sollten sie auch das sagen.

Die anschließende Aussprache in der Großgruppe dient dazu, die Methoden der Entwertungen und Kränkungen zu erkennen. Dabei sollte nachgefragt werden, welche Wirkungen das auf den Entwerter wie den Entwerteten hat. Wichtig ist auch, sich klarzumachen, ob man die Verantwortung für diese Verletzungen übernimmt, die man anderen durch Entwertungen zufügt, oder ob man sich als ohnmächtiges und schwaches Opfer in einer Kindposition sieht.

1.c - Exkurs über Chakren und Elementale

Selbst- und Fremdentwertungen sind an innere Bilder geknüpft, in denen sich Kommunikationssituationen zu Kernüberzeugungen verdichtet haben, durch die wir die anderen nun sehen. Im Kapitel II/4 haben wir die Entstehung solcher Selbstbilder erörtert. Man kann diese Bilder mit Brillen vergleichen, durch die wir in Bezug zum andern uns selber beurteilen und einschätzen - und leider meistens mehr verurteilen und kritisieren als großzügig und nachsichtig zu sein, indem wir uns (und anderen) "Fehler" vergeben. Alle diese Brillen zusammen kann man auch als das "Über-Ich" der Psychoanalyse bezeichnen.

Es soll hier nicht über den Sinn dieser "Brillen" diskutiert werden. Es soll nur betont werden, dass sie eine direkte Herz-zu-Herz-Kommunikation, die wir auch "primäre Kommunikation" nannten, erschweren.

Solche Brillen tragen wir am ganzen Körper, denn wir sehen den anderen nicht nur über die Augen, sondern auch über das Herz oder den Bauch. "Sehen" ist hier umfassend zu verstehen als ein Vorgang, bei dem mentales, visuelles, emotionales und körperlich-sensuelles Wahrnehmen synergetisch zusammenkommen. In der esoterischen Tradition von Schamanen, Heilern und Mystikern, aber auch in den modernen Erforschungen der Aura (vgl. Sabetti, Pierrakos, Brennan, Bruyere, Daskalos, Demetry/Clonts[200]) ist seit langem bekannt, dass die Chakren am physischen Körper bestimmte spirituelle und seelisch-geistige Qualitäten des Menschen regulieren und als Organe fungieren, durch die eine Vermittlung oder Übersetzung zwischen den transmateriellen, mehrdimensionalen Realitäten und der materiellen Realität unseres irdischen Lebens stattfindet. Menschen, die ihre Wahrnehmungsfähigkeit auf den Bereich der Aura und Chakren ausdehnen können (und potentiell ist jeder dazu in der Lage), "sehen" z.B. die Gedanken anderer Menschen, noch ehe diese sie ausgesprochen haben. Im Bereich des Energiekörpers oder Lichtkörpers kann man, wenn man auch das

Chakra über dem Herzen reinigt, jene Lichtwesen sehen, die traditionell als Engel beschrieben werden. Wenn man zusätzlich das Kehlchakra von Blockaden befreit hat, kann man auch "hören", was sie einem sagen wollen. Grundsätzlich gibt es keine Grenze für den Menschen, seine Wahrnehmungsfähigkeit in die noch weiter in den Raum ausgreifenden Energiefelder auszudehnen und mit den Wesen zu kommunizieren, die diese Welten der Himmelssphären bevölkern.

Was uns dabei im Wege steht, sind die negativen individuellen Selbstbilder in Form von Kernüberzeugungen oder Gedankenkomplexen. Diese beschränken die Wahrnehmungsfähigkeit, und die Beschränkung findet ihre Rechtfertigung in kollektiven Glaubenssätzen.[201] Ein solcher Glaubenssatz ist das Weltbild der alten Physik, wonach das Universum ein mechanisches System ohne aktives Bewusstsein (Geist) ist, oder die Idee, dass das Ich des Menschen eine unabhängige, aus sich selbst heraus bestehende Entität sei, oder dass das Sehen von Lichtwesen, Engeln etc. etwas Pathologisches sei, z.B. der Psychose zugehörig.

Nun hat man herausgefunden, dass die verschiedenen Chakren bestimmte negative Gedankenkomplexe anziehen, die sich in ihnen festsetzen und das Leuchten und die spezifischen Energiefrequenzen des Chakras herabsetzen. (Für das 3. Chakra sind wir darauf bereits eingegangen.) Das wird als Schwächung der Lebendigkeit, der Freude und Lebensbejahung erfahren und kann soweit gehen, dass wir krank werden. Es ist in Wirklichkeit so, dass wir die Welt durch die Chakren wahrnehmen; und wenn sich in ihnen negative Gedankenkomplexe eingenistet haben, dann sehen wir die Welt durch diese negativen Gedankenformen hindurch wie durch eine verzerrende Brille, die sich vor dem Chakra befindet. Wenn ich z.B. davon überzeugt bin, dass wahre Liebe immer unerfüllt bleibt, werde ich unbewusst Partner in meinem Leben finden, die mich verlassen oder die bereits in einer Bindung leben. Denn es ist ein Energiegesetz, dass Gleiches sich gegenseitig anzieht und verstärkt. Das negative Elemental, das in diesem Fall im Herz-Chakra sitzt, zieht einen anderen Menschen an, der dasselbe Elemental hat. Im Sinne einer "selffulfilling prophecy" kommt es folglich zwischen den beiden zu keiner erfüllten und glücklichen Liebe.

Die Sicht durch ein bestimmtes Chakra löst also bestimmte Gedanken, Gefühle und ihnen folgend entsprechende Handlungen aus. Die Gedankenkomplexe nennt DASKALOS "Elementale"[202]. Elementale sind "Wunsch-Gefühls-Gedanken"; und jeder Gedanke ist ein Elemental. Es hat eine Gestalt (Form, Farbe, Bewegungsausdruck) und ein eigenes Leben, das unabhängig von dem, der den Gedanken ausgesendet hat, fortlebt und wirkt. "Wunsch" ist hier gemeint als die Energie des Habenwollens, Festhaltenwollens von etwas Angenehmem und des Verwerfens von etwas Unangenehmem; sie ist zu vergleichen mit dem zweiten Skandha "Gefühl", aus dem nach der Analyse der buddhistischen Psychologie sich jeder Gedanke zusammensetzt. Wenn wir also mit unseren Mitmenschen direkt und unverstellt kommunizieren wollen, sozusagen ohne Vorurteile, dann werden wir die Ckakren von diesen parasitären Elementalen reinigen müssen, damit sich die lichten und klaren Elementale (die man auch Engel nennt) der Chakren durchsetzen können. Dieser Reinigungsweg, traditionell die Domäne der spirituellen Heiler, ist für diesen Kurs zentral.

Es gibt zwei Orte im oder am Körper, wo der Entwerter sitzt. Der eine ist das 3. Chakra (Solarplexus), der andere das 3. Auge oder das 6. Chakra. Das 6. Chakra reguliert, wie ich mich selber wahrnehme. Wenn es gereinigt ist, kann man die Dinge sehen, wie sie sind, kann man klar denken, Vergangenheit und Zukunft von sich und anderen verstehen, ist man hellsichtig und fähig zu Visionen; man kann Widersprüchliches integrieren, Toleranz üben und sich und anderen Fehler vergeben. Verzerrt oder beschädigt wird das 3. Auge durch negative Elementale wie: "Ich bin falsch/Du bist falsch", "Ich bin schlecht", "Ich bin nicht gut genug", "Ich kann nicht vergeben", "Fehler müssen bestraft werden", "Das wird schlimm ausgehen" etc.

Wir sehen, dieses Zentrum ist der Sitz von feindseligen Einstellungen, negativem Denken und Kritiksucht. Zugleich leidet ein Mensch mit dieser Chakrastörung unter seinem negativen Kritiker. Wenn man die Welt durch ein gestörtes drittes Auge sieht, ist man mit einem beurteilendem oder verurteilendem kritischen Selbst identifiziert, das immer und überall nur Unvollkommenheit sieht und ganzheitliche Zusammenhänge spaltet; es ist nicht fähig, das Einheitsmoment bei Dualitäten oder die Integrität von Menschen zu erkennen oder Synthesen auf einer höheren Stufe zu entwikkeln.[203] Nie kann man dann in allen Wesen die Vollkommenheit des Heiligen Geistes sehen. Zweifellos hat der innere Entwerter seinen Sitz in diesem Zentrum. Er steht aber auch in enger Verbindung mit dem 3. Zentrum, insofern das 3. Auge das bewertet und mental einordnet, was durch das 3. Zentrum als Selbstwert eher gefühlt wird.

Bei der Transformation des negativen Elementals arbeiten wir im Geiste der psychospirituellen Etherikos-Therapie[204].

1.d - Meditation zur Transformation des Entwerters

(Begleitmusik wie bei der Eingangsmeditation oder: Sandelan: Spiritual Healing, Aquamarin 5823)

- Wie in der Eingangsmeditation füllen wir uns mit weißem Licht und visualisieren den Lichtkegel, in dem wir stehen, mit seinen Farbkräften und treten hinaus in einen schönen Garten... ... ...
- Während du dort ruhst, siehst du einen violetten Lichtstrahl herabkommen, der dich umhüllt...
- Steige aus deinem physischen und emotionalen Körper und bewege dich in diesem Lichtstrahl hinauf zum Tempel deines Stirnchakras....
- Sieh den zehnzackigen goldenen Stern an der Pforte zum Garten deines Stirnchakras und berühre ihn...

- Die Pforte öffnet sich, und du betrittst einen wunderschönen Rosengarten...
- Geh den Weg durch den Garten, bis du an den Eingang zur Heiligen Halle deines 3. Zentrums kommst... Dort begrüßt dich dein Schutzengel zur Rechten und dein geistiger Führer zur Linken...
- Geht gemeinsam in das Zentrum der Halle... Mache dir bewusst, dass du hierhergekommen bist, um dich von diesem negativen Elemental zu lösen... Bitte deine Begleiter um ihre Hilfe...
- Vor dir siehst du nun einen großen Spiegel, den zwei Engel dir vorhalten... Schaue in den Spiegel und lasse die Gestalt des Entwerters auftauchen... Bitte deine Begleiter, dass er so klar wie möglich erscheine, weil du dich heilen willst...
- Setze der Gestalt zwei Augen ein... Was will er/sie von dir?... Frage dich, was du in deinem Leben durch den Entwerter gelernt hast...
- Mache dir bewusst, was du geopfert hast oder was der Preis war, indem du auf ihn gehört hast und ihm Macht über dich gegeben hast...
- Sage dieser Gestalt nun ganz klar, dass du sie loslassen willst, denn ihre Zeit ist um...
- Sage ihr, dass sie nicht dein wahres Selbst ist..., dass du ihr nicht die Liebe geben kannst, die sie braucht, um sich befreit zu fühlen..., dass du sie den Kräften des Himmels und des Lichts überantwortetst, die gut für sie sorgen können, besser, als du es je kannst.........
- Visualisiere ein wunderschönes goldweißes Licht, (das Licht Christi oder von Mutter Maria oder Allahs oder Buddhas oder Krishnas oder der Absoluten Seinsheit etc.), das sich von oben herabsenkt und die Gestalt in dem Spiegel umgibt......... Und

sieh, wie dieses Licht die Gestalt des Entwerters nach oben in die Himmelssphären davonführt, bis es ganz aus deinem Wesen verschwunden ist...........

- Schau in den Spiegel und bitte die himmlischen Wesen, während das goldweiße Licht herabstrahlt, die Wahrheit im Spiegel erscheinen zu lassen......
- Lass das, was jetzt zu dir kommt, in dein Solarplexus- und Stirnchakra einströmen...
- Lass eine Verbindung zwischen beiden Zentren zu....und erkenne...........
- Danke deinen Begleitern und gehe mit ihnen hinaus in den Garten, durch die Pforte, im violetten Lichtstrahl hinab in den ersten Garten...
- Betritt den Lichtkegel erneut...verlasse ihn und komme zurück in das Hier und Jetzt...
- Wir beschließen die Meditation, indem wir uns im Kreis aufstellen und an den Händen halten. Jeder, der dazu bereit ist, möge nun im Kreis (wie eine Affirmation) aussprechen, was er am Ende der Meditation erkannt hat. Die Gruppe antwortet jedesmal im Chor: "So ist es, das ist wahr."

1.e - Merkmale wertschätzender Beziehungen

Die Kognitionswissenschaft hat aufgezeigt, wie wichtig die mentale Ebene des Denkens und der Sprache bei der Gestaltung des Lebens ist.[205] Die Wirkung geht bis in den biologischen Organismus hinein. Die Heilungen von Christus durch das Wort sind dafür bekannte Beispiele. Wenn ich die Überzeugung hege, dass jeder Mensch im Kern Achtung, Respekt und Wertschätzung verdient, gestalte ich eine ganz andere Beziehungswirklichkeit als wenn ich der Ansicht bin, dass jeder andere potentiell mein Feind ist, den ich in Form von aggressiven Entwertungen in Schach halten muss.

Um die Bedeutung des Denkens zu ermessen, sei an altes esoterisches Wissen erinnert, dass Gedanken ausgesandte unsichtbare energetische Entitäten oder Formkörper (Elementale) sind, die je nach Inhalt und Absicht schädlich oder nützlich sich auf uns und andere auswirken. Man kann z.B. beobachten, dass ein Säugling unruhig und weinend aufwacht, wenn ein Erwachsener mit negativen Gedanken in Bezug auf die Familie, der das Baby angehört, den Raum betritt, besonders wenn die schützende Mutter nicht in der Nähe ist. Mitfühlende und liebende Gedanken über das eigene Selbst, den eigenen Körper oder Geist sind ein guter Stabilisator für das Immunsystem, während selbstentwertende, von negativer Selbstkritik oder andauernder Fremdkritik durchzogene Gedanken krankheitsfördernd wirken. Diese Erfahrung hat schon jeder gemacht, der die eigenen Gedanken wahrgenommen hat.

Jeder von uns hat bestimmte Vorstellungen, wie wertschätzende Beziehungen aussehen könnten. Wenn wir sie genauer betrachten, werden wir spüren, dass in diesen Vorstellungen wärmende Herzgefühle mitschwingen. Die Kognitionswissenschaft hat natürlich nie gesagt, dass ein Denken ohne Gefühl ist.

Die Rolle des Fühlens ist sogar elementarer als das Denken, damit etwas im Gedächtnis bleibt. Nur wenn etwas mit persönlichem Fühlen verbunden ist, hat es persönliche Bedeutung und ist erinnerbar.[206] Gefühle wirken bereits vorbewusst und regen den Körper über die Mandelkernregion des Gehirns zu bestimmten Reaktionen an, noch ehe die denkende Großhirnrinde aktiv wird.[207]

Andererseits kann die Aktivität der Großhirnrinde die emotionalen Prozesse in der Mandelkernregion stoppen und regulieren.

Gegen Ende des ersten Schritts wenden wir uns unseren (gegebenen und vorgestellten) Möglichkeiten zu, im Alltag wertschätzende Beziehungen zu leben (und entwertende oder krankmachende Beziehungen zu meiden). Wir betrachten dabei vier Beziehungsfelder:

a) die eigene körperlich-seelisch-geistige Realität;
b) die Beziehung zu dem mir am nächsten stehenden Menschen, in der Regel der Lebenspartner;

c) die Beziehung zu meinen Kindern;

d) die Beziehung zu Kollegen am Arbeitsplatz oder in der beruflichen Umwelt.

Um eine psychische Landkarte wertschätzender Beziehungen zu zeichnen, begeben wir uns für jedes der vier Felder in einen kontemplativen Betrachtungszustand. So können wir uns für die Wahrnehmung unserer Beziehung zum eigenen Selbst (a) auf den Boden legen und zunächst einmal unseren Körper fühlen, um uns dann zu fragen, wie wir wertschätzend mit ihm umgehen wollen. Dabei sollten wir realistisch bleiben und einschätzen, wieviel von unserem Wollen auch umsetzbar ist. Dieselbe Frage stellen wir anschließend an den Umgang mit unseren Gefühlen. Wie können wir mit diesen wertschätzend umgehen? Dabei können wir uns an Szenen aus unserem Zusammenleben mit den Menschen erinnern, die uns am meisten seelisch herausgefordert haben, denn hier war es in der Regel schwierig, bei der eigenen Wahrnehmung von Gefühlen zu bleiben und diese auch auszusprechen anstatt sie auszuagieren. Und endlich ergeht dieselbe Frage auch an den Umgang mit unserem Geist. Dazu gehört nicht nur, was wir über wen oder was denken, sondern auch die Art unserer geistigen Kultur. Kritisieren oder zensieren wir z.B. sehr rasch unsere Einfälle und Ideen? Nehmen wir unsere Erkenntnisse zurück, um von anderen weiterhin gemocht zu werden?

Für die Kontemplation aller vier Reflexionsfelder könnten wir natürlich viel Zeit veranschlagen. Aber hier geht es nicht um Perfektionismus, der die Selbstwahrnehmung blockieren würde. Wir halten es für viel nützlicher, wenn wir uns Raum für nur wenige positive Wahrnehmungen geben (ca. 10 Minuten für jedes Feld). Nach dem systemischen und holographischen Modell menschlicher Wahrnehmung[208] reichen nur wenige von Zuwendung und Wertschätzung getragene Einsichten, um Wahrnehmung insgesamt positiv zu verändern. Der Grund liegt darin, dass Wertschätzung mit einem Gefühl von Freundlichkeit, Wärme, Liebe oder Güte verbunden ist und diese Gefühle eine größere, nachhaltigere und integrierende Kraft als es die entwertenden Gefühle und Intentionen haben, deren Frequenzen niedriger sind und zum Zerfall von Ganzheit beitragen.

Nach den Kontemplationen schreiben die Teilnehmer sich die Ergebnisse in eine entsprechend vorbereitete Tabelle. In einem letzten Teil wird das Blatt gewendet und die Teilnehmer schreiben auf die Rückseite, welches wertschätzende Verhalten zwischen Eltern und Kind in der Vergangenheit sie sich gewünscht hätten. Dabei geht man bestimmte Kernsituationen durch wie in einer der vorangegangenen Übungen.

Vergangen ist vergangen. Deshalb heißt die abschließende Reflexion: Was kann ich im Hinblick auf die Elternsituation heute anders machen?

2. Zweiter Schritt: *Den Unterschied von falschem und wahrem Selbst erfahren*

2.a - Kompensations- und Risikostrukturen des falschen Selbst erkennen und vermeiden

Motto:[209]

Falschgold
Falschgold existiert aus drei Gründen:
Die Gier der Menschen ist sehr groß.
Ihre Fähigkeit zu unterscheiden, ist sehr klein.
Echtes Gold existiert tatsächlich.

Der zweite Schritt hat die Unterscheidung des falschen und wahren Selbst zum Thema. Viele Menschen haben ein ziemlich deutliches Wissen, was mit diesem Unterschied gemeint ist. Wenn z.B.

jemand sagt, er richte sein Leben immer nach den Vorstellungen anderer und nie danach, wie er wirklich ist, dann hat er mit einfacher Sprache erfasst, worum es dabei geht.

Im Kapitel II/4 haben wir die psychischen Vorgänge beschrieben, die bei der Entstehung des falschen Selbst ablaufen. Wir waren dort von verschiedenen Seiten her zur Erkenntnis gekommen, dass der Verlust des subjektiven Selbstempfindens durch eine Identifikation mit der objektbezogenen Wahrnehmung der Grund für die Entstehung des falschen Selbst ist. Wir sagten auch, dass dieser Vorgang ein Beziehungsgeschehen zwischen Eltern und kleinem Kind ist. Indem sich das Kind selber als Objekt sieht, auf das es sich bezieht, erfährt es sich auch von den Eltern als Objekt gesehen. Wegen des eingeborenen Zugehörigkeitsbedürfnisses beginnt das Kind, Selbstbilder zu entwickeln, die es den Bildern entnimmt, die die Eltern auf es projizieren. Vereinfacht gesagt: Es lernt, sich mit den Augen der Eltern zu sehen. Also passt es seine subjektiven Binnenwahrnehmungen den Erkenntnissen und Beurteilungen der Eltern an und modifiziert sie so, dass die liebende intersubjektive Basis-Bindung zu den Eltern (in der Regel die Mutter) erhalten bleibt, ohne die es emotional erfrieren würde.

Wir haben ferner dargestellt, dass das Kind die Verobjektivierung der ganzheitlichen intersubjektiven Wahrnehmung zwischen ihm und der Mutter als einen schmerzlichen und schamanfälligen Beziehungsbruch erfährt. Um der Kontinuität des Selbstempfindens willen setzt das Kind alle Energie ein, seine ganzheitliche Wahrnehmung hinüberzuretten in die per Sprache vermittelten Bilder oder Elementale. Gelingt es, dass Mutter/Bezugsperson und Kind sich immer wieder die ursprüngliche, Sicherheit, Geborgenheit und subjektive Anerkennung gewährende Kommunikation bestätigen können, dann fördert die Orientierung an den "objektiven" Bildern eine Reifung der Kind-Eltern-Beziehung. Das Kind kann dann Reflexionen über das eigene Verhalten beginnen, ohne befürchten zu müssen, die Liebe seiner Eltern zu verlieren. Es kann dann in die Welt der Erwachsenen hineingehen und gleichzeitig Kind bleiben.

Der Ursprung des falschen Selbst im engeren Sinn liegt nun da, wo das Kind seine innerlich stimmige Selbstwahrnehmungsrealität "vergessen" muss, wenn es nicht aus der Beziehung zu seinen Eltern herausfallen will (siehe Anmerkung 210).

Dabei ersetzt es dann die Orientierung an Selbstgefühl und Selbstempfinden, inklusive Körperselbstempfinden, die der primären Kommunikation entstammen, durch Orientierung an subjektfernen und "objektiven" Selbstbildern, die immer unpersönlicher werden, abgekoppelt von der unmittelbar sinnlich erlebten Realität. Der tiefe Sinn dieser Strategie von Kontakt ist aber, von der wichtigsten Bezugsperson doch noch Anerkennung zu erfahren in der Hoffnung, dadurch zu einer persönlichen, warmherzigen und mitfühlenden Beziehung zu kommen, die das eigene (und andere) Sein um seiner selbst willen achtet und liebt. Aber alles, was die Bezugsperson auf dieser objektivierenden Beziehungsstufe tut, ist eben die Abwehr dieses primären Bedürfnisses, durch das sie, wenn sie es zuließe, sich selber auch nahe käme und dann allerdings den Eigenschmerz der Selbstentwertung erführe. Stattdessen erhebt sie stets neue Forderungen an das von ihr abhängige Kind, um es auf Distanz zu halten. Familien, in denen der Objektaspekt im Subjekt dominiert, weisen einen Mangel an Herzlichkeit im Umgang miteinander auf. Vorherrschend sind zwanghafte Kontrolltechniken, z.B. unter dem Anspruchsdruck stehend, dass das Kind etwas Besonderes sein muss, so dass allgemein menschliche Regungen, vor allem natürliche sexuelle Empfindungen, als Fehler verurteilt werden. Mit ihnen geht man dann heimlich-abgespalten um.

Der Film "American Beauty" oder der Roman "Der menschliche Makel" von Philip Roth zeigen sehr eindringlich die seelische Not von Familien, die sich in den Klauen der narzisstischen Fassadenkultur befinden. Natürlich ist besonders Sexualität davon betroffen, die ja das Tor für Gefühlsfähigkeit und Gefühlstiefe ist. Sexualität wird daher abgespalten als biologischer Mechanismus gelebt oder in perversen Formen. Entsprechend körperfeindlich ist die Familienatmosphäre.

Wir nennen das falsche Selbst auch das "kompensatorische Selbst". Der Mangel an Zufriedenheit, emotionaler Schwingungsfähigkeit, Anerkennung der eigenen Subjektivität in ihrem Sosein, Empfindungsfähigkeit des Körpers und das Fehlen von Entspanntsein-dürfen ohne Druck und Anspruch - all das und mehr soll kompensiert werden durch anstrengende Leistungen, Gefügigkeit gegenüber äußeren Normen, durch exaltierte Formen des Besonderssein, durch aufgesetzte Fröhlichkeit und durch suchtartiges Streben nach Anerkennung in der Öffentlichkeit auf Kosten von Mitmenschlichkeit und auf Kosten von anderen. Das kompensatorische Selbst versagt besonders da, wo es eigentlich spontan dem inneren moralischen Impuls folgen müsste, wenn es unmittelbar mit der Not des Nächsten konfrontiert wird und Beherztheit statt Kalkül gefordert ist, um Leben zu retten, auch wenn das kodifizierten ethischen Normen und Gesetzen widerspricht. Das Versagen besteht nun aber nicht darin, dass man angesichts der Not des anderen nicht genug getan hat und deshalb ein schlechtes Gewissen oder Schuldgefühl hat, dass man also darunter leidet, dass sich das moralische Verantwortungsgefühl nicht genug gemeldet hat, sondern es besteht darin, dass man überhaupt kein schlechtes Gewissen oder irgendeine moralische Not erlebt. Letztlich war es dieser Mangel, der in den Nürnberger Kriegsverbrecher-Prozessen zu den Todesurteilen für die Nazi-Verbrecher geführt hat.[211]

Wie schon im 1. Teil beginnen wir den 2. Kursabschnitt mit einer Heilmeditation, diesmal auf das Höhere Selbst. Mit Meditationen anzufangen, die eine hohe heilsame Schwingung in Gang setzen, ist für den Therapieverlauf günstiger, als wenn man mit der Problemsituation startet. Ein Heilungsprozess wird leichter begonnen, wenn man in Berührung mit spirituellen Bildern, Situationen oder Personen kommt, die positive Qualitäten wie Güte, Liebe, inneren Frieden, Einssein mit Christus etc. ausstrahlen. Das stärkt die Zuversicht und den Mut, in den schwierigen Lösungsprozess einzusteigen; es erleichtert ihn.

2.b - Meditation auf das Höhere Selbst (nach DEMETRY[212] *)*

Musik: "Within the Light", CD; Sandelan: "Spiritual Healing", CD Aquamarin.

- Nimm eine bequeme Sitzposition ein…
  Entspanne dich vollkommen...

- Visualisiere unter deinen Füßen einen Ball aus strahlend weißem Licht und lasse das Licht durch deinen Körper allmählich aufsteigen, bis du ganz davon erfüllt und umgeben bist........

- Erschaffe vor dir mit deinen Lichthänden eine große kreisrunde Scheibe aus weißem Licht und errichte darauf einen Kegel aus weißem Licht. Lass den Lichtkegel dreimal höher als dein Körper sein und die Scheibe die doppelte Körperlänge im Durchmesser......

- Sieh nach rechts und lass blaue Lichtflammen vom Boden her in der rechten Kegelseite nach oben aufsteigen...... Dies ist das Licht des Erzengels Michael, der die Gesundheit unseres Körpers erhält...... Lass das blaue Licht sich zu dir hin ausdehnen und atme es ein.........

- Dann wende dich der linken Kegelseite zu...... Dort siehst du smaragdgrüne Flammen aufsteigen bis zur Spitze des Kegels...... Dies ist das Licht des Erzengels Raphael, der dir klares Denken und Entscheiden bringt und geistige Verwirrungen klärt.........

- Lass das Licht sich zu dir hin ausbreiten und atme es ein......

- Wende deine Aufmerksamkeit nun der Rückseite des Kegels zu...... Dort spürst du, wie kristallweiße Lichtflammen aufsteigen, bis sie die ganze rückwärtige Kegelseite ausfüllen........ Dies ist das Licht von Erzengel Gabriel, der dir bei der Klärung und Reinigung deiner Gefühle hilft.........

- Lass das weiße Licht sich ausdehnen über deinen Rücken hinaus und atme es ein......
- Nun sieh, wie sich um dich herum eine Lichtsäule aus rubinrotem Licht bildet, die zur Höhe hin goldfarben wird........... Dies ist das Licht von Erzengel Uriel, der alle deine Körper (den physischen, den ätherischen, den emotionalen und den mentalen) in Harmonie und Balance bringt.........
- Dann gehe durch den Lichtkegel nach vorn und betritt einen wunderschönen Garten.........
- Suche dir einen Ort, wo du dich entspannt niederlassen kannst.....
- Sieh, wie aus dem Himmel eine golden-weiße Lichtsäule herabkommt, die dich vollständig einhüllt.........
- Erlaube dir, Schritt für Schritt zunächst deinen physischen Körper zu verlassen und dich in deinen weißen ätherischen Körper zu begeben...... dann gehe hinüber in deinen emotionalen Körper...... und noch weiter hinaus in deinen mentalen Körper...... und expandiere noch weiter hinein in deinen spirituellen Körper.........
- Nun lasse dich mit deinem spirituellen Körper in der Lichtsäule nach oben schweben...... höher und höher.... freier und freier......leichter und leichter.......
- Du kommst an eine Pforte, hinter der der Garten deines Höheren Selbst liegt......
- Berühre die Pforte mit den Strahlen deines Herzens, und sie geht auf...... und gehe in den Garten hinein......Dort siehst du die Heilige Halle oder den Tempel deines Höheren Selbst aus Licht......
- Betritt diesen Tempel und sprich ein Gebet oder eine Fürbitte.........

- Du siehst, wie Mutter Maria in ihrem türkisfarbenen Lichtkleid zu dir kommt und dich, dein Höheres Selbst, segnet, während ihr Licht in dich eindringt............
- Geh dann durch den Garten zurück...... An der Pforte blickst du hinunter zu deinen drei Körpern, die du dort zurückgelassen hast. Wie sehen sie jetzt aus? Was brauchen sie?.........
- Sieh auf die Erde unter dir...... wohin willst du dein Höheres Selbst bringen und wirken lassen?.........
- Steige in der goldweißen Lichtsäule hinab und verschmelze wieder mit deinen drei Körpern......
- Gehe zurück in den Lichtkegel...... Spüre wieder ihre heilenden Strahlen......
- Verlasse den Kegel und nimm dir Zeit, ins Hier und Jetzt zurückzukommen...
  Tu drei tiefe Atemzüge, bewege deine Fingerspitzen und Zehen und sei ganz da.

Was ist für dich das wahre Selbst, was das falsche Selbst? Dies ist die Leitfrage an die Teilnehmer, die wir stellen. Wir bitten sie, auf einem Bogen Papier alles zu notieren, was ihnen zum "wahren Selbst" einfällt. Man kann vor jeder Antwort die Augen schließen und die Aufmerksamkeit auf das Herz- und Solarplexus-Zentrum richten. Nach 15 Minuten - wir erheben keinen Anspruch auf Vollständigkeit - liest jeder vor, was er notiert hat. Dann werden die Teilnehmer gefragt: "Welche eben gehörten Mitteilungen sind bei dir hängen geblieben?" Die von jedem erfassten Eindrücke werden vom Therapeuten auf einer Flipchart festgehalten. Danach machen wir denselben Durchgang, aber nun bezogen auf die Frage nach dem "falschen Selbst". Es taucht die Frage auf, ob Gefühle wie Wut, Zorn und Hass auch zum falschen Selbst gehören. Wenn Wut oder Zorn primäre, spontane Gefühle sind, die auf eine seelische oder körperliche Verletzung durch einen anderen erfolgen, sind sie nicht mit einem inneren Bild oder mentalen Konzept verbunden. Deshalb gehören sie nicht zum falschen Selbst. Erst wenn die ursprünglichen Anlässe dazu führen, dass auf ihnen Ideen, Schlussfolgerungen und mentale Konzepte (Elementale) zur Rechtfertigung von Verhalten aufgebaut werden, entsteht das falsche Selbst. Wenn z.B. bestimmte frühkindliche Verletzungserfahrungen weitergetragen werden über den Anlass hinaus und nicht "gelöscht" werden, wird ein falsches, illusionäres Selbst konstruiert. Dazu gehören z.B. Vorurteile, die durch Wut oder Ärger automatisch ausgelöst werden.

Bei Hass handelt es sich um eine zornige Reaktion des Kindes infolge permanenter Demütigungen von Seiten ein und derselben Bezugsperson, wobei aber diese Zorngefühle nicht abgeführt und entladen werden dürfen, damit wieder liebevolle Gefühle fließen dürfen. Die Abfuhr des Zorns, die zur seelischen Gesundheit notwendig wäre, wird später auf ähnlich wie die frühe Bezugsperson aussehende und auftretende Objekte oder Personen umgelenkt. PIERRAKOS zählt Hass (wie auch Sadismus) dem Niederen Selbst zu, das andere willentlich verletzen und ihnen weh tun will. Wie wir sehen, liegt dem Niederen Selbst eine nicht verheilte frühe seelische Wunde zugrunde.[213] Manche Teilnehmer rechnen « Angst » zum falschen Selbst. Das ist halb richtig. Erst Konzepte und innere Bilder, die Angst eine projektive, paranoische Komponente geben, wie z.B. bei chronischem Misstrauen Fremden gegenüber, konstituieren das falsche Selbst. Dagegen ist Angst, wenn sie in einer akuten Gefahrensituation zu Flucht oder Angriff führt, um sich am Leben zu erhalten, ein primäres Gefühl. Diese oder andere Erläuterungen bestätigen, wie wichtig es ist, sich vor dem Kurs mit den theoretischen Aspekten zu befassen.

Wenn wir das Thema auf einer weniger kognitiven sondern eher emotional-körperlichen Ebene behandeln wollen, arbeiten wir mittels Energieaktivierungen, die uns näher an die Erinnerungen (RIGs) heranführen, die das falsche Selbst konstituierten. Dabei aktivieren wir nacheinander die Energie des 1., 2. und 3. Chakras. Über die psychospirituelle Bedeutung dieser Zentren wird im nächsten Abschnitt mehr gesagt.[214]

2.c - Übungen zur Aktivierung des 1. Chakras

Die Gruppe steht im Kreis. Die Beine sind weit gegrätscht, die Fußspitzen weisen nach außen. Die Knie sind leicht gebeugt. Der Rumpf ist aufrecht, die Hände liegen mit den Handflächen auf den Oberschenkeln. Wenn man die Knie tiefer absenkt, wird eingeatmet, wenn man nach oben geht, wird ausgeatmet (Knie aber nie ganz steif machen). Diese Bewegung wird mehrmals, etwa drei Minuten lang, ausgeführt. Dann verbleibt man einige Zeit in der Samurai-Stellung mit tief gebeugten Knien, bis die Beine zu schmerzen beginnen. Ab diesem Moment beginnt man so zu springen, dass man nur die Beine hochreißt, der Oberkörper bleibt ruhig stehen, und die Füße klatschen flach auf den Boden. Während des Springens ruft man laut im Rhythmus “Ich bin, ich bin”. Die Übung ist genauer beschrieben bei BRENNAN[215]. Zur Verstärkung wird jeder Teilnehmer gebeten, aus dem Kreis heraus in die Mitte zu springen und sein “Ich bin” dort zu zeigen.
Unterstützende Musik für alle Übungen: Guy & Allen: Peyote Canyon. Sound of America Records, SOAR 129-CD oder die Musik von Nusrat Fateh Ali Khan und seinem Ensemble, auf diversen CDs bei “Verlag 2001” erhältlich).

Diese Übung verstärkt die Lebensfreude, die Vitalität, das Grounding und das Vertrauen in den Selbstausdruck - macht aber zugleich alte Muster klarer, bei denen man sich seiner Lebendigkeit, seiner Lebenskraft, ja seiner Existenz schämt und sich daher unwert fühlt zu leben.

2.d - Übungen zur Aktivierung des 2. Chakras

Die bioenergetische Beckenstoß-Übung: Hierbei steht man mit Füßen, die schulterbreit auseinander sind, fest auf dem Boden, d.h. auch mit leicht gebeugten Knien. Beim Einatmen durch die Nase zieht oder kippt man das Becken nach hinten, wodurch ein Hohlkreuz entsteht; beim Ausatmen durch den Mund lässt man das Becken nach vorn kippen und kann dabei etwas nachstoßen. Die Hände kann man in die Hüften stemmen. (Genauere Darstellungen in Bioenergetik-Übungsbüchern, den Schriften von A. Lowen oder bei Brennan [216]).

Unterstützende Musik: dieselbe wie oben angegeben.

Nach einiger Zeit beschleunigt man den Beckenstoß und lässt beim Ausatmen einen "Hah"-Ton zu, schiebt beim Vorstoßen den Unterkiefer vor, entblößt dabei die Zähne und reißt die Augen auf, so dass ein animalisch-aggressiver Ausdruck entsteht. Oft synchronisieren sich nach einiger Zeit die Bewegungen in der Gruppe. Später wird jeder Beckenstoß mit einem "Ja, ja, ja..." und "Da, da, da..." verbunden. Wenn jemand ein anderes Wort dazu findet, ist das in Ordnung.

Am Ende (nach ca. 10 bis 15 Minuten) stehen alle still, die Knie bleiben gebeugt, und sagen laut in den Kreis hinein, was sie gerade fühlen (z.B. "Ich freue mich", "Ich bin wütend", "Ich habe Lust" o.ä.), und die Gruppe antwortet im Chor: "So ist es."

Das 2. Energiezentrum aktiviert vor allem die Lust und die Freude am emotionalen Austausch des Gebens und Nehmens auf allen Ebenen; es belebt den freien Gefühlsausdruck, wobei das Kehle-Chakra diese Gefühle mitteilt. Es stärkt das Vertrauen, dass nichts Falsches oder Schlechtes an Gefühlen ist und dass sie einen Wert an sich haben und deshalb fließen dürfen. Ferner fördert es den Mut zum emotionalen Selbstausdruck. Andererseits ruft diese Übung aber auch die Blockaden hervor. Das ist vor allem die Angst, verletzt zu werden, wenn man die Gefühle zeigt. Diese Angst ist mit

Erinnerungen an frühe Kindheitserfahrungen verbunden, in denen man verlassen und geängstigt wurde und keine emotionale gute Spiegelung da war oder sexuellen Missbrauch erlitt. Eine andere Blockade sind falsche oder dramatisierte Gefühle, wobei das Kind sie von Erwachsenen abschaut, weil es glaubt, dass man nur dann dazugehören darf, wenn man diese Gefühle zeigt. Bert HELLINGER hat auf die "übernommenen" Gefühle hingewiesen. Damit ist gemeint, dass manchmal ein Kind stellvertretend für einen anderen früheren Angehörigen eines Familiensystems ein Grundgefühl ausdrückt, das dieser nicht zeigen durfte oder konnte, obwohl er es fühlte. Wenn im Verlaufe der Familienaufstellung dieses Kind sieht, dass der betroffene Angehörige das Gefühl jetzt ausdrückt, fühlt es sich befreit von einer Last und kann zu seinen wahren Gefühlen finden.

2.e - Übungen zur Aktivierung des 3. Chakras

Das 3. Zentrum wird aktiviert durch Dehnen des Rumpfes. Dabei stemmt man die Hände so hoch es geht in den Rücken und schiebt den Rumpf nach vorn; mehrmals holt man zu dieser wuchtigen Bewegung aus. Es ist, als würde man mit dem Oberbauch einen Ball, der einem zugespielt wird, am Solarplexus abprallen lassen oder zurückpushen. Auf Steinreliefs kann man übrigens sehen, dass die Azteken im heutigen Mexiko so miteinander Ball gespielt haben - eine sinnvolle Therapie, den sozialen Zusammenhalt zu stärken, denn das ist eine der spirituellen Funktionen des Sonnengeflechts. Man kann sich auch mit einem Partner zusammentun, steht sich gegenüber, Solarplexus an Solarplexus, und beginnt sodann, sich gegenseitig mit heftigen Vorwölbungsbewegungen wegzupushen - was hoffentlich mit Humor getan werden kann. Bitte bei beiden Übungen die Stimme einsetzen!

Eine andere Übung, die BRENNAN anbietet [217]: Man liegt auf dem Rücken, hebt Kopf, Beine, Schultern und Arme leicht vom Boden ab (nicht mehr als 20 cm), so dass der Körper wie eine flache Parabel aufliegt. Dadurch werden die Bauchmuskeln am Solarplexus gestaucht. In dieser Lage atmet man dreißigmal rasch und sehr kräftig durch die Nase ein und aus. Danach legt man sich ab und entspannt. Diese Sequenz wird insgesamt dreimal praktiziert, mit kurzen Ruhepausen dazwischen.

Eine weitere Übung sieht folgendermaßen aus: Die Gruppe steht im Kreis und hält die Hände bei angewinkelten Unterarmen und gestreckten Fingern vor den Solarplexus. Dann macht man mit einem Bein einen Ausfallschritt nach vorn und pusht dabei gleichzeitig die Hände vor auf die Mitte des Kreises zu, so dass sich die Arme strecken. Dabei stößt man den Ruf "Hah" laut aus. Unmittelbar danach nimmt man das Bein und die Arme zurück, holt aus und stößt erneut Bein und Arme nach vorn. Diese Bewegung wird mehrere Minuten lang wiederholt, und zwar von allen im Kreis gleichzeitig. Sie wirkt ungemein belebend und macht den Geist klarer.

Und schließlich noch eine Übung aus der Bioenergetik: Die Gruppe steht im Kreis und lässt den Oberkörper nach vorn aushängen, so dass die Fingerspitzen den Boden berühren. Dabei atmet man zusammen mit dem Ton "Huu" aus... Dann kommt man, während man einatmet, hoch, richtet sich auf, strafft den Oberkörper, schiebt die Brust etwas vor, winkelt die Arme seitlich so an, wie wenn man anderen seine Bizeps zeigt und ballt dabei die Hände zu Fäusten; dabei atmet man kurz mit einem kräftigen "He" aus. Kurz steht man da wie in einer Tarzan-Siegerpose. Danach lässt man den Rumpf wieder herunterfallen mit völligem Ausatmen und "Huu", um während des Hochkommens Luft zu holen und dann in die straffe Haltung zu gehen, bei der man mit Akzent das "He" ausstößt.

Man braucht einen guten Stand für diese Übung, denn mit der Zeit beschleunigen wir sie und lassen jegliche Pause beim Herabbeugen weg. Wenn das "He" in der Gruppe synchron wird, ergibt sich oft ein Gefühl von klarer Freiheit und schönem Stolz.

Das 3. Chakra ist das Machtzentrum des Menschen, das sich vor allem in sozialen Beziehungen zeigt. Wenn man diese Macht positiv als Wirkmächtigkeit erlebt, indem man bei anderen oder in der Welt etwas Gutes bewegt, arbeitet die Energie in diesem Zentrum ungestört. Dann fühlt man eine natürliche, unschuldige Autorität, die einem stabilen Selbstwertgefühl nahe kommt. Man liebt den Frieden als eine Begleiterscheinung, indem man gern mit anderen kooperiert, und wenn man das, was man tut, mit Liebe (oder Achtsamkeit) tut. Man ist in Harmonie mit sich und der Umwelt, und man hat Erfolg, aber nicht auf Kosten anderer, denn das wäre das Resultat negativer Machtausübung. Vor allem weiß man um seinen angemessenen (und nicht angemaßten!) Platz sowohl in seiner Herkunftsfamilie als auch dann in der großen Weltfamilie oder im Kosmos. Der Chinese würde sagen: Man ist im Tao. In Familienaufstellungen ist das Solarplexus-Chakra nach meinen Beobachtungen das Hauptorgan, das untrüglich energetisch-sensibel anzeigt, wann alle im System am rechten Ort stehen und das System in Übereinstimmung mit den "Ordnungen der Liebe"[218] ist.

Wenn die Macht negativ gebraucht wird oder wurde, bewegt sich die Lebensenergie in diesem Zentrum zu langsam oder sie stagniert oder rotiert entgegen dem Uhrzeigersinn, oder sie ist aufgebläht wie kurz vor einer emotionalen Explosion, die ja dann auch oft in Form von unbeherrschten Emotionen als blinder Zorn herauskommt. [219] Leicht reizbarer Ärger und Zorn sind die Emotionen, die eine Störung dieses Zentrums anzeigen, ebenso wie die Unfähigkeit, abgegrenzt und zentriert zu bleiben, wenn andere ihren Zorn äußern. Zur negativen Machtausübung gehört der Kontrollwahn, um Druck auf andere auszuüben und alles um der eigenen, egozentrischen Selbstbestätigung willen zu tun, ohne Rücksicht auf die Leistungen anderer. Weder kann man sich dabei selber Anerkennung und Respekt zollen noch anderen.

Nach Abschluss aller dieser Übungen steht man still im Kreis, öffnet die Augen und sagt laut, was man von sich selbst hier in dieser Gruppe denkt.

2.f - Die Illusions- und Risikostrukturen des falschen Selbst aufdecken

Sich vom wahren zum falschen Selbst hinzubewegen, geht meistens mit drei Formen der Selbstentfremdung einher:
- man entfernt sich von der Wahrnehmung der Körperempfindungen;
- man entfernt sich von der Wahrnehmung der Gefühle;
- man entfernt sich von der Realität der Präsenz in Beziehung zu anderen und geht in die Welt innerer Bilder.

Die Schlüsselgefühle, die dabei die Hauptrolle spielen, sind Ärger/Wut, Angst und Scham und die mit ihnen verknüpften mentalen Konstrukte (Elementale).

Bei allen drei Vorgängen des Geistes verliert man eine Ressource zur Realitätswahrnehmung und Selbsterkenntnis. Man bricht Beziehungen ab. Der Grund, warum wir alle das tun, ist die Vermeidung von Schmerzen, die uns seinerzeit als Kinder lehrte, andere und weniger schmerzvolle Wege der Wahrnehmung zu gehen, die in unserer Familie (und Kultur) geduldet waren. Diese Wege sollten wir nicht verurteilen, taten wir das doch, um gut zu überleben, und entwickelten wir doch dabei Fähigkeiten (skills), die uns auf vielen Gebieten des Lebens nützlich waren. Aber wir kommen in unserem Leben früher oder später an eine Stelle, wo wir etwas Essentielles, Wesentliches zu vermissen beginnen. Wir wissen anfangs noch nicht, was das ist. Aber die Anzeichen von Unzufriedenheit, Angst, innerer Leere, Langeweile, Scham oder auch Melancholie und Sehnsucht häufen sich. Es ist, als ob es in uns eine Kraft gibt, die nach etwas Größerem, Wesentlichem, Unvergänglichem und Klarerem strebt (oder ganz einfach nach Kontakt). C.G. Jung nannte diese Kraft den "religiösen Trieb" und behauptete ihn neben den klassischen biologischen Grundtrieben. Die Mystiker sagen, dass wir alle unsere Heimat suchen, die "Heimat im Licht", zu der wir zurückkehren wie nach einer Wanderschaft auf dieser

Erde, reifer und einsichtiger, demütiger und bescheidener, nachdenklicher geworden, so wie der heimkehrende Sohn im Gleichnis vom verlorenen Sohn. Diese Heimat, die wir in uns wissen als inneres Licht und die wir durch ein Dasein in Liebe hier auf der Erde zum Leuchten bringen können, fühlen wir als unser wahres Selbst. Wenn wir an diese kritischen Stellen unseres Lebens kommen, wird uns bewusst, wie vieles, mit dem wir uns als "Ich" bis dahin identifizierten - Normen, Bilder, Konzepte, Elementale, Scripts - vergängliche Lebensaspekte sind, die nicht das hielten, was sie versprachen - nun sind wir ent-täuscht, desillusioniert. Aber wir beginnen aufzuwachen.

Die Arbeit in dieser Therapiegruppe verstehen wir so, dass wir uns auf solche Zeiten der Ent-Täuschung vorbereiten, so dass die Krisen leichter durchlebbar sind. Wir wollen keine Krankheit, keinen Herzinfarkt, keine Scheidung, keine Depression, keine aussichtslosen und blinden Machtkämpfe - alle diese Leiden, die leider erst die Rückbindung an das wahre Selbst und die Desidentifizierung mit dem falschen Selbst eröffnen. Daher ziehen wir schon jetzt eine psychische Bilanz. Wir schauen uns an, welchen Preis wir gezahlt haben, indem wir den Bildern (Selbstbildern) des kompensatorischen oder falschen Selbst in unserem Leben gefolgt sind.

Auf dem Weg zu unserem wahren Selbst treffen wir auf drei große "Türhüter", die das Herz-Tor zur Liebe und Lebensfreude verschlossen halten. Deren Überwindung wenden wir uns im Folgenden zu.

2.g - Die Verstrickungsdynamik von Wut (Aggressivität), Angst und Scham und mögliche Lösungswege

Die drei genannten Gefühle betrachten wir als einen Schlüssel, wenn wir herausfinden wollen, wie sie uns von unserer Essenz, unserem wahren Selbst abbringen. Wie schon mehrfach gesagt, geht es nicht darum, diese Gefühle als solche als Hindernis zu verurteilen, sondern um ihre Verquickung mit bestimmten negativen

Vorstellungen, die mentale Cluster bilden und sogar ein ganzes Lebensskript dominieren. Diese drei Gefühle, bzw. die von ihnen bestimmten Elementale, haben auch eine wichtige spirituelle Funktion auf dem Weg des Menschen zur Liebe. Es ist schockierend zu beobachten, dass sie uns stets dann mit ihrer vollen Wucht treffen, wenn wir das Beste wollen. So freuen wir uns, dass wir endlich einen Menschen aus vollem Herzen lieben können - und schon sucht uns bei der ersten Unstimmigkeit die basale Angst heim, diese Liebe könnte zu Ende gehen, oder wir könnten verlassen werden. Oder wir glauben uns in einer Freundschaft oder in unserer Familie zu Hause in tiefster Harmonie und Frieden - und schon genügt ein Funke von Disharmonie, und wir werden aggressiv, gereizt und wütend. Oder wir leben in einer Phase von Frohsinn, Leichtigkeit und sinnlichem Genuss - und schon kann uns der Anblick eines leidenden Freundes verwirren und beschämen. Die spirituelle Bedeutung dieser Gefühle könnte in der inneren Aufrüttelung liegen, doch noch einmal zu überprüfen, wie tief und geklärt Liebe, Frieden und Freude in uns denn sind, wie wahrhaftig sie sind und wo sie noch Illusionen nähren. In der esoterischen Tradition nennt man solche Schattenaspekte auch die "Hüter an der Schwelle" und bringt sie vielfach mit dem Satan oder Luzifer, dem gefallenen Engel, in Verbindung. Ihre spirituelle Aufgabe im Gesamtplan der individuellen spirituellen Evolution ist es, den Menschen darauf hinzuweisen, welche dunklen Aspekte seiner derzeitigen Persönlichkeit er noch klären muss, bevor er das Licht der Liebe, des Friedens und der Freude wirklich aushalten und annehmen kann, bevor er in diesem Licht wirklich zu Hause sein kann. Man vergleicht einen Menschen, der diese negativen Hauptelementale nicht geklärt hat und dennoch ins Licht geht, mit einem Nachtfalter, der von einem offenen Licht magisch angezogen ist und in ihm verbrennt.[220]

Bei der folgenden Beschreibung dieser negativen Gedanken-Gefühlskomplexe greifen wir erneut auf die psycho-spirituellen Funktionen der Chakren zurück.

2.h - Wut oder kontrollierende Aggressivität

Das Grundgefühl ist eigentlich ein aus Ungeduld und Angst vor Ohnmacht entstehender latenter oder auch offener Ärger. Die Ohnmacht, die man hier erlebt, bezieht sich auf die Erfahrung, an äußeren Umständen und Gegebenheiten, die dem eigenen Wollen entgegenstehen, nichts ändern zu können. Die Gefahr, keine Macht über andere und eine Situation mehr zu haben, wird gefürchtet und ständig dadurch kompensiert, dass man soziale Situationen von vornherein unter Kontrolle halten will, indem man Menschen, die zu einem bestimmten sozialen Kontext gehören, ihre individuelle freie Entfaltung beschneidet. Macht wird dabei nicht durch wahre, moralisch-ethische Autorität legitimiert und schon gar nicht mit Güte und Weisheit ausgeübt (das wäre die lichte Seite dieser Struktur), sondern aggressiv wegen der permanenten Angst vor einer Niederlage und Kontrollverlust, die etwas Phobisches an sich hat. Es handelt sich also um ausgeübte negative Macht, die in Kategorien von Strafe denkt. Es gibt eine schöne Geschichte, wie ein solcher Machthaber sich in seiner Struktur zu Tode verstrickt:

> Einst lebte ein König, der war ein schrecklicher Tyrann. Schließlich begab sich eine Abordnung seines Volkes zu einem Sufi-Meister, um ihn um Rat zu bitten, wie man ihn loswerden könne.
> "Gut", sagte der Sufi, "aber ich kann nichts direkt unternehmen. Ich muss die gegebene Situation nutzen. Die Lebens- und Gedankenmuster zu verstehen, das ist die Arbeit der Sufis." Sogleich begab er sich zu dem König. "Großer Monarch", sagte er, "ich bestehe darauf, drei Schritte von Eurem Thron entfernt getötet zu werden, sobald zwei Stunden von nun an vergangen sind."
> Die anwesenden Leute sprachen zueinander: "Welch großer Mann ist doch unser Sufi! Zweifellos will er ein Märtyrer werden, so dass, wenn der König ihn tötet, das Volk einen Aufstand macht und das Ungeheuer vom Thron stürzt."
> Aber der König, der die Dinge nicht so klar sah, war höchst misstrauisch. "Bringt den Mann ins Verlies und legt ihn auf die Folterbank bis er gesteht, warum er wirklich getötet werden möchte", befahl er.

Eine halbe Stunde später erschien der oberste Folterknecht mit seinem Opfer vor dem König und berichtete: "Er sagte, es sei geweissagt, dass derjenige, der an genannter Stelle zu besagter Zeit stirbt, der Größte Mensch des Jahrhunderts werden wird." Da trat der König selber vor. "Erschlagt mich an dieser Stelle, sofort!" befahl er - und natürlich wagte niemand, sich seinem Befehl zu widersetzen.[221]

Die Illusion dieser Denkfigur liegt darin, dass geglaubt wird, Leben sei stets Kampf um Sieg oder Niederlage, und eine Orientierung an der Sehnsucht der Menschen, Frieden sei eher durch friedliche Mittel zu erreichen, sei Feigheit und Schwäche. Dieses aggressive Selbstkonzept hat in der Tat bis heute überwiegend die Wirklichkeitsgestaltung geprägt, besonders im politischen Bereich, mit schlimmen Folgen für die Menschheit. In Wahrheit ist es aber genau umgekehrt: Wer meint, durch negative Machtausübung, durch selbstgerechte Strafaktionen, durch Erpressung von Nationen friedliche Verhältnisse herbeizuführen, der lebt in der illusionären Scheinwelt der Egozentrik und muss früher oder später schmerzliche Folgen tragen. Auch wer meint, sich untertänigst zu verhalten und das zu tun, was andere von ihm erwarten, um so angeblich dem Frieden und Glück zu dienen, der lebt ebenfalls aus einem falschen Selbst heraus. Beide, Herrscher wie Untertan oder Herr und Knecht, sind in dieser negativen Dialektik aneinander gekettet und wissen nicht um ihren eigenen inneren Wert, wissen nicht, was Selbstrespekt und Selbstachtung ist und dass man um seiner selbst willen Liebe und Achtung verdient. Ein Leben aus der Macht der Liebe heraus, wie sie Christus und Buddha vorgelebt haben, die im sogenannten Feind sich selbst anschaut, das eigene unfriedliche Moment erkennt und sich die eigene Unvollkommenheit vergibt, ein solches Leben wird erst menschlich, liebenswert und friedlich. Der Übergang aber, den einer von negativer Macht und falscher Größe zu wahrer Macht und Größe schafft, heißt: Demut. Weil viele Menschen aber ein negatives Konzept von Demut haben, indem sie es mit Unterwürfigkeit und Selbsterniedrigung verwechseln, beharren sie wie in der obigen Geschichte selbst noch bis zum Tode darauf, dass ihr kleines Ego recht hat. In Wahrheit ist es ganz anders. Wer die Geste der Demut ganz klar wahrnimmt, der sieht Folgendes: Der Kopf, Sitz des analytischen und kontrollierenden Verstandes, neigt sich hinunter zum Herzen, dem Sitz der Liebe, und zugleich öffnet man den Nacken für eine von oben kommende Kraft, die größer ist als der Eigenwille. Der Demütige dient dieser Kraft in Liebe. Der größte Helfer für die Kraft, die aus der Demut kommt, ist der eigene Tod bzw. die Einsicht in die eigene Sterblichkeit, und diese Kraft macht uns menschlich, denn wir alle teilen die Tatsache der Sterblichkeit miteinander.

Wir greifen in der Gruppe die Herr-und-Knecht-Konstellation auf, um herauszufinden, wo wir selber der Pseudomacht des kontrollierenden aggressiven Selbst aufsitzen.

Dazu beginnen wir mit einer körperpsychotherapeutischen Runde, die unser aggressives Potential aufweckt.

- Wir gehen im Uhrzeigersinn mehrmals im Kreis herum, ballen dabei die Fäuste, und während wir heftig mit den flachen nackten Füßen beim Gehen aufstampfen, stoßen wir Schultern, Arme und Fäuste an den Körperseiten Richtung Boden und rufen dazu laut: "Nein!"
- Wir winkeln die Arme an, ballen erneut die Fäuste, und während wir kräftig auftreten, pushen wir die Ellenbogen kräftig nach hinten, so dass sich die Schulterblätter zusammenpressen und rufen dabei laut "Hau ab!" oder "Geh weg!".

Während der Übungen geht die Gruppe gerade so schnell im Kreis, dass die Energie im Raum lebendig bleibt. Die Übungen aktivieren das Willenschakra zwischen den Schulterblättern.

- Danach bleibt die Gruppe stehen und kniet nieder. Sie nimmt folgende Körperhaltung ein, die im Yoga "Adho-Mukha-Shvanasana" heißt [222]:

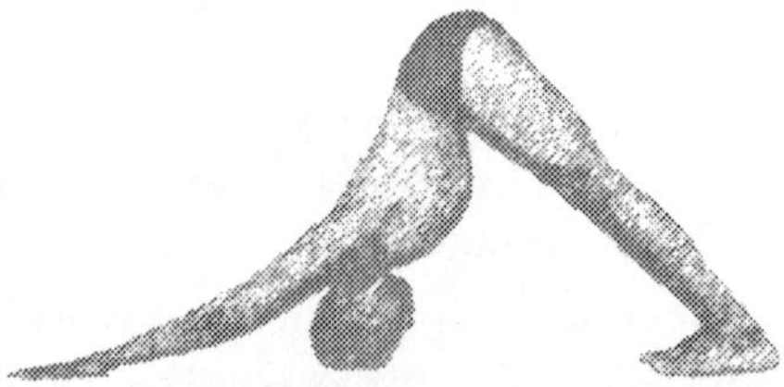

Technik:

1. Lege dich auf den Boden, das Gesicht nach unten. Die Füße sollten etwa 30 cm voneinander entfernt sein.

2. Lege die Handflächen neben die Brust. Die Finger müssen ausgestreckt sein und nach dem Kopf zeigen.

3.Atme aus und hebe den Rumpf vom Boden. Strecke die Arme, bewege den Kopf einwärts zu den Füßen hin. Lege den Scheitel des Kopfes auf den Boden, wobei die Ellbogen gestreckt bleiben und der Rücken gedehnt wird.

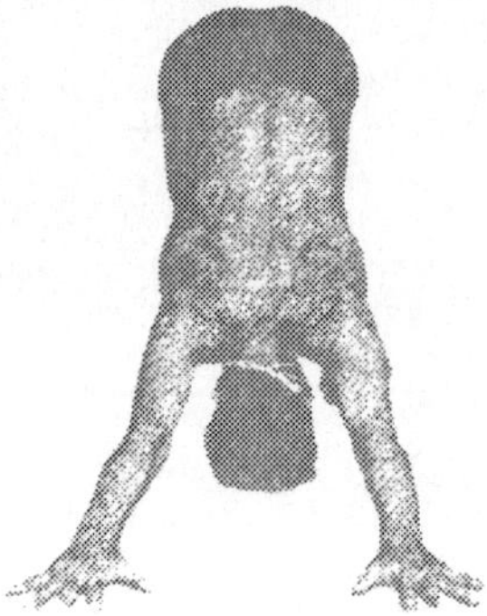

4. Halte die Beine gestreckt, ohne die Knie zu beugen. Drücke vielmehr die Fersen herunter, so dass Fersen und Fußsohlen vollständig auf dem Boden ruhen, die Füße parallell zueinander, die Zehen nach vorne gestreckt.

5. Bleibe in dieser Stellung etwa eine Minut bei tiefer Atmung. Dann hebe ausatmend den Kopf vom Boden, strecke den Rumpf nach vorn und lass den Körper sanft auf den Boden

Bei dieser Übung werden die Fersen an den Boden gepresst, die Beine durchgestreckt und der Kopf zu den Füßen geschoben. Auf diese Weise wird der Blasenmeridian angeregt, der gemäß der Fünf-Elemente-Lehre sich als Sprungbereitschaft, Bereitsein zum spontanen Losgehen oder Aggressionsbereitschaft in neutralem Sinn äußert.

Eine Variante dieser Übung sieht so aus:

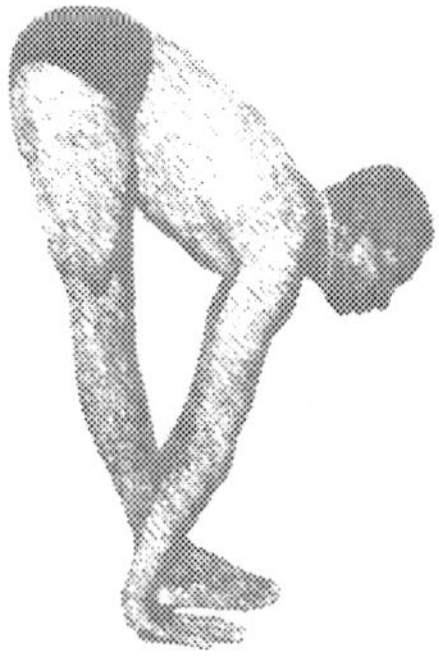

1. Steh gerade und aufrecht und halte die Knie durchgedrückt.

2. Atme aus, beuge dich nach vorn und lege die Finger auf den Boden. Lege danach die Handflächen neben die Füße hinter den Fersen auf den Boden. Die Beine sollen an den Knien nicht gebeugt werden.

3. Versuche den Kopf hoch zu halten und dabei die Wirbelsäule zu strecken. Bewege die Hüften ein wenig nach vorn zum Kopf hin, damit die Beine senkrecht zum Boden stehen.

4. Bleibe in dieser Stellung und atme zweimal tief.

5. Atme aus, bewege den Rumpf näher an die Beine heran und lege den Kopf auf die Knie.

6. Verringere den Druck an den Knien nicht, sondern ziehe die Kniescheiben gut hinauf. Halte diese Stellung eine Minute lang und atme dabei tief und regelmäßig.

7. Atme ein und hebe den Kopf von den Knien, lass die Handflächen aber weiterhin af dem boden.

8. Atme noch zwei Atemzüge tief ein, hebe die Hände vom Boden und kehre in die aufrechte Ausgangsposition zurück.

Hier wird versucht, beide Knie zu strecken, ohne die Handflächen vom Boden zu nehmen und ohne die Kontaktpunkte der Füße mit dem Boden zu verändern. Am besten beginnt man diese Übung, indem man sich zuerst wie beim Start zum 100-m-Lauf positioniert: Fingerspitzen und Zehen an einer Linie, Ober- und Unterschenkel im 90-Grad-Winkel zum Boden.

Anders als im Yoga arbeiten wir in der Körperpsychotherapie auch mit der Stimme. Die Schmerzen in den Beinen sollen laut stimmlich ausgedrückt werden. Das Ergebnis ist zum einen, dass man dadurch die Beine viel klarer und länger dehnen kann und dass sich zum anderen das Kehle-Zentrum mitöffnet, so dass Gefühle ausgedrückt werden können, die sich sonst im Zellgewebe stauen würden. Nach dieser Übung ist die Gruppe bereit zu der zentralen Aggressionsübung:

- Die Teilnehmer stehen sich in zwei Reihen gegenüber, so dass jeder ein Gegenüber hat. In der Reihe A stehen die "Herrscher", in der Reihe B die "Untertanen". Reihe A legt ihre Hände fest auf die Schultern des Partners von Reihe B, der gegenübersteht.
- Nun fixieren die A-Menschen ihre "Untertanen" mit einem strengen, kontrollierenden Blick. Mit den Worten: "Ich befehle hier! Du tust, was ich will!" schieben sie ihre "Opfer" an den Schultern völlig willkürlich durch den Raum. Den "Untertanen" steht es frei, so zu reagieren, wie sie es für richtig halten. Nach einem Kampf von 5 Minuten halten beide inne, schließen die Augen, lösen sich etwas voneinander und denken über die folgenden Fragen nach. An A gerichtet: Wie bin ich mit dem Untertan umgegangen? Wo lagen meine Illusionen? An B gerichtet: Wie bin ich mit dem Machthaber umgegangen? Wo lagen meine Illusionen?
- Dann tauschen die Partner untereinander die Rollen und beginnen erneut den 5-Minuten-Kampf. Anschließend werden die Fragen wiederholt. Zum Abschluss haben beide Partner 15 Minuten Zeit, ihre Erfahrungen bzw. die Antworten auf die Fragen auszutauschen.

Beim Austauschen der Erfahrungen werden wir immer wieder ähnliche Aussagen hören:

- Als Untertan habe ich rebelliert, fühlte mich aber an den Herrscher gebunden.
- Als Machthaber genoss ich es eine Weile, aber dann war es doch sehr anstrengend, so zu kämpfen.
- Als Machthaber brauchte ich den Untertan, sonst wäre ich ein machtloses Etwas gewesen.
- Als Untertan habe ich von mir gedacht, dass ich es gar nicht wert bin, mit Respekt behandelt zu werden.
- Ich konnte mir vorstellen, dass ich auch zum äußersten Mittel, dem Mord, greifen könnte, so sehr hat mich der Widerstand meines Rebells provoziert.
- Als Rebell fürchtete ich nur eines: die Schwäche und Hilflosigkeit, durch die ich meinem Gegner dann ausgeliefert sein würde.
- Mir ist aufgefallen, dass wir uns die meiste Zeit über nicht anschauten, als wir kämpften. Was taten wir da bloß!?
- Obwohl viel Action da war, fühlte ich doch Langeweile, so als ginge das mich nicht wirklich etwas an.

Es gibt immer wieder Teilnehmer, die in Lachen ausbrechen, wenn sie sich bei dieser Übung in die Augen schauen. Entweder lassen sie dann das ganze, oder sie setzen den Kampf spielerisch fort. Wenn man sie fragt, sagen sie, dass sie plötzlich im anderen sich selbst gesehen hätten und die Fremdheit untereinander sei wie weggepustet gewesen, so dass sie lachen mussten über den Unsinn, den sie hier spielten. Das Lachen entsteht, wenn man den Wechsel von einer objektbezogenen zu einer subjektbezogenen Perspektive vollzieht; das entspricht dem Wechseln vom falschen, unechten zum wahren, mitfühlenden Selbst. Politiker fürchten nichts so sehr, wie wenn ihre Polizisten oder Soldaten dem Gegner Aug in Aug gegenüberstehen, so dass es zu dieser Erkenntnis kommen kann. Deshalb der riesige propagandistische, massenhypnotisierende Aufwand, den Politiker und ihre Generäle betreiben, um die Soldaten gegen diesen Blick zu immunisieren. Es gibt viele Berichte aus allen Kriegen, wo zwei sich bekriegende Soldaten im anderen plötzlich dasselbe essentielle und ursprüngliche Daseinsmotiv erkennen: leben zu wollen - und sich laufen lassen (wenn gerade kein Vorgesetzter in der Nähe ist).[223]

Wie sehen die Beziehungen zwischen Menschen, Gruppen, Völkern aus, wenn wir das falsche, illusionäre und kontrollierend-aggressive Selbst transformieren? Wir haben durch diese Übung erkannt, dass die Aggression auf unserer inneren Bühne stattfindet, dass wir mindestens zwei Instanzen oder Persönlichkeiten in uns tragen, die Täter und Opfer oder Herr und Knecht spielen, ähnlich so wie es Bertolt Brecht in seinem Stück "Herr Puntila und sein Knecht Matti" auf eine äußere Bühne projiziert hat. Deshalb beginnen wir mit der Überwindung dieses Dilemmas bei uns selbst.

Dabei arbeiten wir mit der psychospirituellen Auflösung des negativen Elementals vom kontrollierenden Aggressor.

Weil wir aber immer wieder die Erfahrung gemacht haben, dass sich Teilnehmer durch eine überkritische Einstellung zum Heilungsprozess und der spirituellen Methoden, besonders der Visualisierungsmeditationen, um die Früchte ihrer Lösungen, der schon erfolgten wie auch der möglichen, bringen, wollen wir uns zunächst genauer mit zwei Aspekten von Kritik befassen und sie in ihrem psychospirituellen Kontext verstehen.

Exkurs:
Funktionen des 6. Chakras: Blockierende und heilende Kritik

Die Kritikfähigkeit des Menschen ist nicht irgendein mentaler Vorgang, sondern sie hat wie alle anderen psychischen Phänomene auch Auswirkungen und Rückwirkungen auf die Körper des Menschen. Das kann jeder nachvollziehen, der von einem anderen Menschen kritisiert worden ist. Physiologische und emotionale Reaktionen wird man dabei klar spüren. Das Aussenden kritischer Gedanken zu einem anderen wird nicht nur oft mit Pfeilen verglichen, die jemand abschießt, sondern dem ist tatsächlich so. Wie wir schon im Kapitel über die Elementale schrieben (vgl. Kap. V/1), sind kritische Gedanken eine sich bewegende energetische Realität, die sich im Raum zielgerichtet bewegt. LEADBEATER, BRENNAN, PIERRAKOS haben versucht, Form, Farbe und Geschwindigkeit negativer kritischer Gedanken sichtbar zu machen.[224] Viele Menschen spüren intuitiv, wenn in einem Raum Personen sitzen, die feindselige, negative Gedanken haben, noch ehe sie ausgesprochen sind. Man tut oft gut daran, sich zu fragen, wenn man sich davon betroffen fühlt, warum man diese Gedanken auf sich zieht, wenn man also erforscht, wie es mit der eigenen negativen Kritiksucht aussieht. Denn das Energiegesetz, wonach Gleiches Gleiches anzieht, gilt auch hier, leider im negativen Sinn.

Die Quelle der Kritik-Energie ist das 6. Chakra. Das 6. Chakra zwischen den Augenbrauen (auch 3. Auge genannt) reguliert die Selbstwahrnehmung. Es steht in einem Zusammenhang mit dem 3. Chakra, das auf eher emotionale Weise reguliert, was man von sich denkt, während das 6. Zentrum die Gesamtwahrnehmung bzw. Erkenntnis aller Lebensäußerungen und Lebenserfahrungen ermöglicht. Ist es unverletzt, dann kann man die Einheit von allen sonst in Dualitäten sich aufspaltende Phänomene erkennen. Dieses klare Erkennen von integrativen Aspekten, das scheinbar Disparates verbinden kann, fällt dann leicht wie bei Intuitionen. Auch sich selbst sieht man dann in Verbindung mit anderen, mit dem Leben, dem Kosmos, der Natur. "Fehler" werden als Lebenserfahrungen erkannt, die als Schritte zu Wachstum und Reifung verstanden werden. Weil ein Mensch mit einem offenen 3. Chakra den höheren sinnvollen Zusammenhang von verschiedenen Ansichten zu ein und derselben Sache auf hellsichtige Weise wahrnimmt, während noch um ihn herum um Argumente gestritten wird, übt er Toleranz. Letztlich erkennt er in allem die Vollkommenheit einer höheren, göttlichen oder transzendenten Ordnung. Wer dieses Zentrum geklärt hat, zieht keine negative Kritik mehr auf sich. Er sieht ganz klar, dass der Aussender sich selbst dadurch verletzt und kann ihm mit Nachsicht und Verständnis begegnen, weil seine Not ihn anrührt.

Wenn dieses Zentrum blockiert ist, entwickelt man ein verurteilendes, stets alles und jedes beurteilendes Selbst, das was PIERRAKOS das kleine Ego nannte. Psychoanalytisch nennen wir es das Über-Ich. Die Intelligenz verzerrt sich so, dass man überall nur Unvollkommenheit wahrnimmt und entsprechend unglücklich denkt. Das kleine Ego zerstört ganzheitliche Wahrnehmungen sofort durch misstrauisches Hinterfragen; ja es kann sich zu feindseligem Denken steigern. Das kritische Selbst geht wie selbstverständlich davon aus, dass Fehler schlecht sind und notfalls bestraft werden müssen. Das gesamte traditionelle westliche Schulsystem beruht auf einem System negativen Denkens. Es rechnet stets mit dem Schlimmsten, was passieren könnte. Die Selbstbeurteilung ist notwendigerweise einschränkender als die Selbstwahrnehmung; denn die Selbstbeurteilung hat einen fixen Referenzpunkt, während die Selbstwahrnehmung stets mit dem Lebensprozess mitfließt und beide Hemissphären des Gehirns aktiviert. Der tibetische Buddhismus hat sich gerade mit diesen mentalen Vorgängen genauestens beschäftigt, und wir verweisen hier auf unsere Diskussion über die Rolle des Ego in Kapitel III/2 dieses Buches.

Negative Elementale wie “Ich bin falsch/Du bist falsch/Ich bin nicht gut genug/Du bist nicht gut genug”, die ein Kind früh in seiner Familie aufgreift, schädigen das 3. Auge.

BRENNAN [225] hat erklärt, dass sich dann die Lebensenergie im 3. Auge entgegen dem Uhrzeigersinn dreht (wenn man von vorn auf sich schaut) oder dass sie sich unregelmäßig dreht, und PIERRAKOS zeigt auf Bildern, dass die trichterförmigen Lichtstrahlen, die von diesem Chakra in der Aura ausgehen, verzerrt und gebrochen sind[226] und ihre ansonsten klare violette oder auch goldgelbe Färbung (bei höheren Bewusstseinszuständen) verschmutzt ist.

Für ein offenes 3. Auge, dem Großen Ego, ist Kritik nur dann sinnvoll, wenn sie böswillige Tendenzen in die Schranken weist, die darin bestehen, die wahre Natur menschlicher Erkenntnisfähigkeit zu verkleinern, zu verletzen (z.B. durch Intoleranz) oder zu verhindern. Die Kritik, die etwa Teilnehmer öfters dazu bringt, Meditationen zu unterbrechen oder ihren Wert in Frage zu stellen, ist dagegen die Kritik des kleinen Ego, das sich vor einem Verlust begrenzender und normierender Denkweisen fürchtet. Es will dann den Fluss der Gefühle oder die psychische Dynamik und Lebendigkeit eines Gruppenprozesses anhalten. Dort, wo Veränderungen anstünden, die die befreiende Einsichtsfähigkeit des Menschen ermöglichen würden, beginnt es mit Rationalisierungen der unsinnigsten Art aufzuwarten. Auch hierzu gibt es eine Geschichte, die das illustriert:

Ohne Ergebnis

Zwei wackere Männer aus dem Land der Narren hörten, dass ein Mann, bekannt als der "Feine Herr", ihre Hauptstadt besuchen wollte. Weil sie ihn treffen wollten, gingen sie zum Hauptplatz der Stadt. Dort sahen sie einen Fremden auf einer Bank sitzen.

"Glaubst du, dass er es ist?" fragte einer den anderen.

"Warum gehst du nicht hin und fragst ihn?"

Der erste trat auf den Fremden zu und sagte: "Entschuldigt, aber seid ihr der Feine Herr?"

Der Fremde antwortete: "Wenn du nicht verschwindest, geb ich dir eins in die Fresse!"

Der Frager ging zurück zu seinem Freund. "Nun, ist es der, den wir suchen?" "Ich weiß nicht - er hat es mir nicht gesagt", antwortete er. [227]

Viele spirituelle Schulen, wie z.B. die von Gurdjeff, arbeiten mit paradoxen Geschichten und Aufgaben, um die Begrenztheit des kleinen Ego auszuhebeln, damit der Geist aufwacht aus dem Reich von Maya, der Illusionen, die entstehen, weil wir nach Sicherheit und Unveränderlichkeit unserer Wahrnehmungen streben und deshalb das, was sich stets ändert, fixieren.

Während dieses therapeutischen Kurses wirkt das kleine Ego z.B. so, dass es einen Teilnehmer während der Visualisierungsmeditationen oft just in dem Moment einschlafen lässt, in dem die Transformation des negativen Elementals stattfinden könnte. Oder ein anderer Teilnehmer steigt an einer wichtigen Stelle des Heilungsprozesses aus, weil ihn plötzlich die Stimme des Leiters stört. Andere werden von ihrem kritischen Selbst dahin geführt, eine Begegnung mit Engeln oder dem Christuslicht abzublocken, weil bestimmte mit Widerwillen verbundene religiös-konfessionelle Vorstellungen hineinkommen, die einem in der Kirche oder in der Schule aufgedrängt wurden. Besonders diesen letzten Umstand sollte man als Therapeut voraussehen und bei der Evokation der heiligen geistigen Wesen den Teilnehmern Raum lassen für den für sie jeweils freiesten Zugang. Gut ist es auch, diese Schwierigkeiten mit den Teilnehmern vorher zu besprechen. Wichtig ist hierbei der Hinweis, dass man während der Visualisierungsmeditationen sich nicht anstrengen sollte, die vom Leiter angesprochenen "Bilder" sehen zu *wollen*, sondern dass man dem vertraut, was man sieht. Auch handelt es sich nicht eigentlich um Fehler oder zu verurteilende Schwächen, wenn man während der Meditationen aussteigt oder einschläft. Günstiger ist es, sich dabei zu fragen, welcher Sinn für den Einzelnen darin liegt.

Allerdings ist es für viele ein Segen, wenn sie die Kontrolle durch ihr Alltags-Ego lockern könnten. Dazu gibt es etliche körpertherapeutische Bewegungen, die sowohl das 6. Chakra als auch das 5. Chakra an der Kehle (das Rezeptivität und Kreativität sowie freien Selbstausdruck reguliert) aktivieren und reinigen.

Körpertherapeutische Übungen für das 5. und 6. Chakra:

1. Vorschlag: Die Teilnehmer stehen im Kreis. Sie drehen den Kopf in Richtung der rechten Schulter, wobei das Kinn zur Schulter fällt, und atmen dabei durch den Mund mit einem "Hah"-Ton aus. Dann drehen sie den Kopf zur linken Schulter, lassen das Kinn auf diese Schulter sinken und atmen wieder durch den Mund mit einem "Hah"-Ton aus. Die Einatmung erfolgt über die Nase beim Übergang von Schulter zu Schulter. Diese Kopfbewegung vollziehen alle simultan, langsam beginnend, dann schneller werdend und bei einer gewissen Schnelligkeit bleibend, die der Leiter vorgibt. Während der ganzen Kopfdreherei (ca. 1 Minute) blinzeln die Augen rasch, wie wenn man in flackerndes Disco-Licht schauen würde. Auf ein Zeichen des Leiters hin wird die Bewegung gestoppt, man hebt die Arme und atmet tief ein und lässt sich dann auf der Stelle, an der man steht, mit lauter Stimme senkrecht zu Boden auf den Bauch fallen, wie wenn ein Kartenhaus einstürzt, d.h. man gibt soviel Kontrolle wie möglich über seinen Körper dabei auf. Zur Vorsicht sollte man auf einer Gummimatte oder rutschfesten Stoffunterlage stehen. Es ist noch nie vorgekommen, dass sich jemand beim Fallen verletzt hat. In Bauchlage ruht man 1 Minute aus, steht dann wieder auf und wiederholt erneut die Übung. Das ganze wird dreimal durchgegangen.[228]

2. *Vorschlag:* Dies ist eine Sufi-Atmungsübung. Dabei steht die Gruppe im Kreis in ausreichendem Abstand zum Nachbarn. Wenn der Kopf zur Seite Richtung Schulter fällt - der Oberkörper und die Arme können dabei mitgehen - atmet man durch den Mund aus. Wenn man den Kopf herüberführt, atmet man stakkato dreimal kurz durch die Nase ein. Ein- wie Ausatmen werden mit einem dunklen Ton begleitet.

Sufiatmung-System

Akzent/ Rhythmus:	———´———	∪ ∪ ∪	———´———
Atmung:	Mund aus	Nase ein-ein-ein	Mund aus
Kopfbewegung:	Kopf nach linker Schulter	Kopf zur rechten bzw. linken Seite führen	Kopf nach rechter Schulter

Die Gruppe sollte die Kopf/Oberkörper-Drehungen bei mittlerer Geschwindigkeit synchronisieren und einen guten Stand behalten. Die Augen können geschlossen bleiben. Normalerweise reichen für unsere Zwecke 8 bis 10 Minuten für diese Übung. Manchmal gerät die Gruppe in Trance. Die Übung klingt langsamer werdend aus. Niemals plötzlich abbrechen! Danach stehen alle still und legen die Handflächen vor dem 3. Auge aneinander. Manchmal öffnet sich durch diesen Tanz das 3. Auge spontan und man sieht Farben oder das sich drehende Lichtrad vor der Stirn.

Wir kehren zurück zu dem nun anstehenden Therapieschritt, das zornige, ungeduldige, herrschsüchtige und kontrollierende Selbst aufzulösen. Dazu führen wir die folgende Visualisierungsmeditation durch.

Transformation des kontrollierend-aggressiven Selbst in das wahrhaft mächtige Selbst

Die Visualisierungsmeditation kann man im Sitzen oder im Liegen machen. Es empfiehlt sich, ein flaches Kissen unter den Solarplexus zu legen und die Kniekehlen abzupolstern, wenn man liegt. Die Kehle sollte nicht gepresst, sondern frei liegen.
Musik-CDs: "Within the Light" oder Dugal/Rowland: "Symphony of Light" (außer Nr. 5) oder Terry Oldfield: "Angel".

Die ersten 11 Schritte gleichen denen der Meditation auf das Höhere Selbst (Abschnit 2.b):

- Nimm eine bequeme Sitzposition ein...
  Entspanne dich vollkommen...

- Visualisiere unter deinen Füßen einen Ball aus strahlend weißem Licht und lasse das Licht durch deinen Körper allmählich aufsteigen, bis du ganz davon erfüllt und umgeben bist........

- Erschaffe vor dir mit deinen Lichthänden eine große kreisrunde Scheibe aus weißem Licht und errichte darauf einen Kegel aus weißem Licht. Lass den Lichtkegel dreimal höher als dein Körper sein und die Scheibe die doppelte Körperlänge im Durchmesser......

- Sieh nach rechts und lass blaue Lichtflammen vom Boden her in der rechten Kegelseite nach oben aufsteigen...... Dies ist das Licht des Erzengels Michael, der die Gesundheit unseres Körpers erhält...... Lass das blaue Licht sich zu dir hin ausdehnen und atme es ein.........

- Dann wende dich der linken Kegelseite zu...... Dort siehst du smaragdgrüne Flammen aufsteigen bis zur Spitze des Kegels...... Dies ist das Licht des Erzengels Raphael, der dir klares Denken und Entscheiden bringt und geistige Verwirrungen klärt.........

- Lass das Licht sich zu dir hin ausbreiten und atme es ein......

- Wende deine Aufmerksamkeit nun der Rückseite des Kegels zu...... Dort spürst du, wie kristallweiße Lichtflammen aufsteigen, bis sie die ganze rückwärtige Kegelseite ausfüllen........ Dies ist das Licht von Erzengel Gabriel, der dir bei der Klärung und Reinigung deiner Gefühle hilft.........

- Lass das weiße Licht sich ausdehnen über deinen Rücken hinaus und atme es ein......

- Nun sieh, wie sich um dich herum eine Lichtsäule aus rubinrotem Licht bildet, die zur Höhe hin goldfarben wird........... Dies ist das Licht von Erzengel Uriel, der alle deine Körper (den physischen, den ätherischen, den emotionalen und den mentalen) in Harmonie und Balance bringt.........

- Dann gehe durch den Lichtkegel nach vorn und betritt einen wunderschönen Garten.........

- Suche dir einen Ort, wo du dich entspannt niederlassen kannst..... *(bis hier wie Meditation auf das Höhere Selbst)*

- Lass im Garten den goldgelben Strahl vom Tempel deines Solar-Plexus-Chakras herabkommen und dich von ihm einhüllen......

- Sieh nun, wie du deinen physischen Körper verlässt und mit deinem Lichtkörper in dieser Säule nach oben steigst...... höher und immer höher...... und weiter und höher... und fühle, wie du leichter und leichter...... und freier und freier wirst...... und höher und leichter...
- bis du zu der Pforte zum Garten des Friedens, dem Garten deines Solar-plexus-Chakras kommst......
- Auf der Pforte siehst du das Symbol der weißen Taube..... wenn du es berührst, öffnet sich die Tür und du betrittst diesen Garten......
- Siehe, wie alles hier, die Blumen, die Tiere, das Licht absoluten Frieden und Harmonie ausstrahlen......
- Auf dem Weg durch den Garten kommen dein Schutzengel zur Rechten und dein Führungsengel zur Linken zu dir und begleiten dich hin zu dem Lichttempel deines Solarplexus-Zentrums......
- Jetzt betrittst du mit ihnen diesen Tempel...... Dort vor dem Altar steht ein großer Spiegel, den zwei Engel halten......
- Sieh in den leeren Spiegel und bitte deine Begleiter darum, dass sie dir beistehen......
- Dann siehst du, wie aus dem Hintergrund des Spiegels allmählich dein kontrollierendes, ärgerliches und aggressives Selbst hervortritt.........
- Lass es deutlicher und deutlicher werden und spüre den Schutz der Engel zu deinen Seiten, die dir helfen, dieses Elemental anzuschauen...
- Setze ihm zwei Augen ein, die dich anschauen...... Was will es von dir?...
- Du kennst es sehr wohl....... Erinnere dich, wie oft und wann du auf seine Absichten gehört hast........

- Was hast du dadurch gelernt?......
- Prüfe nun aber auch, welchen Preis du dafür bezahlt hast und wie du dich dadurch unglücklich gemacht hast und auch andere.........
- Sag der Gestalt im Spiegel: Du bist nicht ich. Bitte lass mich in Frieden. Ich kann dir die Liebe und Achtung nicht geben, die du brauchst, um zufrieden zu sein...... Ich bin gekommen, um mein wahres Selbst ans Licht zu holen, und ich lasse dich zu den himmlischen Wesen gehen, die dir die Liebe geben, die du brauchst, um erlöst zu sein......
- Bist du bereit, dieses Elemental loszulassen, so sage laut: Ja, ich bin bereit!......
- Bitte die anwesenden himmlischen Wesen, mit dir gemeinsam einen goldenen Lichtstrahl herabkommen zu lassen, der sich um die Gestalt im Spiegel legt und sie mit nach oben wegnimmt, bis sie ganz deinen Blicken entschwunden ist...... (längere Pause, ca 2 min.)...

(Wenn die Gestalt nicht weichen will, sieh, wie dir von rechts Erzengel Michael ein blaues Lichtschwert reicht. Nimm es und durchschneide mit drei klaren Hieben die Bänder über deinem Solarplexus Chakra. Du kannst dabei die Hand zu einem Schwert formen und mehrmals über deinem Chakra am Oberbauch einen Schwertschlag simulieren und dabei "Ah" rufen.)

- Sieh, wie ein klarer goldorangener Lichtstrahl, das Licht göttlicher Macht und Liebe, herunterscheint auf den Altar vor dir und was sich dir in ihm zeigt......
- Lass dieses Geschenk mit dem Licht in dein Solarplexus-Chakra sinken......
- Nimm diese Kraft in dich auf und lass sie hochsteigen zum Herzen, durch die Kehle bis zum 3. Auge......
- und während sie dort austritt, singe den Ton "OM".........

- Und erkenne deine Wahrheit jetzt, jetzt... jetzt.........
- und sprich sie so laut aus, dass sich dein Kehlezentrum dabei öffnet und du dich hörst............
- Lass dir Zeit, durch den Garten, die Lichtsäule hinab in den Lichtkegel zurückzukommen.........
- Spüre noch einmal die Kraft der Erzengel im Lichtkegel und komme allmählich ins Hier und Jetzt zurück.......
- Atme mehrmals tief, bewege deine Fingerspitzen und Zehen und sei ganz hier......

Nach der Meditation bitten wir die Teilnehmer, die sich zuvor als Aggressor gegenüberstanden, sich die Hände zu reichen, sich anzuschauen und sich gegenseitig die Worte oder Erkenntnisse der Wahrheit zu sagen. Begleitende Musik: Divertimenti von Mozart.

Anmerkungen zur Meditation:

Man weiß nie, welche Lichtformen oder Symbole oder Gestalten den Teilnehmern nach der Transformation erscheinen. Manchmal sind sie so unerwartet und für den konventionellen Verstand unwahrscheinlich, dass davon später wie beiläufig gesprochen wird. Deshalb ist eine große Austauschrunde hinterher sinnvoll, in der jeder den Raum bekommt zu berichten, was er erlebt hat. Manche Teilnehmer bleiben in der Meditation irgendwo "hängen" und sind hinterher frustriert. Auch das sollte mitgeteilt werden. Der Therapeut sollte das für den einzelnen Wertvolle herausarbeiten, anstatt negative Beurteilungen zuzulassen. Bei solchen komplexen Meditationen kann man nicht alle Schritte auf einmal gehen.
(Weitere Meditationen zur Transformation von Ärger/Aggression und Problemen unter Anm. 229)

2.i - Angst - Ursachen und Wirkungen des ängstlichen Selbst

Das nächste Grundgefühl, das uns bei der Wahrnehmung des freien Selbst behindert, ist die Angst: Angst vor Veränderung, Angst vor dem Neuen, Angst vor dem Fremden usw. Angst ist ein weit verbreitetetes Gefühl[230] - sinnigerweise besonders in Deutschland und verständlich aus historischer Perspektive. Es ist hier aber nicht der Ort, auf soziologische, politische und psychologische Untersuchungen zu diesem Thema einzugehen, sondern wir wollen die tiefere (oder je nach Sichtweise: höhere) Bedeutung der Angst und was sie für das Selbstwertgefühl bedeutet kurz ansprechen.

Die meisten mit Angst verknüpften inneren Bilder entstehen in der frühen Kindheit mit der Entwicklung des Selbstgefühls auf der präverbalen, interaffektiven Ebene. Wir sind auf die Vorgänge in dieser Zeit in Kapitel II/4 eingegangen. Aus psychospiritueller Sicht ist das Selbstgefühl mit der Entfaltung des 2. Chakras verbunden. Dieses reguliert, wenn ungetrübt von Beziehungsstörungen, das lustvolle Erleben des Austauschs zwischen Mutter und Kind (und später zwischen Geliebtem, Geliebter) auf allen Ebenen des Fühlens - sensuell, oral, emotional, sexuell. Lachen, Urvertrauen, Lebensmut, Zufriedenheit/Sättigung aufgrund erfüllter Bedürfnisse und selbsterfüllendes Allein- Sein- Können in Gegenwart eines/ einer Anderen, Bejahung von Bedürfnissen - dies alles wird ein gesundes zweites Zentrum den Menschen erfahren lassen.

Das Grundgefühl, wenn dieses Austauschverhältnis durch wiederholte Unterbrechungen, Unzuverlässigkeiten oder unabgeschlossene Zyklen verletzt wird, ist Angst - Angst in unterschiedlichen Schweregraden, von panischer und paranoider Angst bis zu latentem Misstrauen allem und jedem gegenüber. Es ist eine Angst, die bestehen bleibt, auch wenn es keinen aktuellen Anlass gibt, wie z.B. bei unmittelbarer Lebensbedrohung. Mit dieser Angst verknüpfen sich nun negative Selbstkonzepte, die dem Menschen just das bescheren, wovor er am meisten Angst hat. Solche negativen

Elementale heißen z.B.:
- Ich bin schwach und habe Angst, allein zu sein.
- Ich kann niemandem trauen.
- Ich darf nicht lieben, sonst werde ich verletzt (z.B. durch Verlassenwerden).
- Ich weiß nicht, ob ich lieben oder haben kann, was ich möchte.
- Ich darf meine Bedürfnisse nicht haben und ausdrücken, sonst werde ich verletzt.

Man kann alle diese Aussagen oder ähnliche zusammenfassen in dem Satz: "Ich bin durch andere verletzbar."

Diese negativen Elementale treten immer in intimen Beziehungen auf; denn dort begegnet man sich auf der Ebene des zweiten Chakras besonders intensiv, so dass auch alle aus der Kindheit mitgetragenen Ängste und Zweifel virulent werden. Und weil die intime Zweierbeziehung so elementar ist, sind auch die Ängste vor dem Verlassenwerden so elementar, so dass Paare auch dann noch zusammenbleiben, obwohl sie sich in der emotionalen und spirituellen Reifung behindern und ihr Potential, sich emotional frei auszudrücken, unterdrücken. Es gibt inzwischen viele psychotherapeutische Schulen, die Paaren helfen können; eine der bekanntesten ist das Zwiegespräch nach Michael Lukas MOELLER [231]; es führt eigenartigerweise zur Vertiefung der Liebe - offenbar ist der verbale Austausch von Partnern, wenn sie kommunizieren, was in ihnen vorgeht, das Tor zur Öffnung des 2. Zentrums (und aller andern in Folge, besonders des Kehle-Zentrums, das ja die Gefühle ausdrückt und sich auch dadurch öffnet, dass es dem anderen zuhört). Außerdem ist dieser Austausch eine Überwindung infantiler Verhaltensmuster, die meistens sprachlos sind.

Wir wählen in diesem Kurs den Reinigungsweg für das 2. Chakra und öffnen dadurch den Teilnehmern den freien und lichten Raum für den bewusst wahrgenommenen Geisteszustand des Lebensmutes, des Vertrauens in die Schöpfung. Wir denken, dass mit jedem Reinigungsschritt neue, bisher ungeklärte und unbewusste psychische Muster als Licht treten werden; wir wissen aber auch, dass dies den Wert der zuvor getanen Schritte nicht mindert, sondern adelt; denn indem wir den Weg der Wahrheit gehen, adeln wir alles was wir tun, auch die sogenannten Fehler.

Um sich der Angst auszusetzen, die uns am Vertrauen hindert, schlagen wir folgende Übung vor:

- Man sucht sich in der Gruppe einen Partner, der ähnlich stark ist. Partner A steht mit dem Rücken zu Partner B in einem Abstand von einer halben bis dreiviertel Körperlänge von A. Partner A lässt sich nun mit weichen, etwas eingeknickten Knien nach hinten fallen. Partner B muss A so auffangen, dass er seine Arme unter die Achseln von A führen kann. Wenn A dann gegen den Oberkörper von B fällt, tut B einen Schritt zurück, so dass er A bequem an seinem Körper entlang zu Boden rutschen lassen kann. Diese Fallübung kann man dreimal wiederholen, um sich immer vertrauensvoller fallen zu lassen. Wenn A am Boden liegt, setzt sich B neben ihn, legt eine Hand auf das 2. Chakra von A und die andere Hand unter seinen Hals. So bleibt man einige Minuten, ehe man die Hände fortnimmt und sich über die Übung austauscht (ca. 15 Minuten). Danach wiederholt man die ganze Übung mit gewechselten Rollen. Auch hier schließt ein 15minütiger Austausch die Übung ab.
- Danach legen sich alle Teilnehmer sternförmig in den Kreis, so dass die Füße in die Mitte zeigen.

Der nächste Schritt soll die Teilnehmer in einen tieferen persönlichen Kontakt mit ihrer Grundangst bringen. Dafür lassen wir *die Erinnerung in die frühe Vergangenheit* zurückgehen und geben folgende Anleitungen (Musik im Hintergrund: Lex van Someren: "Music for Meditation", CD):

- Richte deine Aufmerksamkeit auf das zweite Chakra...

- Atme dorthin...
- Rufe deinen Schutzengel und deinen spirituellen Begleiter oder deinen Führungsengel herbei, nimm den Schutzengel zu deiner Rechten, den anderen zu deiner Linken...
- Geh im Geiste zurück in das Haus oder die Wohnung, in der du als ganz kleines Kind (die ersten 3 Jahre) mit deinen Eltern gelebt hast...
- Geh durch die Wohnung und lass dich von deinem Unbewussten in den Raum führen, wo du Angst ausgestanden hast...
- Spüre deine Begleiter und frage dich, zu welchen Überzeugungen/Gedanken du aufgrund dieser Angst allmählich gekommen bist.........
- Verlasse nun die Wohnung/das Haus und gehe dorthin, wo du gelebt hast, als du etwa 5 bis 6 Jahre alt warst...
- Lass dich von deinem Unbewussten an einen Ort führen, an dem du damals Angst hattest...
- Frage dich, welche Gedanken und Überzeugungen dir allmählich kamen aufgrund dieser Angsterfahrung...
- Nun gehe noch weiter vorwärts in deinem Leben bis zu einem Alter von 8 oder 9 Jahren...
- Lasse dich erneut an einen Ort oder zu einem Geschehen führen, an dem du große Angst erlebt hast...
- Prüfe auch hier, welche Gedanken oder Schlüsse du damals aus dieser Erfahrung gezogen hast...
- Gehe nun weiter in deinem Leben bis in deine Pubertät...
- Welche Angsterfahrungen sind dir aus dieser Zeit in Erinnerung?...
- Wie haben diese damals dein Denken geprägt?.......
- Hole nun alle vier Erfahrungen der Angst wie Dias vor dein

geistiges Auge und platziere sie vor dir von links nach rechts, so dass du sie alle gleichzeitig vor dir hast...

- Vergleiche sie jetzt...
- Spüre jetzt, was sie gemeinsam haben...
- Lege dir nun Rechenschaft darüber ab, welche negative Kernüberzeugung, welches negative Elemental du aufgrund der wiederholten Angsterfahrungen entwickelt hast......
- Prüfe nun, welche Fähigkeiten des Überlebens (skills) du daraus entwickelt hast......
- Prüfe nun, was dabei auf der Strecke blieb, welche Qualitäten deines wahren Selbst dabei geopfert wurden......
- Bist du heute bereit, dieses ängstliche und zweifelnde Selbst loszulassen, um mutig dein wahres ans Licht zu lassen? So spreche laut zu dir: Ja, ich bin bereit.
- Wenn du aber nicht bereit bist, prüfe, inwiefern dir das ängstliche Selbst noch nutzen soll...

Danach beginnen wir mit der Visualisierungsmeditation zur Transformierung des ängstlichen Selbst.

Meditation zur Transformierung des angstlichen Selbst

Musik: Aeoliah: "Angels Music" (CD) oder "Dewa Che: Dechen Shak-Dagsay" (CD)

Die ersten 11 Schritte gleichen wieder denen der Meditation auf das Höhere Selbst (Abschnit 2.b):

- Nimm eine bequeme Sitzposition ein…
  Entspanne dich vollkommen...
- Visualisiere unter deinen Füßen einen Ball aus strahlend weißem Licht und lasse das Licht durch deinen Körper allmählich aufsteigen, bis du ganz davon erfüllt und umgeben bist........

- Erschaffe vor dir mit deinen Lichthänden eine große kreisrunde Scheibe aus weißem Licht und errichte darauf einen Kegel aus weißem Licht. Lass den Lichtkegel dreimal höher als dein Körper sein und die Scheibe die doppelte Körperlänge im Durchmesser......

- Sieh nach rechts und lass blaue Lichtflammen vom Boden her in der rechten Kegelseite nach oben aufsteigen...... Dies ist das Licht des Erzengels Michael, der die Gesundheit unseres Körpers erhält...... Lass das blaue Licht sich zu dir hin ausdehnen und atme es ein.........

- Dann wende dich der linken Kegelseite zu...... Dort siehst du smaragdgrüne Flammen aufsteigen bis zur Spitze des Kegels...... Dies ist das Licht des Erzengels Raphael, der dir klares Denken und Entscheiden bringt und geistige Verwirrungen klärt.........

- Lass das Licht sich zu dir hin ausbreiten und atme es ein......

- Wende deine Aufmerksamkeit nun der Rückseite des Kegels zu...... Dort spürst du, wie kristallweiße Lichtflammen aufsteigen, bis sie die ganze rückwärtige Kegelseite ausfüllen........ Dies ist das Licht von Erzengel Gabriel, der dir bei der Klärung und Reinigung deiner Gefühle hilft.........

- Lass das weiße Licht sich ausdehnen über deinen Rücken hinaus und atme es ein......

- Nun sieh, wie sich um dich herum eine Lichtsäule aus rubinrotem Licht bildet, die zur Höhe hin goldfarben wird........... Dies ist das Licht von Erzengel Uriel, der alle deine Körper (den physischen, den ätherischen, den emotionalen und den mentalen) in Harmonie und Balance bringt.........

- Dann gehe durch den Lichtkegel nach vorn und betritt einen wunderschönen Garten.........

- Suche dir einen Ort, wo du dich entspannt niederlassen kannst..... *(bis hier wie Meditation auf das Höhere Selbst)*
- Sieh, wie aus dem Raum uber dir ein orangen-goldener Lichtstrahl herabkommt zu deinem 2. Chakra und dich einhüllt......
- Verlasse deinen Körper und steige hinauf zur Pforte vor dem Garten des Tempels deines 2. Chakras......
- Auf der Tür siehst du einen sechszackigen Stern mit einem Kreuz in seiner Mitte...... Wenn du das Kreuz berührst, öffnet sich das Tor und du betrittst den Garten des Lebens, der dich zum Lichttempel des 2. Chakras in der Ferne führt......
- Sieh, wie dein Schutzengel auf deiner rechten Seite und dein Führungsengel auf deiner linken Seite zu dir treten......
- Zusammen betretet ihr die heilige Halle, die angefüllt ist von Licht des Heiligen Geistes......
- Zwei große Engel stellen einen großen Spiegel vor dich......
- Und in ihm erscheint deutlicher und deutlicher werdend das dich verletzende negative Elemental des ängstlichen Selbst......
- Betrachte es mutig und genau und lass es klarer und klarer werden......
- Was will es von dir?......
- Setze ihm zwei Augen ein, falls du eine Antwort brauchst...
- Was hast du in deinem Leben von diesem Elemental gelernt?......
- Danke ihm dafür...
- Schau jetzt an, was aber der Preis dafür war, wie du dich dadurch unglücklich gemacht hast und auch andere in das Unglück hineingezogen hast......
- Möchtest du nun das wahre, mutige, vertrauende Selbst ans Licht bringen? Dann sprich: Ja, ich will dich loslassen......

- Sage nun dem Elemental im Spiegel: Du bist nicht ich. Ich kann dir die Liebe nicht geben, die du brauchst, um erlöst zu sein. Ich lasse dich zu den himmlischen Wesen gehen, die dir diese Liebe vollkommen geben können...
- Lass Mutter Maria in einem türkisfarbenen Lichtkleid herankommen und sieh, wie sie mit diesem Licht die Gestalt im Spiegel nach oben wegführt, bis der Spiegel vollkommen leer ist... und sich ebenfalls auflöst...
- Und dann sieh, wie sich der Raum um den Altar mit dem strahlend türkisfarbenen Licht füllt und sieh, was für dich als Geschenk dort erscheint.........
- Nimm dieses Geschenk zusammen mit dem türkisfarbenen Licht in dein 2. Zentrum...
- Lass es im Körper hochsteigen zur Kehle und begleite das Licht mit dem gesungenen Ton "Huuu"......
- Sprich die Worte: Ich vertraue allen anderen Kindern Gottes......
- Sprich leise aus, wie du dich jetzt fühlst......
- Langsam kehre mit dem Geschenk der Fülle aus dem Tempel, durch den Garten und die Pforte zurück...
- Danke deinen Begleitern für ihre Unterstützung......
- Bevor du zur Erde zurückkehrst, visualisiere vor dir die Menschen, mit denen du diese Erfahrung austauschen und weitergeben möchtest......
- Kehre in dem goldorangenen Lichtstrahl zurück in deinen Körper und gehe zurück in den Lichtkegel......
- Fühle noch einmal die Kräfte der Erzengel dort und kehre allmählich ins Hier und Jetzt zurück.........

Wir bitten nach einer Ruhezeit alle Teilnehmer aufzustehen und sich mit jedem in der Gruppe etwas in Form einer Geste zu schenken, ohne dabei zu sprechen.

Damit beenden wir die Arbeit zur Transformation der Angst.

Später im Verlauf des Gruppenprozesses kann man den Teilnehmern Raum geben, ihre Erfahrungen mitzuteilen.

2.j - Scham

Mit der Entstehung der Schamgefühle haben wir uns in Kapitel II/ 4.e. befasst. Scham spielt eine ganz entscheidende Rolle bei der Entfernung des Menschen von seinem authentischen, wahren Selbst, weil er durch die Vermeidung von Scham, d.h. der Angst vor Beschämung dazu verleitet wird, sich ein ideales Selbst aufzubauen, das aus den realen und vermuteten Anforderungen von Seiten der Eltern und anderen Peer-Persönlichkeiten gebildet wird, denen man gerecht zu werden bestrebt ist, um auch als “Objekt” geliebt zu werden. Das Tragische an diesem Vorgang ist nun, dass ein zu hohes Ideal-Selbst eher anfällig für Beschämung ist, als ein mittelstarkes; denn ein zu hohes Ideal-Selbst überfordert die tatsächlichen Fähigkeiten des Menschen, so dass er häufig versagen muss. Hilfreich ist da das Real-Selbst, das selbstkritisch (aber nicht selbstverurteilend) einschatzen kann, was einem Menschen möglich ist und was nicht, so dass es vor Schaden und Selbst-Beschämung schutzt.

Andererseits verfügt das Selbst über keinen Schutz und keine Orientierung in der Welt der Objektbeziehungen, wenn es sich nur auf die Wahrnehmungen des subjektiven Selbst verlassen kann. Auf eine Balance zwischen beiden Selbsten in der Beziehung kommt es an, dem subjektiven und dem idealen; das wäre das wahre, ideale Selbst, das beide Seinsweisen verbinden kann, so dass im Schmerz der Scham die tragende Liebe der primären Beziehung weiterleuchten kann. Dann wäre man frei, das falsche Selbst in seiner vorübergehenden Nützlichkeit gelten zu lassen. Das aber kann man nur, wenn man sich getragen und geborgen fühlt von einer objektiven Ursprungsliebe, die auch in ihrem entfremdeten Kind, der Objektverehrung, Liebe spüren ließe.

Wenn wir die Teilnehmer der Scham-Erfahrung aussetzen, dann ist das nur gerechtfertigt aus der Sehnsucht, den unzerstörbaren, nie schamanfälligen Kern zu erfahren, der liebenswert - der Liebe würdig - bleibt, obwohl man sich von sich selbst so entfremdet hat, dass man sich unwürdig fühlt, geliebt zu werden. In der Tat ist das Gefühl, der Liebe nicht wert zu sein (Unwertgefühl), die tiefste Kränkung des Selbstwertgefühls. Alle Menschen mit psychotischen Episoden und frühen Traumatisierungen sind mit diesem negativen Elemental identifiziert. Und je nachdem wie tief die Kränkungen zurückreichen, reagieren die Menschen auf die folgende Szene unterschiedlich heftig.

Auf der Bühne des Lebens gesehen werden

Alle Teilnehmer setzen sich in einen Halbkreis. Davor wird eine Fläche des Raumes von allen Gegenständen geräumt, so dass sie wie eine leere Bühne aussieht. Jeder Teilnehmer wird gebeten, sich von links her auf diese Bühne zu begeben und sich 1,5 Minuten von den anderen im Stehen ansehen zu lassen. Dabei darf nicht gesprochen werden. Der Teilnehmer auf der Bühne nimmt wahr, wie es ihm dabei geht, was er spürt, was er tut, was er denkt usw. Danach tritt er nach rechts ab. Dann folgt der Nächste usf.

Nach diesem Durchgang nehmen wir uns Zeit für den Erfahrungsaustausch. Die Frage an alle lautet: Wie sieht dein falsches Selbst aus, das du aufgebaut hast, um der Scham zu entgehen?

Aus der Fülle der Antworten werden hier einige wiederkehrende genannt:

- Ich habe versucht zu lächeln, um vor den anderen zu bestehen.
- Ich habe enorm geschwitzt, weil es anstrengend war, meine Unsicherheit zu verbergen.
- Ich habe gesehen, dass einige lächelten, und daran habe ich mich gehalten. Die anderen habe ich nicht gesehen.

- Ich habe meinerseits die anderen als Objekte angeschaut.
- Hoffentlich ist es schnell vorbei, dachte ich, und wollte mich am liebsten verkriechen.
- Ich habe um mich herum eine Art Mauer gebildet, damit mich die abschätzigen Blicke nicht verletzen.
- Mir hat das Ganze nichts ausgemacht.

Man erfährt hier viele Arten, die Peinlichkeit des Sich-Schämens, zu kompensieren. Vielfach kommen unangenehme Erinnerungen hoch, in denen man gerade von den Menschen, die einem viel bedeuteten, sich als Objekt betrachtet fühlte und nicht als Subjekt. Besonders Frauen habe damit Erfahrung, dass sie von Männern als Objekte abgeschätzt werden, ob sie noch attraktiv sind, und die kränkenden Beschämungen gehen hier umso tiefer, je mehr das kleine Mädchen in der Frau ein sehr unsicheres Selbstgefühl aus ihrer Herkunftsfamilie mitbringt. Dieses leicht verletzbare Selbstwertgefühl entsteht, wie in Kapitel I/4. schon diskutiert wurde, wenn die primäre intersubjektive Beziehung zwischen Kind und Eltern zu früh mit objektiven Anforderungen überfordert wurde. Für das Mädchen geht dieser Objekt-Anspruch oder objektivierende Blick meistens vom Vater aus und stellt eine Verletzung der unschuldigen, dem wahren Selbst entstammenden Liebe des Kindes dar. Wenn diese primare Liebe stets entwertet wird, bildet sich das negative Elemental des ungeliebten oder der Liebe unwürdigen Selbst aus, das mit Schamgefühlen einhergeht, sobald man sich verliebt. Eine der am weitesten verbreiteten Formen, dieses libidinöse Defizit zu kompensieren, ist die Verlegung der Interessen auf materiellen Besitz und Gewinn. Das geht so weit, dass Partner in Zweierbeziehungen sich einander anderen gegenüber als stolzer "Besitzer" des anderen vorführen. Die Entstehung von Ersatzbefriedigungen durch materielle Statussymbole, um Scham zu kompensieren, ist kritisch von Herbert Marcuse und von Dieter Duhm [232] untersucht worden.

Die männliche Form des kompensierten unwürdigen, ungeliebten Selbst ist so vertraut, dass man das psychische Elend dahinter erst wahrnimmt, wenn man eine Lebenskrise, z.B. in der Beziehung durchlebt. Sozialer Ruhm, Machtpositionen, materieller Wohlstand können dann nicht mehr darüber hinwegtäuschen, wie emotional arm, depriviert und einsam man lebt. Auch hier ist der Hintergrund, dass ein Kind, ein kleiner Junge, nicht um seiner selbst willen geliebt wurde, sondern als Projektionsfläche für die Größenphantasien seiner Eltern herhalten musste, so dass er um seine Sehnsucht nach primärer Liebe betrogen wurde. Wie wir schon in früheren Kapiteln dieser Arbeit zeigten, versucht das Kind nun auf dem Umweg mit der Perfektionierung des falschen Selbst, doch noch die liebende Anerkennung von Herz zu Herz zu erlangen. Einer der besten Filme, der diesen psychologischen Prozess der Selbstentfremdung zeigt, ist "Citizen Kane" von Orson Welles.

Die Begegnung mit dem wahren Selbst, ohne sich zu schämen, wenn man es erkennt und der Öffentlichkeit zeigt, gehört zu den elementarsten Schritten, die in der Therapie gegangen werden müssen, wenn das Selbstwertgefühl eine stabile Grundlage haben soll. Die Botschaften des wahren Selbst sind:

- ICH BIN geborgen in Gott.
- Ich vertraue der Schöpfung.
- Ich bin wertvoll als ein Kind Gottes.
- Ich vertraue dem Leben.
- Ich lebe gern in meinem Körper.
- Ich lebe gern auf der Erde.

Im Kapitel III haben wir die Aussagen der Mystiker und Meditationsmeister über das wahre Selbst besprochen. Es ist ohne Zweifel so, dass wir im Grunde oder im Kern (Core) wissen, dass wir liebenswerte, liebende Kinder Gottes (oder Allahs oder der Absoluten Seinsheit oder des Ewigen Lichts sind) und dass wir uns gesund, voller Freude, liebend, leicht und mitfühlend, das Leben positiv bejahend erfahren, wenn wir mit diesem innersten "göttlichen Funken" (Meister Eckart) in Verbindung sind. Und wir wissen auch, dass alles Heimweh eigentlich Heimweh nach diesem inneren Paradies ist, aus dem wir kommen. Nie ist die Hinführung an diese wunderbare Dimension unserer Existenz so herausgefordert, um einen Menschen zu heilen, wie wenn er sein Leben durch die Identifikation mit dem "unwürdigen Selbst" erschwert. Denn die Verletzungen gehen hier an die Wurzel seines Daseins: sexueller Missbrauch, Vergewaltigungen, Lebensbedrohungen aller Art in frühester Kindheit (man denke nur, als ein Beispiel, an die Kinder in den verwahrlosten Kinderheimen im Rumänien Ceaucescus), auch durch Verlassenwerden, Entwertungen durch angeborene körperliche Makel etc. So ist es sinnig, dass das 1. Energiezentrum an der Basis der Wirbelsäule "Wurzelchakra" heißt. Mit Schamgefühlen verbundene Selbst-Konzepte, der Liebe unwürdig zu sein und seine Existenz vor der Welt zu verstecken (häufig Selbstmord-Phantasien), haben hier ihren Sitz und verzehren einen erheblichen Anteil des Lebensenergievorrats. Dann besteht die Hauptarbeit darin, einen sicheren Ort zu finden, wo man wenigstens einigermaßen überleben kann und wo man das Leben nimmt, das einem die Eltern geschenkt haben. Dann muss man stets an der Basis sein, um sich zu vergewissern: Mich gibt es, und ich habe ein natürliches (göttliches Recht) zu existieren. Das heißt oft auch: Ich darf mit Seele und Geist in meinem Körper sein und bejahe meine Inkarnation. Aber eine wirkliche Befreiung geschieht erst, wenn man sieht, dass man als Kind der Schöpfung alles ist.

Eine Heilung des beschämten und vergessenen Selbst

Deshalb bitten wir alle Teilnehmer, ans Licht das herauf zu holen, dessen sie sich am meisten schämen. Dazu begeben wir uns so tief in unser Unbewusstes, wie wir nur können:
Musik: Messiaen: "Quatuor pour la fin du temps", Nr. 5 und Nr. 8, danach: Hildegard v. Bingen: "Hymnen" oder Tomas Luis de Victoria: "Tenebrae responsories", 1585.

- Lege dich auf den Boden und öffne deine Beine, so dass das Wurzelchakra freiliegt...

- Betritt dein Elternhaus oder die elterliche Wohnung, wo du als kleines Kind lebtest...
- Dort, im Flur, ist eine Tür, die du bisher noch nie gesehen hast... Öffne die Tür...
- Dahinter führt eine Treppe in die Tiefe... und beginne den Abstieg...... Du weißt, ganz tief da unten ist etwas, das will ans Licht... Es ist dunkel, aber du fühlst das Geländer an der Seite... und Schritt für Schritt, Stufe für Stufe steigst du tiefer und tiefer... tiefer und tiefer...... (längere Pause)... und dann in diesem Dunkel kommst du unten an...... Du tastest durch den Raum... und dann fühlen deine Hände das, was da unten so lange auf dich gewartet hat und mithinauf will ans Licht, seit langem schon wartet dieser Teil von dir dort...... Und nun nimmst du ihn an dich und allmählich steigst du zurück...... (längere Pause)...
- Und dann kommst du zurück in den Flur und gehst durch ihn hindurch und hinaus ins Freie, in die Sonne... und nun siehe, was sich da in deinen Händen, in deinen Armen wiederfindet... Was ist dieser vergessene Teil von dir?......
- Und nun siehst du das helle Licht deines Schutzengels neben dir...... und vor dir erscheint Christus im Licht und seine Lichthände berühren diesen vergessenen Teil von dir mit seiner Liebe, und du siehst und erkennst, was die Wahrheit ist, die sich hier zeigen will...... Nimm sie zu dir mit Freude und Dankbarkeit......

Wir überlassen es jedem, zu der nun folgenden Musik zu tanzen: Anette Cantor: “Adoro Te”, Nr. 1; CD mit Deva Premal: nur die rhythmischen Stücke.

Wir beschließen diesen Schritt, indem wir im Kreis stehen mit breit gegrätschten Beinen, tief eingeknickten Knien. Dann beginnen wir so zu springen, dass wir nur die Beine hochreißen und sie mit flachen Füßen wieder auf den Boden aufstampfen lassen, wobei wir laut ausrufen: "Ich bin, ich bin!" Wer möchte, kann hinzufügen, wie er im Moment ist. Oft macht diese Übung soviel Freude, dass man eine große Begeisterung spürt zu tanzen. Trommelmusik, anspruchsvolle Rockmusik etc. eignen sich hierzu.

3. Dritter Schritt: *Kontakt mit dem Innersten und freier Wille*

3.a - Bedingungen für den Ausdruck des wahren Selbst: Der offene Beziehungsraum

In Kapitel II/4 haben wir uns eingehender mit den Phasen in der Mutter-Säugling-Interaktion befasst, die Spielraum oder einen offenen Beziehungsraum geben, damit das kleine Kind den authentischen Impuls erleben und ihm vertrauen kann. Wir haben auch die Bedingungen angesprochen, die für das Erleben von Authentizität gegeben sein müssen. Diese Bedingungen in der Gruppentherapie erneut zu realisieren, wird das Thema des 3. Kursabschnitts sein.

Als erwachsene Persönlichkeiten sind wir zu einer komplexen Struktur von miteinander vernetzten Bildern, RIGs, Konzepten, Haltungen, Scripts usw. geworden, die unser Fühlen, Denken, Imaginieren, Wollen und unsere Körperstruktur gestalten. Diese Makrostruktur ist selber in Veränderung, weil wir leben; sie ist eine Fließstruktur mit der Fähigkeit zur Selbstorganisation und Selbsttranszendenz[233]. Im Unterschied zum Säugling dürfte es uns daher schwerer fallen, einen solchen offenen Beziehungsspielraum zwischen zwei sich liebenden Menschen zu ermöglichen. Wir müssen ihn erarbeiten mit den uns zur Verfügung stehenden Mitteln: Reflexion, Willen, Entscheiden, Wachbewusstsein und Bindungswillen.

In den vorangegangenen Kursabschnitten sind wir Schritt für Schritt daran gegangen, wenigstens die gröbsten psychospirituellen und physischen Teilstrukturen zu transformieren, die uns deshalb leiden machen, weil sie uns von unserem wahren Selbst trennen. Wir hoffen, dass sich dabei in uns statt Angst mehr Lebensmut und Offenheit, statt Aggression mehr Friedfertigkeit, statt Scham und Schuld mehr Sicherheit und Vertrauen und statt negativer, spaltender Kritik mehr versöhnendes und integrierendes Denken entwickeln konnten. Wir können diese Therapieschritte als Vorbereitung dafür ansehen, dass in der Gruppe Raum entsteht, damit die Teilnehmer authentische, nicht-manipulierte Ausdrucksimpulse erfahren können. Wenn Authentizität so erfahren wird, wie es SANDER, WINNICOTT und STERN beschrieben haben (vgl. Kapitel II/4), dann erfassen wir damit auch gleichzeitig das Phänomen Kreativität.

3.b - Der Kreativitätsprozess

Ehe wir uns der Umsetzung der "Offene-Raum-Szene" in der Gruppentherapie zuwenden, wollen wir hier die Phasen des Kreativitätsprozesses skizzieren; denn dadurch wird klarer, worauf wir beim Gruppenprozess zu achten haben. Die folgende Beschreibung wird nicht so neu erscheinen. Sie hat Ähnlichkeiten mit dem, was der tibetische Meditationsmeister CHÖGYAM TRUNGPA über die Entstehung des Egos gesagt hat (vgl. Kapitel III/2). Auch auf die Untersuchungen der Gestaltpsychologen Max WERTHEIMER und Fritz PERLS [234] und auf die moderne Chaosforschung [235] sei hier hingewiesen.

Die erste Hauptphase des Kreativitätsprozesses ist die Phase der Inspiration; die zweite Hauptphase ist die Phase der Formgebung.

Während der Phase der Inspiration befinden wir uns in einer Situation innerer Leere. Eine Vielzahl vager Ideen durchflutet uns; sie bewegen sich leicht, spielerisch und chaotisch; es gibt keine fixe Struktur, sondern freie Bewegung. In (oder zwischen?) den Ideen scheint sich aber eine mysteriöse Wirkkraft, ein Drang (oder eine "life-force"?) zu bewegen, die auf Formgebung hinzielt oder im Falle des menschlichen Subjekts: zum Selbstausdruck. Dieser Drang ist nicht bewusst gesteuert, sondern ist uns inhärent und ist zunächst intuitiv. Mystiker und holistische Wissenschaftler haben sich dem Ursprung und Wesen dieser Wirkkraft zugewandt. Das Problem, das dabei stets auftrat, war, dass die Wahrnehmung dieser Kraft nicht aus der Distanz erfolgen kann wie ein Objekt, weil man als Wahrnehmender mit dieser Kraft "verschwommen" ist. Sie ist die Essenz, das Leben selber und als solche nur transdualen, nicht-diskursiven Bewusstseinszuständen oder dem Metabewusstsein zugänglich. Darüber haben wir Näheres in dem Kapitel III geschrieben. Wir haben aber auch ausgeführt, dass der Säugling von Geburt an ein ganzheitlich wahrnehmendes Subjekt ist und ein Metabewusstsein hat, das, wie rudimentär entwickelt auch immer, phasengerecht und situationsgerecht arbeitet.

Beim Übergang zur Phase der Formgebung sind schon eine Menge unbewusster Vorentscheidungen gefallen, was Gestalt werden soll. Das richtet sich nach der emotionalen Bedeutung von Szenen (RIGs) und einer gewissen ersten frühen Entscheidungsfähigkeit. Diese ist bewusst aber nicht möglich ohne die Betrachtung eines Prozesses aus der Distanz, wie ihn BROUCEK[236] beschrieb und den wir ausführlicher in Kapitel II/4.e diskutiert haben. Was den fortschreitenden Drang zur Formgebung dann verstärkt, ist erstens das Bewusstsein von Sinnhaftigkeit. Wie wir aus STERNs Untersuchungen wissen, ist Sinn aber eine soziale Beziehungsgröße. Sinn macht etwas nur in Bezug zu jemand, der mich anerkennend und bestätigend spiegelt. Indem ich den anderen anschaue, erfahre ich durch diese Spiegelung: Es ist gut so wie es ist. Dieser Schöpfungsprozess im Mikrokosmos "Mensch" hat seine Entsprechung im Schöpfungsprozess Gottes. Im 1. Buch Moses, Vers 31 heißt es: "Und Gott sah an alles, was er gemacht hatte; und siehe da, es war sehr gut." Zweitens schreitet die Gestaltwerdung durch Neugier auf die weitere Entwicklung voran. Diese Neugier ist spielerisch und nimmt freudig am eigenen Schöpfungsprozess Anteil (was psychologisch als gesunder Narzissmus apostrophiert wird) - aber deswegen, weil es die Resonanz des anderen gibt. Andernfalls würde die Kreativität enden.

Während der zweiten Hauptphase der Formgebung wird man sich allmählich vieler Optionen auf den weiteren Gestaltwerdungsprozess bewusst. Man gerät in Bedrängnis, sich im weiteren Verlauf für *eine* Lösung zu entscheiden und dabei zugleich eine Vielzahl anderer zu lassen. Hier ist man vor die persönliche freie Wahl gestellt. Zum Dilemma wird diese Situation nur dann, wenn die freie Wahl nicht mit Freude getroffen wird, die die Angst vor dem Verlust der nicht gewählten Optionen gering halten könnte. Das Wählen als eine positive, sich real befriedigend anfühlende, auch körperlich als angenehm empfundene Qualität ist aber wieder abhängig von der positiven Anerkennung und Spiegelung durch den anwesenden Anderen (der natürlich auch eine innerpsychische Repräsentanz haben kann). Andernfalls wäre die Wahl Willkür und wesentlich zerstörerisch. Es handelt sich hier also um eine relative Wahlfreiheit in der Realität, denn das Wählen ist eine Beziehungsgröße.

Was nach getroffener Wahl erfolgt, ist die fortschreitende Ausgestaltung der gewählten Lösung, bis das Endprodukt erreicht ist. Diejenigen Optionen, die nicht gewählt wurden, sind aber nicht verloren, sondern sind im kollektiven Unbewussten aufgehoben und stehen für spätere Möglichkeiten zur Verfügung. Unter "Endprodukt" verstehen wir eine spezielle ausgeführte Handlung, z.B. die Bindung an einen Partner, die Produktion eines Kunstwerks oder eine soziale Tat.

Der Kreativitätsprozess ist ein sensibler Vorgang, der sehr störanfällig ist. Wie schon im Zusammenhang mit der Chaosforschung angesprochen, gehört die Instabilität eines lebenden Systems, während der stochastische Unordnung herrscht, zur Kreativität. Betrachten wir nun die möglichen Gefahren, die der Kreativität den Garaus machen können, und wenden wir uns zuerst den Störungen der Inspirationsphase zu.

a) Wenn die Formgebung zu früh erfolgt, z.B. weil Ungeduld und Angst der Bezugsperson das Kind während des Spielens in der Inspirationsphase stören, werden die Ideen unausgereift ohne persönliche Tiefe und Fülle sein. Die folgende Formgebung hat dann etwas Amorphes, die Gestalt selber wenig Charakter.
b) Wenn auf diesen Inspirations-Spielraum ein Zwang zur Auswahl von Optionen ausgeübt wird, fehlt die Freude am anstehenden Formgebungsprozess. Dadurch kann Kreativität zu einer Pseudo-Angelegenheit werden, der die Selbstentfremdung einleitet. Es entsteht ein falsches Selbst, das nicht mehr kreativ ist, sondern imitiert, was man ihm vormacht.
c) Wenn man sich im inneren Chaos während der ersten Phase verliert, z.B. weil ungelöste Triebimpulse oder verdrängte Konflikte die Führung übernehmen, anstatt dass das Metabewusstsein leitet, dann erlebt man große Angst, und die psychische Struktur kann sich zu einer Psychose deformieren.
d) Wenn die Angst vor der Wahl zu groß ist, also die Angst sich festzulegen, etwa wenn die emotionale Bedeutung der Inspirationsphase zu überbetont ist, kommt man nicht zum Gestalten. Man bleibt im Reich der Möglichkeiten stecken.

Welche Probleme können sich in der Phase der Formgebung auftun?
a) Es kann sein, dass die gewählte Gestalt nicht den eigenen (narzisstischen) Erwartungen, d.h. den hohen Ansprüchen des Ideal-Selbst entspricht. Dann verfällt man in Zweifel ob der getroffenen Wahl. Hier wäre vom Real-Ich eine selbstkritische Überprüfung vorzunehmen, inwieweit das Über-Ich durch Vor-Bilder oder ein überwiegend objekthafter Bezug zu Imagines - einschließlich Menschen - das subjektive, (mit)fühlende Selbst unterdrücken. Unglücklich machende Lösungen können außerdem dadurch entstehen, dass man die Wahl verwirft und immer wieder neu wählt. Oder man vernichtet (entwertet) das Werk (im Fall von Beziehungen: den Anderen) aus einem Gefühl der

Enttäuschung heraus, gepaart mit der (narzisstischen) Wut über das Misslingen dieser Phase. Auf diese Weise kann das Kreativitätsbedürfnis völlig zum Erliegen kommen.

b) Wenn die gewählte Form mit dem Ich-Ideal übereinstimmt, stellt sich ein euphorisches Glücksgefühl ein. Aber Vollkommenheit hat einen Pferdefuß: alles Spätere wird dann nur noch als Abstieg bewertet, und das Individuum geht dann kein Wagnis mehr ein und stagniert. Der Grund: der Geist hält an dem mit dem Glücksgefühl verbundenem Produkt fest und geht mit ihm zu Ende. Er kann sich nicht der Realität der Vergänglichkeit, des Lebens, Alterns und Sterbens stellen. Er kann das Produkt nicht loslassen und weitergehen. Dies illustriert die folgende Geschichte:

Schwimmen lernen
Ein Mann, der nie schwimmen gelernt hatte, reiste einst auf einem Schiff den Nil hinunter. In der sternklaren Nacht ging er an Deck, um das Firmament zu betrachten, als er ausglitt, den Halt verlor und in den Fluss stürzte.
Schwimmend erreichte er im Dunkeln das rettende Ufer und fiel dort erschöpft in einen tiefen Schlaf. Als er bei Tag erwachte, wunderte er sich, wie er an das Ufer gelangt war, hatte er doch nie schwimmen gelernt. Und er beschloss, sich auf der Stelle seines Könnens zu vergewissern und schwimmen zu lernen.
Also stürzt er sich in den Fluss - und ertrinkt. [237]

3.c - Das Setting "Offener Spielraum"

Die Frage ist nun, wie überführen wir diese Erkenntnisse der Säuglingsforschung und der Kreativitätsforschung in den gruppentherapeutischen Prozess, um soviel relativem Glück wie nötig und so wenig relativem Unglück wie möglich eine Chance zu geben.

Das zentrale Setting soll authentischen Selbstausdruck der Teilnehmer ermöglichen. Das erfordert vom Therapeuten und seinen Mitarbeitern äußerste Zurückhaltung bei Interventionen, eine starke innere Sammlung und Zentriertheit, eine nicht urteilende Achtsamkeit, durch die er mit dem Energiefeld der Gruppe in Verbindung bleibt und ein mitfühlendes, offenes Herz, durch das er in der Lage ist, Vertrauen in das wahre Selbst aller Teilnehmer und Ermutigung in den Reinigungsprozess auszustrahlen. Bert HELLINGER hat diese therapeutische Haltung bei vielen Gelegenheit so (oder ähnlich lautend) beschrieben:

> "Ein wichtiges Kriterium der Achtung ist, den anderen nicht heilen und retten zu wollen. Dafür gibt es ja große Vorbilder. Das ist ja ein Menschheitsgut: die Erkenntnis, dass man durch Dasein handeln kann, durch aktives Präsentsein, ohne einzugreifen. Das ist dann gesammelte Kraft, die durch Nichthandeln wirkt, und hat nichts mit Sich-Zurückziehen zu tun. Rückzug bringt nichts. Im Taoteking ist das sehr schön beschrieben von Laotse... Gute Therapie hat die Qualität des Absichtslosen und Zweckfreien, das heißt, dass ich bis zu einem gewissen Grad auf Einflussnahme verzichte."[238]

Wie erschaffen wir die Bedingungen für den offenen Raum in der Gruppe?

Wir wählen die *Mutter-Kind-Dyade*. Eine Hälfte der Teilnehmer übernimmt die Rolle des "Kindes" (A). Sie sucht sich aus der anderen Hälfte eine Bezugsperson, die die Rolle der "Mutter" (B) übernimmt. Auch männliche Teilnehmer können die Mutter-Rolle übernehmen. Jede Dyade braucht eine Matratze, eine Decke und einige Kissen und sucht sich im Raum einen Arbeitsplatz.

In Kapitel II/4.b und c zeigten wir auf, in welcher psychischen Verfassung eine Mutterfigur sein sollte, wenn sie ihr Kind vor narzisstischen Störungen bewahren will. Wir erwähnten, dass eine Mutter dazu mit ihrem Innern in Fühlung sein sollte, dass sie sich in ihrem Körper zu Hause fühlt, damit das Kind genügend Spielraum und Freiheit hat, mit den je eigenen intrinsischen Impulsen des wahren Selbst in Kontakt zu kommen. Wenn es uns für die nun folgende dyadische Arbeit gelingt, dass der Teilnehmer (die Teilnehmerin), der die Rolle der Bezugsperson übernimmt, annähernd diese Qualitäten entwickelt, die wir weiter oben für den Therapeuten genannt haben, so würden wir - das ist unsere Hoffnung - Vorsorge für einen Heilungsvorgang treffen, bei dem der Teilnehmer in der Rolle des Kindes sein wahres Selbst erfahren und ausdrükken kann. Daher bereiten wir alle durch folgende Zentrierungs-Meditation auf ihre Rollen vor, wovon aber besonders die B-Personen anschließend profitieren können.

Zentrierungs-Meditation

Diese Meditation wird auch Hara-Meditation genannt. Das japanische Wort "hara" meint zwar direkt übersetzt "Bauch" des Menschen, hat aber eine viel umfassendere Bedeutung. Meditation auf das Hara bringt den Menschen in seine Mitte im physiologischen, psychischen, sozialen und kosmischen Sinn.[239] Wer im Hara zentriert lebt, lebt stets in der Mitte des Lebens. Der genaue physiologische Mittelpunkt ist das Gravitationszentrum des menschlichen Leibs und liegt ca. 3,5 cm unterhalb des Bauchnabels; er ist in der klassischen Akupunktur als "Tan Den" oder "Ki Kai" (jap.) bekannt, d. h. auf Deutsch "Meer aus Ki". "Ki" ist mit "Lebensenergie" zu übersetzen und meint eine primordiale Energieform, die alles Lebendige hervorbringt und verändert. Soviel man durch Hautwiderstandsmessungen herausgefunden hat, sind Menschen, die ständig mit ihrem Bewusstsein in diesem Punkt zentriert sind, in einem "Ready-to-go-state", d.h. die energetische Ladung ihrer Zellen ist stets so hoch, dass sie, obwohl sie entspannt sind (und natürlich auch schlafen), jederzeit situationsgerecht handeln und reagieren können, ohne sich zu verausgaben. Jede Aktion erfolgt in voller Präsenz des Bewusstseins und dient dem Leben, nicht der Zerstörung von Leben. Die Hara-Meditation kann uns allen eine große Hilfe sein, wenn wir mit anderen therapeutisch arbeiten, denn sie ermöglicht es dem anderen, weniger zentrierten Menschen, sich emotional und mental in unserer Nähe klarer zu erfahren.

- Sitze mit geradem Rücken auf einem ca. 30 cm hohen festen Kissenblock und kreuze die Beine. Der Bauch soll zum Atmen freiliegen.

- Schließe die Augen und richte deine Achtsamkeit auf deinen Atem.
- Lenke deine Einatmung ins Tan Den. Zur Kontrolle kannst du eine Hand auf den Unterleib legen. Wenn sich die Bauchdecke vorwölbt, während du einatmest, kommt der Atem bis ins Hara.
- Stelle dir deine Atemsäule als einen Fahrstuhl vor, der beim Einatmen nach unten in den Bauchraum und beim Ausatmen nach oben fährt. Stelle dir vor, dass dein Geist in diesen Fahrstuhl einsteigt und mit nach unten fährt.
- Lass deinen Geist dann unten im Bauch aussteigen, während der Fahrstuhl weiter ohne ihn auf- und abfährt.
- Bleibe nun mit deinem Bewusstsein oder Geist in dieser Mitte da unten im Bauch und schaffe dir dort den Raum, wo dein Geist bleibt......
- Nach einiger Zeit kannst du vorsichtig die Augen öffnen und deine Umgebung anschauen, während aber dein Geist gleichzeitig im Bauch (Hara) gesammelt bleibt.
- Schaue auch einigen Menschen in deiner Nähe in die Augen, ohne dass dein Bewusstsein sein Hara-Haus verlässt.
- Lass nun wieder bei geschlossenen Augen die Kraft deines Geistes sich immer mehr ausbreiten, zuerst in deinem Körper, dann auch über ihn hinaus in den dich umgebenden Raum, aber ohne den Kontakt zum inneren Hara zu verlieren.
- Probiere diese Geist-Expansion später auch bei offenen Augen.

Diese Meditation wird bei dem nun folgenden dyadischen Prozess für die Bezugsperson (B) eine große Rolle spielen und sie davor schützen, den offenen Selbsterfahrungsraum von (A) zu manipulieren. Wenn man während des Prozesses seine Mitte verliert, kann man jederzeit durch eine Kurz-Meditation zu ihr zurückkehren.

Wenn die Rollenverteilung von (A) und (B) klar ist, stimmen wir beide durch eine *Empathie-Übung* auf ihre Arbeit ein.
Musik: Jap. Shakuhachi-Flöten oder "Koto"

Nun setzen sich beide einander gegenüber. (A) öffnet die Hände mit den Handflächen nach oben und (B) legt seine Hände mit den Handflächen nach unten auf die Hände von (A). Dann geht (B) mit der Wahrnehmung ins Herz-Zentrum und visualisiert dort ein zartrosa Licht. Das ist das Licht der selbstlosen Liebe. Wenn das Licht klar ist, lässt es (B) aufwärts zu den Schultern und von da abwärts zu den eigenen Händen fließen. Von dort strömt das Licht in die Hände von (A) und weiter aufwärts durch die Arme und Schultern von (A) und dann wieder abwärts in den Herzraum von (A). Dort lässt sich (B) mit seinem Licht und Bewusstsein nieder, öffnet alle Sinne und nimmt alles wahr, was es dort zu sehen, hören und fühlen gibt. Mit diesen Eindrücken geht (B) wieder den Weg zurück, den er/sie gekommen ist, verlässt den Körper von (A) und kehrt ins eigene Herzzentrum zurück. Danach lösen sich die Hände und (B) dankt (A) für die Erlaubnis, ins Herz von (A) geschaut zu haben. (B) kann nun (A) berichten, was erlebt wurde, und (A) kann dazu Stellung nehmen.

Diese Einfühlung in den anderen kann im folgenden Prozess für den Begleiter eine große Hilfe sein, um das "Kind", das sich ihm anvertraut, zu verstehen.

Beschreibung des Basis-Settings:

Person (A), das "Kind", hockt sich ans Ende der Matratze mit untergeschlagenen Unterschenkeln im Fersensitz, den Rücken der Matratzenfläche zugewandt. Person (B), die "Mutter", kniet hinter (A) und stützt sie mit Händen oder dem eigenen Oberkörper am Rücken ab, während sich das "Kind" langsam nach rückwärts sinken lässt. Da das vor allem in den Oberschenkeln und Fußgelenken für (A) schmerzhaft sein kann, sollte (A) mit der Fallbewegung innehalten und tiefer atmen, damit sich die Sehnen und Muskeln an die Streckung gewöhnen können. Bei dieser Dehnung wird der Magenmeridian in der ganzen Länge gedehnt und aktiviert. Nach der chinesischen Fünf-Elementen-Lehre reguliert dieser Meridian, der zum Element "Erde" gehört, das Vertrauen des Menschen in die Fülle von Mutter Erde und eo ipso in die persönliche Mutter, ebenso regt er das Mitgefühl (einer Mutter mit dem Kind) an und natürlich innere Fülle, Erfüllung und Zufriedenheit. Wenn die Rückfallbewegung eine natürliche Grenze erreicht hat, d.h. das "Kind" mit dem oberen Rücken und Schulterblättern aufliegt oder die Beine nicht weiter flexiert werden können, rollt man zu Seite, streckt die Unterschenkel aus und ruht sich auf dem Rükken liegend aus.

Diese Bewegung ist eine Regressions-Bewegung. Wenn der Teilnehmer die Augen geschlossen hält, wird er sich danach klein wie ein Kind fühlen. Jetzt setzt sich die "Mutter" (B) neben (A), hält eine Hand, zentriert sich und sagt: "Was immer auch passiert, ich bin hier und bleibe." Diesen Satz kann (B) später wiederholen, wenn er/sie bemerkt, dass (A) große Angst durchmacht. Aber weiter wird nicht gesprochen, und (A) sollte während der ganzen nächsten Stunde die Augen geschlossen halten. (B) braucht sonst nichts zu tun bis auf eine zusätzliche Intervention: (B) achtet darauf, dass (A), was auch immer passiert, genügend atmet. Wenn der Atem zu flach wird, wenn er das Hara nicht erreicht oder den Brustkorb nicht bewegt, kann (B) das kurz ansprechen oder zusätzlich eine Hand auf die unterversorgte Stelle legen. Das ist deshalb wichtig, damit (A) mit seinem Bewusstsein *im* Körper und damit präsent bleibt. Dieses bewusste Atmen beugt der Abspaltung von Gedanken und Gefühlen vor. Es ist eine Empfehlung, die der Therapeut an beide Personen geben sollte. Wenn es trotzdem zu blockierter Atmung kommt, muss das als sinnvoll für die Person (A) akzeptiert werden. Im späteren Austausch stellt sich nämlich oft heraus, dass (A) dadurch etwas über die seelischen Hintergründe seiner Atemblockade bewusst wurde.

Die zentrierte Haltung von (B) gibt (A) den Raum, um Möglichkeiten seines Selbstausdrucks zu erleben. Die Handberührung durch (B) stärkt das Vertrauen von (A) in die Gegenwart von (B), und natürlich auch die gesprochene Zusicherung, da zu sein und zu bleiben. Und die Stimulation des Atems gibt (A) das Gefühl, dass da jemand an seinem Leben interessiert ist. Mehr braucht es für beide nicht bei diesem Prozess.

Diese Phase des Prozesses dauert ca. eine Stunde. Gute begleitende Musik dazu ist wieder die CD von Lex v. Someren: "Music for Meditation" oder die CD 19920 mit der Stimme von Dewa Che: "Dechen Shak-Dagsay" (Ethik-Records).

Im zweiten Teil werden die "Kinder" gebeten, auf dem Rücken liegend bei geschlossenen Augen mit Armen, Händen, Beinen, Füßen, vielleicht sogar mit dem ganzen Körper den Raum um sich herum zu erfühlen, zu erfahren, auszukosten. Die Begleitperson (B) kann dabei ab und an einen Kontakt an Händen und Füßen ihres Schützlings machen, und, wenn notwendig, verhindern, dass sich (A) irgendwo schmerzlich stößt. Diese Phase sollte etwa 15 Minuten dauern. Sie endet damit, dass (B) seinen Schützling (A) wieder auf die Mitte der Matratze zurückführt, dass sich beide gegenübersetzen und dass (A) allmählich blinzelnd die Augen öffnet.

Gute Begleitmusik für diesen Teil: die CD ECM-New-Series 1525 "Officium" mit Jan Garbarek und dem Hilliard Ensemble.

Wir schließen das Setting mit einem Dank füreinander und stehen auf, damit wir wieder festen Boden unter den Füßen spüren. Wir können sogar aufstampfen, wenn wir das brauchen. Danach tauschen sich beide Personen über die Erfahrungen aus. Der Austausch sollte nicht länger als 15 Minuten sein, da unabgeschlossene Prozesse oder Fragen in einer späteren Schlussrunde besprochen werden können. Unterstützende Musik: Mozarts "Divertimenti".

Nach einer längeren Pause wird der ganze Prozess mit denselben Partnern, aber bei getauschten Rollen, erneut durchlaufen.

Erläuterungen und Hinweise für alle:

Unsere Erfahrung ist, dass durch die innere Sammlung, die (B) ausstrahlt, bei (A) Reinigungsprozesse in Gang kommen, die den Ausdruck von innen kommender und bisher blockierter Impulse ermöglichen. Dabei ist nicht vorhersagbar, auf welche Weise der Ausdruck erfolgen wird. Das können heftige affektiv-körperliche Entladungen sein voll Wut oder auch voll Verzweiflung; es kann zu Kontraktionen der Bauchsegmente kommen wie bei panischer Angst; es kann zu befreiendem Lachen und lustvollen Körperbewegungen voller sexueller Ausdruckskraft kommen; manchmal wollen sich Schützlinge im Schoß ihrer "Mutter" zusammenrollen; es kann aber auch sein, dass sich die Wandlungsprozesse ganz unspektakulär abspielen.

Wesentlich ist stets, dass Person (A) mit der Atmung in Kontakt bleibt und sich nicht durch Reduktion der Atmung vom Geschehen zurückzieht. Dass bei diesem Prozess auch synergetische Resonanzen anregend wirken, versteht sich. Es kann dabei aber vorkommen, dass Teilnehmer von den lauten Stimmen der anderen so geschockt werden, dass sie plötzlich den Prozess abbrechen, sich aufsetzen oder sogar hinauslaufen. Da sollten Therapeut und Person (B) beruhigend wirken und versuchen, ihren Schützling wieder auf die Matratze zurückzuholen oder ihn zumindest durch engen Körperkontakt zu beruhigen, und bei ihm bleiben.

Eine besondere Schwierigkeit ist der richtige Umgang mit der Atmung. Gerade hierbei muss der Therapeut erfahren sein und Hilfestellung geben.

Wie man mit der Hyperventilation umgeht, hat David Boadella ausgeführt. Das Einatmen des eigenen ausgestoßenen Kohlendioxids aus einer Plastiktüte, die man dem Klienten vor das Gesicht hält, verringert die Übersäuerung des Blutes, die sich in den Verkrampfungen der Muskeln zeigt, und zwar zuerst an Lippen und Fingern. Andere Methoden sind das Ausstreichen der kontrahierten Körperteile körperauswärts oder auch das Hinausschlagen der Spasmen durch den Klienten selbst. Zugleich muss dem Klienten versichert werden, dass die Spasmen wieder verschwinden.[240]

Ein anderes Problem kann eine zu flache Atmung sein. Dadurch kann (A) auf der Matratze liegen, aber nichts spüren oder fühlen. Kein affektiv-motorischer Impuls entsteht. Man hat den Eindruck, als habe die Person keinen Zugang zu innerem Antrieb; und da wir keine Anamnese zur Hand haben, bleibt dieser "tote" Prozess rätselhaft. Die Gefahr dabei ist, dass Gefühle ein abgespaltenes Leben führen und dass die Person davondriftet aus der Körperidentität hinaus in Räume der Phantasien oder gar Halluzinationen. Es gibt hier die Möglichkeit, dass die Bezugsperson (B) mit dem Bild arbeitet, das sie während der Einfühlungs-Übung im Herzen ihres Schützlings gesehen hat. Sie kann ihn daran erinnern und bitten, darauf zu achten, was das in ihm bewegt. Sie kann ihn dann bitten, wenn man Mini-Veränderungen bei Atmung und Motilität sieht, sich davon mitnehmen zu lassen und neugierig mitzugehen usw. Dabei sollte man die Ich-Sprache vermeiden, weil sie ins kontrollierende Ego lenkt. Eine andere Möglichkeit ist das Atem-Pumpen, das ich in meiner Arbeit von David BOADELLA übernommen habe.

Hierbei presst die Bezugsperson die Hand ihres Schützlings zusammen, wenn er einatmet und lässt den Druck los, wenn er ausatmet. Man kann dasselbe auch am Unterarm machen, wenn man weiß, wo die Punkte des Lungenmeridians liegen; auch das Handgelenk ist geeignet, weil dort viele Meridiane auf engstem Raum durchlaufen. Durch dieses "Pumpen" vertieft sich die Atmung und regt die Wahrnehmung von Blockaden an. Schließlich kann der Therapeut erkennen, bei wem der energetische Prozess wie vor einer Tür stehen bleibt, obwohl die gar nicht abgeschlossen ist. Man sieht das an immobilen Segmenten des Leibes; durch eine laterale oder longitudinale Schüttelbewegung, durch kleine Klapse etc. kann der Therapeut dem Klienten sozusagen einen "Kick zum Leben" geben.

Abschließend möchten wir aber betonen, dass die Arbeit von Laien in einem solchen Setting nie schädlich ist, solange die Motivation des Begleiters von Mitgefühl getragen und die innere Haltung eine liebende, nichtegoistische Hinbewegung zum anderen ausdrückt. Dies nämlich wird vom Schützling gespürt und trägt ihn dabei, sich einzulassen. Bei einer solchen Grundhaltung fallen auch Irritationen oder Konfusionen seitens des Begleiters nicht so sehr ins Gewicht. Wir haben z.B. Feedbacks von "Kindern" bekommen, deren Atemmuster kaum sichtbar war und die wie tot auf der Matratze liegen blieben. Sie berichteten hinterher, dass sie tiefe Einsichten in die spirituelle Natur von Leben und Sterben gehabt hätten, die sie zutiefst berührt hätten, so dass ihnen die Tränen kamen. Sie sagten, dass sie froh gewesen wären, dass sie diesen Prozess ungestört von Interventionen durch die "Mutter" oder den Therapeuten hätten erleben dürfen. Letztlich wissen wir oft nicht, was während eines solchen Primärvorgangs im Menschen geschieht, und das kann lehren, eher weniger zu tun als mehr, andererseits aber eher mehr bei sich und mit offenem Herzen da zu sein.

Wir beenden den 3. Kursabschnitt mit einem Licht-Heilungs-Ritual für alle, die nach dem vorangegangenen Prozess noch verwirrt, blockiert oder unglücklich geblieben sind:

Wir legen eine Matratze (oder auch zwei oder drei) in die Mitte des Raumes, und die Gruppe setzt sich in einem Kreis darum herum. Wir halten die Hände segnend mit den Handflächen der Mitte zugekehrt. Dann visualisieren wir weißes Licht, das sich in einem Strahl von oben herab durch unseren Scheitel in unser Herz herabsenkt, sich dort sammelt und dann über Arme und Hände hin ausstrahlt zu der Person, die in der Mitte liegt. Wir bitten das Licht, dem Menschen dort alle Kraft zu geben, die aus seinem Herzen kommt und sich seine "Fehler" zu vergeben. Wir betrachten uns als das Medium für dieses heilende Licht.

Begleitende Musik: Sandelan: "Cosmic Consciousness" I u. II. Eine andere Möglichkeit ist, das Mantra "OM AH HUM" zu singen, während das weiße Licht zu dem Teilnehmer in der Mitte des Kreises strahlt.

Danach sitzen wir in der Stille zusammen, verbunden mit dem stillsten Ort in unserem Innersten...

4. Vierter Schritt: *Stabilisierung des Selbstwerts*

4.a - Meditation für die eigene Authentizität

Wir beginnen den 4. Teil des Kurses mit einer Meditation zur Stärkung unserer Authentizität im Leben. Diese Meditation erfolgt in der Stille.

Zuvor machen wir uns bewusst, welchen Illusionen und Täuschungen wir noch derzeit anhängen, d.h. jenen Elementalen des kompensatorischen Selbst, die uns immer wieder Enttäuschungen erleben lassen. Nach dieser Besinnung erinnern wir uns noch einmal an unsere Entscheidungen, unser wahres Selbst ins Leben zu bringen, bzw. die Qualitäten unseres wahren Selbsts, die wir leben wollen.

Die Meditation:[241]

- Visualisiere weißes Licht, das von oben in dich einströmt und dich ganz erfüllt...
- Sieh einen weißen Friedensengel zu deiner Linken... einen rosa Engel der Liebe zu deiner rechten... einen durchsichtig blauen Marienengel hinter dir......
- Sieh jetzt dich und die Situation der Enttäuschung in einer weißen Lichtkugel vor dir... Spüre das negative Grundgefühl, das diese Situation ausmacht......
- Sprich eine Fürbitte, gerichtet an die Trinität (Gott Vater, Jesus Christus, den Heiligen Geist) oder an ein heiliges Wesen, zu dem du leicht Zugang hast, damit du dein wahres Selbst immer klarer und mutiger in diesem Leben verwirklichen kannst......
- Lasse goldgelbes Licht des Erzengels von unten nach oben in und um dich aufsteigen, bis du ganz davon erfüllt bist......

- Mit diesem Licht berühre das negative Grundgefühl in der Lichtkugel und nimm wahr, zu welchen positiven Tugenden sich das Grundgefühl verändert......
- Führe dieses neue Gefühl in deinen Körper und bleibe einige Zeit in der Stille...
- ....

Im vierten und letzten Abschnitt des Kurses wollen wir uns unserem Leben im Alltag zuwenden und uns fragen, welche Bedingungen wir mitschaffen können, um Spielraum für den Kontakt mit unserem wahren Selbst zu haben, das unser Selbstwertgefühl erneuert und stabilisiert. Doch zuvor werden wir uns auf ein Experimentierfeld begeben, auf dem jeder Teilnehmer die Möglichkeit hat, der Gruppe einen genuinen Ausdruck seines innersten, wahren Selbstes zu zeigen.

Dieses Seelenterrain nennen wir "Bühnenarbeit". Zum Ende des gesamten Kurses betrachten wir dann praktische Möglichkeiten, wie wir uns am besten vor allzu langen Rückfällen ins falsche Selbst schützen können. Dabei wird es auch um Chancen einer spirituellen Praxis gehen.

4.b - Bühnenarbeit: Anderen das wahre Selbst zeigen

Eine Geschichte zur Einstimmung:

Wenn du liebst, so liebe offen

Zwanzig Männer und eine Nonne, die Eshun hieß, übten die Meditation bei einem bestimmten Zen-Meister.

Eshun war sehr hübsch, obwohl ihr Kopf geschoren und ihr Gewand einfach war. Mehrere Mönche verliebten sich heimlich in sie. Einer von ihnen schrieb ihr einen Liebesbrief und bat um ein Stelldichein.

Eshun antwortete nicht. Am folgenden Tag gab der Meister der Gruppe eine Unterweisung, und nachdem diese vorüber war, erhob sich Eshun. Sie wandte sich an den Absender des Briefes und sagte: "Wenn du mich wirklich so sehr liebst, so komm und umarme mich jetzt." [242]

Offener Selbstausdruck und innere Wahrheit gehören zusammen, um Ehrlichkeit und Authentizität zu erfahren. Wir haben das bereits im Vorgang des Spiegelns von intrinsischen Impulsen durch einen real anwesenden Menschen beschrieben (vgl. Kap. II/4.c). Damit ein Kind seine inneren Impulse als real erleben kann, braucht es die Erkennung durch den (geliebten) Anderen. Dieser Vorgang ist gleichbedeutend mit der Kraft, den inneren Impulsen zu vertrauen und ihnen weiterhin zu folgen. Wir sagen es nochmals: Wir sind autonom durch Beziehung zu einem anderen Menschen. Liebe, die in diesem Sinne nicht wirklich wird, wirkt nicht. Und Liebe, die nicht wirkt, stirbt, denn das entspricht nicht ihrem Wesen.

Eine Eigenschaft der Liebe wie des wahren Selbst (denn das wahre Selbst ist immer ein liebendes Selbst) ist, dass sie sich, indem sie sich verwirklicht, immer mehr vertieft, erweitert und intensiviert, indem sie sich auf andere ausdehnt. Indem es schöpferisch wird durch handelnden Ausdruck, Ausspruch und Mitteilung, vergewissert sich das wahre Selbst seiner selbst und wächst zugleich. Es ist so, als würden wir in uns ein Licht anzünden, das, indem es sichtbar wird, immer brillanter, stärker und sich ausdehnender strahlt.

Wir erleben, dass dieses Licht selber eine enthusiastische Freude daran hat, dass es so aus sich heraus schöpferisch ist. Diese Dynamik der Liebe erinnert daran, was DASKALOS über die Schöpfungsimpulse des Absoluten sagte: Was den Menschen ausmacht, ist eine göttliche Eigenart der "selbst-bewussten Seele", nämlich die Sehnsucht nach Inkarnation. Wenn also in unserer Geschichte Eshun den heimlichen Liebhaber auffordert, seine Liebe in die Wirklichkeit zu bringen, hilft sie sich und ihm dabei, diese Liebe zu inkarnieren; und so arbeitet Gott in ihr.

Im Gruppenraum machen wir Platz für eine völlig leergeräumte Bühnenfläche mit einem markierten Aufgang auf der linken Seite, einem Abgang auf der rechten Seite und einer Linie, die die Bühnenfläche vom Zuschauerraum trennt. Die Teilnehmer sitzen vor der Bühnenfläche im Halbkreis. Sie werden gebeten, die Augen zu schließen und mit ihrem Bewusstsein ins Herzzentrum zu gehen, um von hier aus das Geschehen auf der Bühne wahrzunehmen. Die Szene, die aufgeführt werden soll, hat für alle den Titel "Mein falsches und mein wahres Selbst" (in dieser Reihenfolge!). Jeder Teilnehmer hat dafür maximal drei Minuten Spielzeit. Er kann zu seiner Version der Szene mit Bewegungen, Stimme und drei Requisiten arbeiten, nicht aber mit gesprochener Sprache. Der Therapeut fungiert als Zeitgeber und achtet auf den korrekten Aufgang bzw. Abgang des Spielers. Wenn der Spieler die Bühne verlassen hat, setzt er sich an den Bühnenrand vor die Zuschauer und nimmt ihre Rückmeldungen ohne Kommentar entgegen. Die Rückmeldungen sollten keine Bewertungen enthalten und sich auf die Darstellung des falschen und des wahren Selbst beziehen. Wertvoll sind Rückmeldungen über erlebte Gefühle, Körperempfindungen und plötzliche Eingebungen, die man beim Zusehen hatte. Wie lange die Zeit für Rückmeldungen ist, hängt von der Gruppengröße ab. Bei einer Gruppenstärke von 16 empfehlen wir fünf Minuten Feedbackzeit. Danach bedankt sich der Spieler und kehrt an seinen Platz zurück. Es bleibt den Teilnehmern freigestellt, ob sie auf die Bühne gehen und wann für sie der Zeitpunkt während der Bühnenarbeit dafür gekommen ist. Wenn sich nach einiger Zeit niemand mehr meldet, beendet der Leiter die Bühnenarbeit.

Vorbereitet wird diese Szene in einer etwa 1 bis 1½-stündigen Pause unmittelbar davor. Die Teilnehmer sollten sich im Stillen vorbereiten, ohne miteinander zu sprechen.

4.c - Kommentar

Ein solches Thema auf der Bühne zu zeigen, ohne die Rolle der Zuschauer mitzureflektieren, würde manchen Darsteller in eine schwierige Lage bringen. Es ist ja noch einsichtig, wenn man das kompensatorische oder falsche Selbst als ein Spiel auf die Bühne bringt. Als ein Merkmal dieses Selbstes hatten wir seine Ausrichtung auf andere angesehen, um deren Beifall zu erhalten, indem man ihnen zu gefallen sucht. Im Kapitel über "falsches Selbst und Scham" (Kap. II/4.e) haben wir diskutiert, wie die Objektivierung des Selbst zwar das Zugehörigkeitsgefühl zur Familie sichert, dass man dafür aber den Preis der Entfremdung vom subjektiven, primären Selbst und seiner emotionalen lebendigen Schwingungsfähigkeit bezahlen muss. Die Darstellung des falschen Selbst impliziert also, den Zuschauer zu beeindrucken, um etwas dafür von ihm zu bekommen: Lob, Sympathie, Beachtung etc.

Davon unterscheidet sich aber die Exposition des wahren Selbst. Es kann eigentlich gar nicht dargestellt oder gespielt werden, sondern muss im Moment, in der Gegenwart geschehen. Die Zuschauer sind für das wahre Selbst ähnlich wie in der Mutter-Kind-Urszene (vgl. Kap. II/4.b) anerkennender Spiegel für das Sosein oder Beisichsein des Menschen dort auf der Bühne - nicht mehr aber auch nicht weniger; und das können sie nur sein, wenn sie sich nicht wie Zuschauer im üblichen Sinn verhalten, also neugierig, gespannt, beurteilend, sondern wenn sie zentriert bei sich sind, ohne etwas Besonderes zu erwarten und sich mitfreuen am Dasein des anderen. Wir sind uns bewusst, dass wir diese idealen Bedingungen nur annähernd erfahren, aber dass sie uns im Unterschied zum narzisstischen Selbst, dem eigenen und dem des Anderen, bewusst werden, ist schon viel auf dem Weg zu mehr Lebendigkeit und Integrität.

Manchmal wirkt nach unseren Erfahrungen der Ausdruck des wahren Selbst, den wir dort auf der Bühne sehen, in unserem eigenen Innern als Anstoß und Anruf, das Bewusstsein für das eigene wahre Selbst zu öffnen. Dann kann es zu einer inneren Reinigung von Selbsttäuschungen kommen. Man wird an die Wirkung der Dramen-Aufführungen in der Nähe der antiken griechischen Tempel des Askleipios erinnert, wenn die Schicksale zwischen Menschen und Göttern, die auf der Bühne gezeigt wurden, zu Konversionserlebnissen bei den Zuschauern führten. Damals wurde die Ursache von Krankheit als eine Störung der Harmonie zwischen Göttern und Menschen angesehen.

Was meistens auffällt bei der Bühnenarbeit, ist, dass das falsche Selbst mit hektischen Bewegungen des Machens, mit autistischen Selbstverkleinerungsgesten, mit mechanischen Handlungen ausgedrückt wird. Fast keiner der "Spieler" nimmt dabei Kontakt mit dem "Publikum" auf. Der Bühnenraum wird nur zur Hälfte genutzt. Beim Ausdruck des wahren Selbst sind dagegen die Bewegungen fließender, haben runde Konturen, wirken stiller und sind auch langsamer, manchmal sehr kontemplativ. Sie können aber auch sehr großräumig und tänzerisch sein. Fast immer wird der ganze Bühnenraum genutzt, und die "Spieler" wenden sich frontal an die Zuschauer.

4.d - Augenblicke des wahren Selbstausdrucks erinnern

Wie können wir es schaffen, mitten in unserem Alltagsleben, Familienleben, Berufsleben oder Liebesleben den Kontakt mit dem wahren Selbst aufzunehmen, um unser Selbstwertgefühl nicht zu verspielen?
Wir haben gesagt, man brauche Spielraum, Offenheit in Beziehungen, man brauche innere Sammlung, inneren Frieden und Stille, um jene Quellen in sich zu erreichen, die jenseits von Lebenslüge, Selbsttäuschungen, Illusionswelten sind, die jenseits des mit Angst verbundenen Leistungsdrucks fließen und die alle Dualitäten, die Entweder-Oder-Kämpfe hinter sich lassen. Diese Quellen, so wurde in der vergangenen Kursbeschreibung sinngemäß gesagt, würden uns ein glückliches, nicht-entfremdetes Leben, ein Leben in der Mitte des Lebens, ein selbsterfülltes Leben eröffnen; ein Leben, das man trotz aller Unvollkommenheiten liebt, mit Freude bejaht, weil man um einen seelischen Unterstrom voller Wärme, Glut, voller Kreativität, Liebe und Mitgefühl weiß.

Der australische Psychologe SYMINGTON nannte diese Quelle den "Lebensspender" und beschrieb es so:

> "Er ist ein psychisches Objekt und befindet sich in Relation zu einer Brust, einem Penis, einer Vagina, dem Selbst, dem Analytiker oder dem Therapeuten. Obgleich er an sich keines dieser primären Objekte der Befruchtung oder Ernährung selbst ist, besitzt er dennoch keine von ihm unabhängige Existenz."[243]

Was bewirkt die Hinwendung zu diesem seelischen Objekt? SYMINGTON:

> "Wenn emotional lebendig zu sein, heißt, die Quelle schöpferischer emotionaler Handlung zu sein, bedarf es einer Hinwendung zu diesem Objekt, und dieses Objekt muss eingenommen werden." [244]

Im Kontext unseres Buches erkennen wir die Qualitäten dieses Lebensspenders wieder während der Erfahrung des authentischen Impulses. Das "eingenommene Objekt" ist in der Urszene des offenen Raums die anwesende "Mutter" oder Bezugsperson, genauer gesagt: die *Beziehung* zu ihr. SYMINGTON betont, dass wir eine Wahlfreiheit haben: Wir können die Falsche-Selbst-Option wählen, wir können aber auch die Lebensspender-Option wählen. Das gilt sicher für das spätere Leben. Während der Urszene unter einer narzisstisch gestörten Bezugsperson besteht diese Alternative natürlich nicht, obwohl das Kleinkind die Überlebensanpassung an die narzisstische Option als Schmerz und Verletzung des Kernselbstempfindens erfährt. Das zeigen die Mikro-Video-Dokumentationen von gestörten Mutter-Kind-Interaktionssequenzen, die STERN in seinen Arbeiten vorstellt und erläutert [245]. Die Alternative besteht höchstens in der inneren Repräsentation eines angemuteten positiven Beziehungsschemas, das die Überschrift tragen könnte: "Wie es wäre, wenn..." (wenn es die ausreichend gute Spiegelung der frühkindlichen Subjektivität gäbe). Wenn wir später als Erwachsene den Lebensspender - in unseren Worten: das wahre Selbst - wählen, so fügt sich alles in unserem Leben zu einer integrierenden Einheit, und man handelt kohärent im Sinne, wie wir es eingangs beschrieben haben. Bei der narzisstischen Option tut man das auch - aber nur dem Schein nach.

So wie wir mehrfach ausgeführt haben, dass das wahre Selbst in uns ist, gleichgültig wie massiv das falsche Selbst die Ich-Struktur dominiert, so kann auch, wie SYMINGTON betont, das Selbst den Lebensspender als Quelle des emotionalen Lebens, als "inneres Vitalitätsprinzip", nie gänzlich ausschalten[246]. Aber man kann sich als selbst-bewusste Person gegen ihn wenden und sich von ihm abwenden; ein Teil des Selbst wendet sich gegen ihn, und das ist der Kern des Narzissmus. Das Paradoxe dabei ist, dass zwar das wahre Selbst in seiner Existenz unabhängig von uns selbst in uns ist, dass es aber erst dadurch in uns aufwacht, dass wir es wählen.

Wann also, so fragen wir uns, haben wir das in unserem Leben getan? Daran wollen wir uns jetzt erinnern. Welche Lebensumstände waren es, damit wir die Authentizität des wahren Selbst erleben konnten? Welche Körperempfindungen hatten wir dabei?

Wir sollten uns entspannen, uns auf den Rücken legen, uns erinnern und hernach das Erinnerte aufschreiben. Im Moment des Erinnerns werden wir Freiheitsraum in uns erleben, verbunden mit natürlichem Stolz und mit Freude - den Qualitäten des Selbstwertgefühls.

4.e - Was können wir jetzt für das wahre Selbst tun?

Immer wieder haben wir während des Kurses betont, warum offener Raum, Spielraum zwischen Menschen notwendig ist, damit das wahre Selbst überhaupt eine Chance hat, in uns selbst zu sich zu kommen und sich auch in der Außenwelt zu artikulieren. Inzwischen schreiben auch Autoren über modernes Management in Unternehmen, wie wichtig für innovative Produktentwicklung oder Problemlösungen ein offener Beziehungsraum zwischen den Mitgliedern eines Teams ist, der relativ frei bleibt von ungeduldiger Lösungserwartung[247].

Es hat sich herumgesprochen, dass zu den ungünstigen Bedingungen von Leistung einerseits ethische Normenansprüche gehören, die Schulgefühle machen und andererseits rasche rationale Kalkulationen über Vor- und Nachteile der Gratifikationen, wenn man dies oder jenes tut bzw. unterlässt. Immer noch wird in vielen Teams kein Raum "zur allmählichen Verfertigung der Gedanken beim Sprechen" (H. v. Kleist) gelassen.

Der uns am nächsten liegende Freiraum für Kommunikation aus der Tiefe des wahren Selbst heraus, an dem die meisten von uns Authentizität erleben und kultivieren könnten, ist zugleich der mit der meisten Angst besetzte. Ich spreche vom Beziehungsraum zwischen Mann und Frau in einer Partnerschaft oder engen intimen Beziehung oder in der Ehe. Sich liebende Paare kommen in der Regel auf einer Ebene der Ebenbürtigkeit zusammen, auf der keiner von beiden in einem pädagogischen Gefälle zueinander steht, wie es für die Eltern-Kind-Beziehung typisch ist. Zumindest ist das die berechtigte Erwartung aneinander. Dass bei sehr vielen Paaren diese Gleichwertigkeit und Ebenbürtigkeit nicht besteht, dass Eltern-Kind-Interaktionsmuster in die Paarbeziehung hinübergenommen werden und dass Paare nicht miteinander reden, verursacht am häufigsten Beziehungskrisen. Darauf ist immer wieder von Paartherapeuten hingewiesen worden.[248] Wenn ein Paar sich aber den offenen Raum gewährt und über sich zueinander spricht, mutet es sich von vornherein Gleichwertigkeit zu und gegenseitige Wertschätzung, auch wenn unterschiedliche innere Wahrheiten offenbart werden.

Vielfach ist von spirituellen Lehrern darauf hingewiesen worden, dass die Mann-Frau-Beziehung die größte Chance für uns alle ist, dass wir uns ohne Maskerade, ohne falsches Selbst, ohne Ego-Abwehr begegnen, dass wir uns herausgefordert sehen, uns auf der Ebene des wahren Selbst zu treffen. Eine Stimme für viele soll hier sprechen: Eva Pierrakos, die uns als Medium des "Guide" Lesungen über die psychologische und spirituelle Natur und Aufgaben des Menschen übermittelte. In der Lesung Nr. 180 über die spirituelle Bedeutung der Beziehung heißt es u.a.:

> "Beziehung stellt die größte Herausforderung für ein Individuum dar, denn nur in der Beziehung zu anderen können noch in der einzelnen Seele bestehende ungelöste Probleme beeinflusst und akti-

> viert werden... Die Kraft, die zwei Menschen in Liebe und Anziehung zusammenbringt, und die darin enthaltene Lust sind ein kleiner Teil der kosmischen Realität. Es ist, als ob jedes geschaffene Wesen unbewusst um die Glückseligkeit dieses Zustands wüsste und ihn auf wirksamste Weise, die der Menschheit offen steht, zu verwirklichen sucht - in der Liebe und Glückseligkeit zwischen Mann und Frau. Die Kraft, die sie zueinander zieht, ist die reinste spirituelle Energie, die eine Ahnung vom reinsten spirituellen Zustand aufleuchten lässt."[249]

Im Vergleich dazu hat die therapeutische Beziehung naturgemäß nicht dasselbe spezifische Gewicht. Sie kann nur ein modellartiger Hinweis sein, wie eine authentische Beziehung sich anfühlen könnte. An anderer Stelle sagt der "Guide" von Eva Piarrakos, es gehöre zu einer reifen Beziehung, dass sich Mann und Frau gegenseitig gestatten, die Gefühle füreinander zu haben, die sie haben, auch wenn es sogenannte negative Gefühle und Gedanken sind. Deren Offenlegen drückt einen tiefen Respekt für innere Wahrheiten aus. Niemals ist eine solche liebende Tiefe durch Unterwerfung unter den Willen des anderen möglich.

Was uns aber an dieser Ehrlichkeit unserem Inneren gegenüber hindert, ist das innere narzisstische Kind mit seinem unmäßigem Wunsch, vom anderen total geliebt zu werden und totale Hingabe zu erwarten. Das ist das Kind, dessen Selbstempfinden früh entwertet wurde und dass nun nach Bewunderung lechzt. Es sind Erwartungen, die eine reife Liebe beengen. Deshalb ist der größte Schritt, den man in Beziehungen tun kann: dem anderen die Freiheit zu lassen, dich zu lieben (oder auch nicht), ohne Manipulation, Überredung, ohne Show, ohne erzwungene Harmonie, ohne Schuldzuweisungen - letztlich ohne Erwartungen. An der Basis aller dieser Manöver des Ich herrscht Angst. Aber tiefe Liebe ist frei von Angst (etwas ganz anderes ist die Sorge um das Wohl des anderen, des Geliebten). Solange Angst herrscht, hat man Erwartungen, geliebt zu werden und ist man nicht frei, zu lieben. Die Angst drückt unbewusst aus, dass diese Erwartungen unrealistisch sind und daher enttäuscht werden können. Liebende haben nun die große Gelegenheit, sich im anderen wie in einem Spiegel zu sehen.

Hast du z.B. Angst, der andere könnte damit drohen, dich zu verlassen, wenn du sagst, wie wütend du auf ihn bist, dann gibt es etwas in dir selber, das so agiert; etwas, was deine ehrliche, reine und direkte Liebe durch Drohungen dressieren will. Denn zur klaren Liebe gehört auch, dass man wütend wird, wenn sie verletzt wird. Das ist nur natürlich. Hat man diese Wut gesagt, fließt die Liebe wieder. Wir aber denken oft, die Liebe würde sofort versiegen, wenn man wütend auf den Geliebten ist. Wie kleinlich denken wir da von der Liebe! Wir haben kein Vertrauen in sie. Dies alles mag sich in deinem Innern abspielen, wenn du es im Außen beim anderen, deinem geliebten Partner siehst.

Evas "Guide" sagt dazu: "Ihr zieht magnetisch Menschen und Situationen an, die euren unbewussten Wünschen und Ängsten entsprechen."[250] Der hohe Wert einer Zweierbeziehung ist, dass viele inneren Probleme, wie z.B. die des unreifen, stehen gebliebenen und verletzten inneren und egozentrischen Kindes gar nicht ans Tageslicht kämen und keine Chance der Transformation und Läuterung hätten, wenn man sich die Sehnsucht nach Erfüllung des intimen Kontaktbedürfnisses versagen würde, wenn man sich für das asketische Alleinbleiben entschiede. Meistens ist es die Angst zu lieben, die dazu führt.

Diese Angst hat viele Gesichter: die Trägheit des Herzens (inertia), die Gewöhnung an Bequemlichkeit und Pseudosicherheiten des falschen Selbst, auch um den Preis von seelischer, geistiger und spiritueller Abstumpfung, mit allen sich daraus ergebenden negativen Folgen für die eigene Gesundheit.

In den meisten Paarbeziehungen geht der Verlust an Ehrlichkeit mit dem Verschwinden von Erotik einher. Umgekehrt bringt die Bereitschaft, sich in der "Offenen-Raum-Szene" zu begegnen, das Wiedererwachen von Eros mit sich.

Denn Eros ist mitnichten nur eine zur sexuellen Intimität führenden Energie, sondern ist auch eine Forscher- Energie, die wissen will, wer der andere wirklich ist. Das ist die geistige Seite dieser Energie, die sich für den anderen interessiert, und sie ist ungemein wach, frisch und direkt. Aber so wie man in dem offenen Raum Begegnung nicht "machen" kann - das wäre ja Manipulation - kann man hier Erotik auch nicht wollen. Erotik ist quasi ein "Göttergeschenk", wenn Mann und Frau sich ehrlich ihr Inneres mitteilen. Dabei lassen sie ja Schritt für Schritt ihre Abwehr und Isolationsstrategien los. So entsteht ein Zwischenraum von direkter Begegnung, gereinigt von Vorurteilen oder negativen Elementalen. Dies scheint die Stunde von Eros zu sein, dem Sendboten der nächsten Verbindungsstufe: der Liebe.

So groß unsere Angst sein mag vor der Begegnung während des offenen Beziehungsraums, so traurig oder deprimiert sind wir, wenn wir ihn nicht genutzt oder uns ermöglicht haben und es zu Trennungen kommt. Es bedarf später dann einer gewissen Großherzigkeit, dass wir uns diese versäumten Gelegenheiten vergeben. Viele von uns haben versagt im Angesicht der Sehnsucht des wahren Selbst, sich in die Freiheit des Liebens vorzuwagen, versagt aus Angst, Kleinheit des Denkens, Gier, Illusionsgläubigkeit, Verstrikkungen. Wenn wir diese Unvollkommenheiten zugeben und den damit verbundenen Schmerz erfahren, sind wir auf dem Weg, uns vom narzisstischen, falschen Selbst zu trennen. Inmitten der Trauer wird ein Licht des Selbstrespekts sichtbar. Und jene, die wir lieben, werden wir desto tiefer lieben, *weil* sie (weil wir) so human, so unvollkommen sind. Beginnt der innere Friede nicht gerade dann, wenn man sich der eigenen Grenzen, Schwächen und Fehler ausgeliefert fühlt und anfängt, demütig zu werden, anstatt so zu tun, als könne man alles beherrschen?

Ich glaube, es macht wenig Sinn, über Authentizität in Gruppen, Teams, Gremien usw. viel zu schreiben und nachzudenken, wenn man es vermeidet, in der Beziehung zu dem Menschen, den man liebt, es darauf ankommen zu lassen. Deshalb hat die Frau-Mann-Beziehung hier einen größeren Raum eingenommen. In der herausforderndsten Beziehung, die wir auf Erden erleben, geht es darum, die Einsamkeit und Isolation, die durch das getrennte, falsche Selbst in seinen diversen Formen ausgelöst werden, zu überwinden und dem Ruf der Christusliebe im Herzen zu folgen. Wenn wir dieses Lebensprojekt in seinem spirituellen Wert erkennen - und jeder Mensch erkennt dessen Bedeutung - werden wir ohne Belehrungen darauf kommen, was wir in unserem Lebensumfeld ändern müssen, um mehr Raum für Ehrlichkeit und Freude am Leben zu ermöglichen. Wir werden uns gegen Manipulationen der Wahrheiten der Seele zur Wehr setzen, ohne selber hart zu werden. Wir werden bereiter sein, auf politischem Gebiet humorvoll, aber auch, wenn es nötig ist, mit heiligem Zorn zivilen Ungehorsam zu leisten, wo Unterwerfung unter lebenszerstörende Aktionen verlangt wird. Wir werden nach einem natürlichen göttlichen Prinzip leben, das schon in der Antike bewusst wurde. Antigone sagt es in der gleichnamigen Tragödie von Sophokles:

"Nicht mitzuhassen, mitzulieben bin ich da."

Wir werden eine große Vision von Freude in einer von Leid und Angst befreiten Menschheit in uns erwecken, die als Keim schon immer in uns lebt. Es ist die Freude, wie sie Buddha, wie sie Christus, wie sie Rumi, wie sie Teresa von Avila, Jakob Böhme oder Hildegrad von Bingen ausstrahlten. Es ist dieselbe Freude, die in der Musik von Beethoven und Mozart leuchtet, die in den Gedichten Goethes und den enthusiastischen Gedanken Schillers vibriert.

Vielleicht kommen wir nun zu einer spirituellen Praxis, die den inneren Frieden, die himmlische Einfachheit der Seele dadurch schützt und kräftigt, dass wir das, was wir für uns tun zugleich für andere mittun. Wir leben in einer Umwelt, in der wir leicht in Disharmonie fallen können, einer Umwelt egozentrischer Gier, Aggression und Leugnung des wahren, göttlichen Selbst im Menschen. Vielleicht sucht jemand die altruistische buddhistische Praxis des Mitgefühls, um die Qualitäten eines Boddhisattvas zu entwikkeln, die Praxis des Tong-len?[251] Vielleicht vertieft sich ein anderer in christliche Meditationen, wie sie uns die Engel und Erzengel übermitteln? Einige von ihnen haben wir ja im Verlaufe des Kurses praktiziert.[252] Vielleicht bleibt man mit seinem wahren Selbst durch Kontemplation auf die innere Stille, z.B. in der Natur in Kontakt? Vielleicht beherzigt man einfach nur die Fragen eines Wahrheitssuchers, die uns DASKALOS mit auf den Weg gab: Frage dich jeden Abend vor dem Einschlafen:

> "Was habe ich heute den Tag über getan und gesagt, was ich lieber hätte nicht tun oder sagen sollen? Was habe ich heute den Tag über nicht getan oder nicht gesagt, was ich lieber hätte sagen oder tun sollen?"

Mit solchen introspektiven Fragen betritt man den Pfad der Wahrheit. So wie sich das wahre Selbst in Beziehungen verwirklicht, so muss man wissen, dass es sich immer gerade dort verwirklicht, wo man gerade ist, atmet, isst, liebt, arbeitet, reist, lebt - und zwar in Bezug zur Welt, materiell wie immateriell; zu Menschen, anwesend wie nichtanwesend. Dies ist zum Beispiel die Essenz der Shamatha-Sitzmeditation, die eine weitere Möglichkeit ist, in unverstellten, illusionslosen und direkten Kontakt mit Realität zu kommen; das ist authentische Gegenwart. Über die Ergebnisse dieser Praxis sagt CHÖGYAM TRUNGPA RINPOCHE:

> "Für die innere authentische Gegenwart genügt es nicht, ein redlicher, guter Mensch im gewöhnlichen Sinn des Wortes zu sein, sondern man muss den ursprünglichen Raum, die Ichlosigkeit verwirklichen. Leerwerden und Loslassen sind die Tugenden oder Ursachen, die zu dieser tiefen authentischen Gegenwart führen. Man darf an nichts mehr haften, man tauscht sich mit anderen aus, fühlt sich eins mit ihnen, ist in allen Beziehungen großzügig und frei von Fixierungen. Man muss also einen freien, an nichts mehr haftenden Geist haben, wenn man die tiefere authentische Gegenwart erfahren will. ... Authentische Gegenwart ist das Ergebnis zweier stets zusammenwirkender Prozesse, nämlich des allmählichen Loslassens von Ichverhaftungen im Verlauf eines langen Entwicklungsprozesses und der plötzlichen, wunderbaren Lösung von geistigen Fixierungen."[253]

Tue ich das, was ich tue, um den Beifall von anderen zu bekommen, oder tue ich es ohne irgendeinen mentalen Kommentar und Zusatz? Das ist dann keine Frage mehr, wenn wir authentisch präsent sind. Dann ist es so wie in diesem Beispiel:

> "Während du deine Tasse Tee trinkst, taucht plötzlich das Gefühl auf, dass du in einem Vakuum Tee trinkst. Es ist nicht einmal *du*, der da Tee trinkt. Die Leerheit des Raums trinkt Tee."[254]

Aber der wirkliche "Shambhala-Krieger" hat keine Angst vor dieser Bezugslosigkeit, er lässt es, wie es ist, sein Herz ist sanft und offen ohne Schutz, und deshalb ist die Welt in ihm wie umgekehrt er in der Welt. Das ist die Erfahrung von Mitgefühl (maitri), der von ursprünglichem, unbedingtem und elementarem Gutsein allen Seienden.

Das könnte dann auf unser elementarsten Erfahrungsebene, nämlich der zwischen Mann und Frau bedeuten, dass wir uns einander aussetzen mit unseren Gefühlen und dass wir dabei auf Erwartungen verzichten, wie wir uns und den anderen haben wollen. Das hieße, Vertrauen in die Gegenwart.

Wir erfassen den Unterschied von Ich-verhafteter, bedingter Liebe des kompensatorischen Selbst und ich-loser, unbedingter Liebe des wahren Selbst vielleicht klarer durch die folgende Geschichte:

> *"Wahre und falsche Liebe"*
> Der große indische Musiker Tansen lebte am Hofe des Kaisers Akbar, dem Unvergleichlichen.
> Einst fragte Akbar Tansen: "Ich kann mir nicht vorstellen, dass dich irgendjemand in deiner Kunst übertreffen kann. Ich kann mir das überhaupt nicht vorstellen. Du scheinst vollkommen zu sein. Aber immer wenn ich so denke, regt sich in mir auch der Gedanke, dass du ja auch einen Meister gehabt haben musst, von dem du gelernt hast und der - wer weiß - dich in deiner Kunst übertrifft. Wer also ist dein Meister? Lebt er noch? Und wenn er noch lebt, lade ihn an den Hof ein."
> Tansen sagte: "Er lebt, aber er kann nicht an den Hof geladen werden, weil er wie ein wildes Tier ist. Man kann ihn nicht laden. Wo

auch immer er auftaucht, geht er wieder davon. Er ist kein Mann von Gesellschaft. Er ist wie der Wind oder wie die Wolken. Er ist in der Gesellschaft nicht zu Hause - er ist ein heimatloser Wanderer. Und überdies kannst du ihn nicht bitten zu singen und zu spielen. Das ist unmöglich. Er singt, wenn ihm danach zumute ist; er tanzt, wenn ihm danach zumute ist. Deshalb müssen wir zu ihm gehen und warten, was dann geschieht."

Akbar war so aufgeregt und neugierig, dass er Tansen immer mehr zusetzte. "Und dein Meister lebt? Ich bin bereit, alle Mühen auf mich zu nehmen. Wo auch immer er sein sollte, ich werde zu ihm gehen", sagte Akbar.

Der Meister war ein umherziehender Fakir. Er hieß Haridas. Tansen sandte Kundschafter aus, die nach seinem Verbleib Ausschau halten sollten. Schließlich wurde er in einer Hütte nahe am Fluss Jammu aufgespürt. Dahin gingen Akbar und Tansen, um ihn zu hören. Die Dorfbewohner sagten: "Ungefähr um drei Uhr nachts, mitten in der Nacht, singt und tanzt er - manchmal. Aber dann ist er oft die ganzen Tage über still."

So warteten mitten in der Nacht Akbar und Tansen wie Diebe hinter der Hütte versteckt, denn sie fürchteten, dass Haridas nicht singen würde, wenn er ihre Anwesenheit bemerkte.

Und Haridas begann zu singen...und dann begann er zu tanzen. Akbar war gebannt. Er konnte kein einziges Wort mehr sagen, denn jedes Wort der Anerkennung wäre zu wenig gewesen. Und dann begann Akbar zu weinen, zu weinen, zu weinen...

Als er in dieser Nacht wieder zum Hof zurückkehrte, blieb er still. Nur die Tränen rollten unaufhörlich sein Gesicht herab. Als er mit Tansen bei den Stufen zum Palast anlangte, sagte er zu ihm: "Ich glaubte, dass dich niemand übertreffen könnte; ich glaubte, du wärest der größte Meister. Aber jetzt muss ich sagen, wie wenig du bist verglichen mit deinem Meister. Sag mir, woher kommt dieser Unterschied?"

Tansen antwortete: "Der Unterschied ist einfach zu erklären. Ich singe, ich spiele, um etwas anderes dafür zu bekommen: Macht, Ehre, Geld, Anerkennung. Meine Musik ist ein Mittel zu einem anderen Zweck. Ich singe, um etwas dafür zu bekommen. Und dies ist der Unterschied: Mein Meister singt, wenn er etwas in sich fühlt - dann kommen die Lieder aus ihm, und dann tanzt er, und beides ist nur Beiwerk. Wenn er mit dem Göttlichen erfüllt ist und es nicht halten kann, wenn er von IHM übervoll ist, nur dann singt er. Sein Gesang hat den Sinn in sich selbst. Er ist ein feierliches Gebet."[255]

Alle diese hier zum Ende des Kurses angesprochenen Methoden sind Möglichkeiten der Praxis, unser wahres Selbst zu stützen. Wir stellen sie den Teilnehmern vor; geben Zeit für Diskussion, welche Methoden sie für sich praktikabel finden, enthalten uns aber eines Ratschlags.

Wir beschließen unseren Kurs und auch dieses Buch mit zwei *Meditationen zum Wohle aller Wesen*; denn es ist unsere Überzeugung, dass das beste Mittel gegen die Verführungen durch das falsche Selbst jene Praxis ist, die für das Wohl des anderen tätig werden will. Solche spirituellen Orientierungen schwächen unsere geistigen Gewohnheitsmuster der Ich-Bezogenheit, die nicht sehen kann, dass wir untereinander verbunden sind. Was ich einem anderen an Schmerzen antue, tue ich mir an; was ich einem anderen an Wohltuendem anbiete, biete ich auch mir an. Wenn ich liebevoll mit mir selbst umgehe, gehe ich auch mit anderen liebevoll um. Denn etwas auf Kosten eines anderen zu tun, ist auch meiner Seele nicht bekömmlich.

Die Heilmeditation

- Überlege dir, welcher Mensch deiner näheren oder ferneren Umgebung zur Zeit in großer Not ist und ob du möchtest, dass er davon befreit wird....
- Visualisiere, dass weißes, heilendes Licht unter deinen Füßen in Form einer großen Lichtkugel strahlt...
- Lass dieses Licht nach oben in deinem Körper aufsteigen, durch die Füße, die Beine, den Bauch...
- Lass es weiter aufsteigen in den Brustkorb, zu den Schultern, die Arme hinab bis zu den Fingern...
- Lass es aufsteigen durch den Hals und in den Kopf...
- Visualisiere vor dir einen Menschen, den du sehr liebst. Wenn es kein Mensch ist, der auftauchen will, dann lass den lichten Engel der Liebe vor dir erscheinen, zu dem hin dein Herz sich öffnet...
- Sieh diesen Menschen (dieses Wesen) ziemlich konkret vor dir und fühle die Liebe zu ihm in deinem Herzen...
- Sieh, wie in deinem Herzen sich ein zartrosa-weißes Licht bildet, wie es stärker und stärker wird, während sich gleichzeitig dein Herz öffnet und dieses Licht zu dem geliebten Menschen hinfließt.........
- Sieh, wie dieses Licht in das Herz des anderen geht, wie eine Lichtbrücke sich zwischen euch bildet...
- Lass das Licht sich im Körper des anderen ausbreiten, bis er ganz davon erfüllt ist, ja bis dieses Licht über seinen Körper hinausstrahlt...
- Sieh, wie sein Licht zurückflutet in dein Herz und wie du allmählich überall ganz zu Licht wirst...... Spüre die Freude und die Liebe, die dieses Licht bringt und danke, dass du lieben kannst......

- Nun sieh den Menschen vor dir, der in Not ist und an den du zu Beginn dieser Meditation gedacht hast...... Sieh ihn so konkret wie möglich vor dir...
- Lass jetzt das Licht von dir zu ihm hinstrahlen mit derselben Liebe und durchstrahle und umhülle ihn ganz mit dem heilenden Licht......

(Man kann während einer längeren Zeit - etwa 5 bis 10 Minuten - ein Mantra singen, z.B. "Om mane padme hum" oder "Kyrie eleison, Christi eleison" oder "Bism-il-llah-ir-Rahman-ir-Rahiem" oder"La ilaha ill'allah" oder "Om tare tuttare ture soha" oder "Om gate gate paragate parasamgate bodhi svaha" oder "Om Ah Hum" oder auch hinduistische Mantras.)

- Sende nun dein liebend-heilendes Licht zu anderen Leidenden, zu Gruppen von Menschen, zu Völkern.........

(Die Dauer dieser Meditationsphase sollte flexibel sein.)

Friedens-Meditation

Musik: Aeoliah: "Inner Sanctum/The Light of Tao".

- Visualisiere unter deinen Füßen eine Kugel aus weißem, heilendem Licht...
- Lass dieses Licht allmählich, während du ruhig und gleichmäßig atmest, aufsteigen in deine Füße, durch deine Beine, in deinen Unterleib bis hinauf zu deinem Solarplexus......
- Lass das Licht weiter aufsteigen zum Herzen, zu den Schultern, die Arme hinab bis zu den Fingern......
- Sieh, wie es durch den Hals in den Kopf strahlt......
- Visualisiere in deinem Herzen ein zartes, rosafarbenes Licht..... Lass es sich ausdehnen......
- Nun sieh, wie du hier eine heilige Halle (Kirche, Tempel) betrittst......

- Sieh dich um, wer noch hier bei dir ist......
- Gehe in die Mitte der Halle zu dem Altar...... Dort kniet ein Engel... Knie neben ihm nieder und sprich einfache Worte der Fürbitte für den Frieden in deinem Herzen, in deinem Alltagsleben......
- Gehe weiter durch die lichte Halle...... Spüre, wie zu deiner Rechten sich dein Schutzengel hinter dich stellt und zu deiner Linken dein Führungsengel......
- Vor dir ist eine Tür... Wenn du sie öffnest, führt sie dich hinaus in eine Landschaft oder einen Garten des Friedens... Gehe dort hinein...
- Du kommst zu einer großen klaren Quelle, um die sich das Wasser sammelt, ehe es weiterfließt......
- Dies ist das Wasser des Friedens...... Spüre, wie hinter dich ein großer weißer Engel des Friedens tritt und dich mit seinen Flügeln beschützt......
- Lass neben dich einen Menschen treten, der Friedfertigkeit ausstrahlt......
- Lass nun alle Menschen in einem großen Kreis um die Quelle herankommen, die du bei dir haben möchtest und denen du Frieden im Herzen wünschst......
- Sieh, wie nun hinter jeden von ihnen ein Friedensengel tritt......
- Nun siehst du vor dir jemanden, zu dem hin du Ärger, Aggression oder Ablehnung spürst... Versuche ihn/sie so genau wie möglich zu visualisieren......
- Sieh, wie dein friedfertiger Freund (deine friedfertige Freundin) sich neben diesen abgelehnten Menschen stellt und wie sie sich auf den Grund ihrer Seele anschauen......
- Erkenne, wie hinter beiden ein großer weiß-lichter Friedensengel auftaucht und sie schützt......

- Gehe nun auf beide zu, umarme sie, lege deinen Kopf zwischen ihre Köpfe und lass in deinem Herzen die Energien von beiden in deinem Herzen zusammenfließen.....
- Spüre, wie der Friedensengel euch alle drei behütet......
- Lass euch nun in den Friedenskreis zurückgehen...
- Sieh, wie in der Mitte von euch allen eine große Lichtkugel aus weißem Licht entsteht......
- Schreibe die Namen der Menschen, Gruppen und Völker hinein, denen du Glück und Frieden im Herzen wünschst...... Schreibe mit weißen Lichtbuchstaben diese Wünsche in die Lichtkugel...
- Nun sieh, wie alle Friedensengel herankommen, die Kugel in der Mitte eures Kreises anheben, sie in viele kleine Lichtkugeln aufteilen lassen und die kleinen Lichtkugeln zu den Menschen usw. gehen lassen, denen du deine Wünsche senden willst...... Wir vertrauen den Friedensengeln diese Wünsche an und respektieren den freien Willen der Empfänger......
- Steht alle im Kreis und bleibt in der inneren Stille des Friedens......
- Gehe zurück in die heilige Halle..... Fühle, wie deine Beschützer bei dir sind......
- Dort in der Mitte der Halle blicke nach vorn und oben und sieh das Licht des Heiligen Geistes und lass dich davon erfüllen...... (Hier mag jeder ein Gebet sprechen, das ihm liegt.)
- Verlasse allmählich diese Halle, spüre deine Atmung und öffne langsam deine Augen.

Wir sind ans Ende unseres Kurses gelangt und haben hier nur noch nachzutragen, was für jede Selbsterfahrungsgruppe ein Bedürfnis ist: voneinander Abschied zu nehmen. Dies wird jeder Therapeut anders gestalten entsprechend der Individualität der Teilnehmer und der Originalität der Gruppendynamik. Sinnvoll halten wir irgendwo in die letzte Phase eingebaut eine große Runde, in der jeder nochmals zu Wort kommt. Dort kann man vor sich z.B. Rechenschaft ablegen über die wichtigsten Erkenntnisse. Man kann Kritik üben. Man kann nachspüren, was für die Zukunft eine wichtige Aufgabe ist usw. Sinnvoll könnte in diesem Zusammenhang auch eine Meditation sein, die nochmals den authentischen Selbstausdruck von Bildern und Elementalen reinigt, die der Wahrnehmung der eigenen Wahrheit im Wege stehen und die die Zukunftsvision über das, was man in die Welt bringen will, trüben.[256]

Wenn wir uns voneinander verabschieden, durchmessen wir sehr rasch die Zeiten: Wir blicken in das Vergangene, dann sind wir plötzlich in der Zukunft, und dann bemerken wir wieder das Hier und Jetzt. Und so geht es schnell vor und zurück. In einer Gruppe, die über eine längere Zeit solche persönlichen tiefen seelischen Vorgänge miteinander geteilt hat, wie wir sie hier skizzierten, wird man am Ende authentischer, ehrlicher und liebevoller miteinander umgehen als zu Beginn. Und so wird auch der Abschied berühren mit all den Gefühlen von Trauer, von Mut,von Angst, von Freude und Hoffnung auf die kommende Zeit. Dafür sollten Raum und Zeit gegeben werden.

Ich hoffe, dass Sie, liebe Leserin, lieber Leser, diese Gefühle in ihrem Herzen ahnungsweise spüren, nachdem Sie mit der Lektüre dieses Buchs zu Ende gekommen sind.

“The map is not the territory”, heißt es. Sinngemäß übersetzt: Das Geschriebene ist nicht die Wirklichkeit. Als Psychotherapeut füge ich hinzu: Die Psychotherapie ist nicht das Leben selber. Und noch genauer muss man sagen: Das eigentliche Leben ist hinter den Phänomenen des Lebens. Wenn Sie einen Zipfel dieses eigentlichen Lebens während der Lektüre erhascht haben an dem Ort, wo Sie gerade waren, als Sie das und dies lasen -.... dann ergeht es Ihnen wie mir, während ich diese Kurse leitete. Ich erfuhr sehr oft, wie mich die Prozesse der Kursteilnehmer berührten, aber verglichen mit den Höhen und Tiefen meines Lebens während der Kurszeiten, verhielten sie sich wie Original zu Spiegel.

EPIRRHEMA

Müsset im Naturbetrachten
Immer eins wie alles achten;
Nichts ist drinnen, nichts ist draußen:
Denn was innen, das ist außen.
So ergreifet ohne Säumnis
Heilig öffentlich Geheimnis.

Freuet euch des wahren Scheins,
Euch des ernsten Spieles:
Kein Lebendiges ist ein Eins,
Immer ist's ein Vieles.

(Goethe)

Anmerkungen und Literaturangaben

1 Otto Kernberg: Borderline Störungen und pathologischer Narzissmus. Frankfurt/M 1978 (Suhrkamp); James F. Masterson: Die Sehnsucht nach dem wahren Selbst. Stuttgart 1993 (Klett-Cotta); Heinz Kohut: Narzissmus. Frankfurt/M. 1973 (Suhrkamp); D.W. Winnicott: Reifungsprozesse und fördernde Umwelt. München 1974 (Kindler); Stephen M. Johnson: Der narzisstische Persönlichkeitsstil. Köln 1988 (Edition Humanistische Psychologie)

2 Mario Jacoby: Scham-Angst und Selbstwertgefühl. Solothurn/Düsseldorf 1991 (Walter)

3 Bärbel Wardetzki: Weiblicher Narzissmus. München 1991 (Kösel); dies.: Ohrfeige für die Seele. München 2000 (Kösel)

4 Wilhelm Reich: Zwei narzisstische Typen. In: Zeitschrift für Psychoanalyse 1922. Wiederabgedruckt in: W. R.: Frühe Schriften 1920-1925. Köln 1977 (Kiepenheuer & Witsch)

5 Alexander Lowen: Narzissmus. München 1984 Kösel)

6 John Pierrakos: Core Energetik. Essen 1987 (Synthesis)

7 Fritz Stern: Die Lebenserfahrung des Säuglings. Stuttgart 1992 (Klett-Cotta)

8 Thomas Ziehe: Pubertät und Narzissmus. Frankfurt/M u. Köln 1975 (Europäische Verlangsanstalt); ders.: Zeitvergleiche. Jugend in kulturellen Modernisierungen. Weinheim/München 1991 (Juventa)

9 Christopher Lasch: Das Zeitalter des Narzissmus. Hamburg 1995 (Hoffmann u. Campe). Amerikan. Erstausgabe 1979.

9a Grundsätzlichere Überlegungen zum Verhältnis von Narzissmus und Machtmissbrauch an Hand von Beispielen politischer Persönlichkeiten und der 68er-Bewegung in der deutschen Nachkriegsgeschichte stellt Hans-Jürgen Wirth in seinem Buch "Narzissmus und Macht" an (Gießen 2002, Psychosozial-Verlag). Auch der fundamentalistische Terrorismus wird einer psychoanalytischen Betrachtung unterzogen, wobei Kernbergs Narzissmus-Definitionen verwendet werden. Dieses Buch ist ein Novum in Deutschland und zu begrüßen. Nach meinem ersten Eindruck bleibt aber ungeklärt, welche gesellschaftlichen Verhältnisse es Politikern mit einer narzisstischen Psychopathologie ermöglichen, an die Schalthebel der Macht zu gelangen. Man sollte die Lektüre von H. E. Richters "Das Ende der Egomanie" (vgl. Anm. 27) anschließen, denn es befasst sich mit den viel versprechenden Ansätzen, Politikern mit übertrieben narzisstischen Aspirationen keine Chancen mehr zu geben, in politische Ämter gewählt zu werden.

10 Anita Eckstaedt: Nationalsozialismus in der “zweiten Generation”. Frankfurt/M. 1989 (Suhrkamp)

11 Th. W. Adorno/ M. Horkheimer: Dialektik der Aufklärung. Frankfurt/ M. 1971 (Fischer)

12 Th. W. Adorno u.a.: Studien zum autoritären Charakter. Frankfurt/M. 1973 (Suhrkamp); Amerikan. Originalausgabe: 1949-1950

13 Hans Kilian: Das enteignete Bewusstsein. Neuwied 1971 (Luchterhand)

14 Tilman Moser: Dämonische Figuren. Die Wiederkehr des Dritten Reichs in der Psychotherapie. Frankfurt/M. 1996 (Suhrkamp)

15 Alexander Mitscherlich: Die Unfähigkeit zu trauern. München 1967 (Piper)

16 Gopi Krishna: Kundalini. München 1968. (O.W. Barth); ders.: Biologische Basis der Glaubenserfahrung. München 1973 (O.W. Barth)

17 Suzanne Segal: Kollision mit der Unendlichkeit. Bielefeld, 2. Aufl. 1997 (Context)

18 Stanislav Grof: Das Abenteuer der Selbstentdeckung. München 1987 (Kösel)

19 ders.: Kosmos und Psyche. München 1997 (Krüger)

20 Kenneth Ring: Den Tod erfahren - das Leben gewinnen. Berg.-Gladbach 1986 (Lübbe); ders.: Im Angesicht des Lichts. München 1999 (Ariston)

21 Raymond A. Moody: Leben nach dem Tod. Reinbek 1977 (Rowohlt); ders.: Nachgedanken über das Leben nach dem Tod. Reinbek 1997 (Rowohlt)

22 Zygmunt Bauman: Postmoderne Ethik. Hamburg 1995 (Hamburger Edition)

23 Siehe Anmerkung 12

24 Wilhelm Reich: Massenpsychologie des Faschismus. Köln 1971 (Kiepenheuer & Witsch), Ersterscheinung: Kopenhagen 1933

25 Max Horkheimer: Studien über Autorität und Familie. In: Kritische Theorie, Bd. I, Frankfurt/M. 1968 (Fischer). Erstausgabe: Paris 1936

26 Lloyd deMause: Hört ihr die Kinder weinen. Eine psychogenetische Geschichte der Kindheit. Frankfurt/M. 1977 (Suhrkamp)

27 Horst Eberhard Richter: Lernziel Solidarität. Reinbek 1979 (Rowohlt); ders.: Flüchten oder Standhalten. Reinbek 1976 (Rowohlt); ders.: Das Ende der Egomanie. Köln 2002 (Kiepenheuer & Witsch); Alexander Mitscherlich: Auf dem Weg zur vaterlosen Gesellschaft. München 1963(Piper); Jürgen Habermas: Legitimationsprobleme im Spätkapitalismus. Frankfurt/M 1973 (Suhrkmap)

28 Ziehe: Pubertät und Narzissmus. Siehe Anm. 8, S. 163

29 ibd., S. 139

30 ibd., S. 101

31 ibd., S. 101

32 ibd., S. 139

33 ibd. S. 140

34 ibd., S. 143ff.

35 ibd., S. 159

36 Ulrich Beck: Die Kinder der Freiheit. Frankfurt/M. 1997 (Suhrkamp); Richard Sennett: Der flexible Mensch. Die kultur des neuen Kapitalismus. Berlin 1998 (Berlin-Verlag); Anthony Giddens: Jenseits von Links und Rechts. Frankfurt/M. 1997 (Suhrkamp)

37 Ziehe, ibd., S. 182

38 ibd., S. 183

39 Margret S. Mahler: Symbiose und Individuation. Stuttgart 1968 (Klett)

40 Ziehe, ibd., S. 186

41 ibd., S. 166

42 ibd., S. 168

43 Gerard Mendel: Die Revolte gegen den Vater. Frankfurt/M. 1972 (Fischer)

44 Vgl. hierzu: Hans-Joachim Maaz: Der Lilith-Komplex. Die dunklen Seiten der Mütterlichkeit. München 2003 (C.H. Beck). Unter "Lilith-Komplex" versteht Maaz u.a. die negativen Folgen, wenn jene Mütterlichkeit verleugnet wird, zerstört oder eingeengt wurde, die ursprünglich mit der mythologischen Gestalt der Lilith verbunden war, jener sinnlich-mitfühlenden liebesstarken Ur-Frau, die Gott noch vor der Eva erschuf und die dem Manne völlig ebenbürtig war. Die Repression dieser Lilith führt dann zum Mangel an guten mütterlichen Werten. Dazu rechnet Maaz (S. 155) das Raum- und Zeitgeben, so dass andere "zu sich finden" können; ferner Einfühlung und verstehende Liebe, die auch freilässt, die "Beziehungen stiftet und hält, die liebevolle Verbundenheit bei sicherer Eigenständigkeit und Unabhängigkeit gewährt..." Die Globalisierung mit ihrer Auflösung auch von Sozialverantwortlichkeit der Gemeinwesen zugunsten zynischer Profitgier kann man mit Maaz als ein Phänomen der kollektiven Mutterlosigkeit und Muttervergiftung ansehen.

45 Ziehe, ibd., S. 176

46 ibd., S. 177

47 ibd., S. 191

48 ibd., S. 191

49 Jugend 2000. 13. Shell-Jugendstudie. Opladen 2000 , Bd. 1 (Leske + Budrich), S. 97

50 ibd., S. 95

51 ibd., S. 155f.
52 ibd., S. 189ff.
53 Ziehe: Zeitvergleiche, siehe Anm. 8, S. 120
54 ibd., S. 172
55 ibd., S. 176
56 Shell-Studie, ibd., S. 156
56a H. E. Richter stimmt mit diesen Beobachtungen überein, indem er bei Jugendlichen zunehmend ein Gruppenengagement für globale ökologische Problemlösungen und für Menschenrechte, z. B. in der "attac"-Bewegung, ausmacht. H. E. Richter: Das Ende der Egomanie. München 2003 (Knaur)
57 Kernberg, siehe Anm. 1, S. 358
58 ibd., S. 361
59 ibd., S. 361
60 ibd., S. 359
61 ibd., S. 359
62 Siehe Anm. 1
63 Kernberg, ibd., S. 261
64 ibd., S. 263
65 ibd., S. 354f.
66 Bernhard Schlink: Liebesfluchten. Zürich 2000 (Diogenes), S. 185
67 ibd., S. 185
68 Kernberg, ibd., S. 362
69 Marten Aalberse: Erdungs-Angst und die schwarze Nacht der Seele. In: Energie und Charakter, Heft 2 bis 5, 21. bis 23. Jahrgang (1990/1992). Hg.: Internationales Ausbildungsinstitut für Biosynthese, CH-9410 Heiden/Schweiz; H.H. Almaas: Die Leere. Oldenburg 1992 (Transform)
70 Vgl. hierzu: Hans-Joachim Maaz: Der Lilith-Komplex, Anm. 44
71 Kernberg, ibd., S. 262
72 Neville Symington: Narzissmus. Gießen 1999 (Psychosozial)
73 ibd., S. 59
74 Daniel Stern, siehe Anm. 7
75 ibd., S. 20
76 Martin Dornes: Der kompetente Säugling. Die präverbale Entwicklung des Menschen. Frankfurt/M. 1993 (Fischer), S. 79
77 Stern, Anm. 7, S. 20
78 ibd., S. 106
79 ibd., S. 20
80 ibd., S. 284

81 ibd., S. 291

82 Vgl. hierzu die Lehre von den Gedankenkörpern, auch “Elementale” genannt, in den Lichtkörpern des Menschen. Näheres dazu in: Nicholas Demetry/Edwin Clonts: Awakening Love. Nevada City 2001 (Blue Dolphin Publishing)

83 Stern, Anm. 7, S. 47f.

84 Dornes, ibd., S. 80f.

85 ibd., S. 152

86 Stern, ibd., S. 294

87 Dornes, ibd., S. 157

88 Frank Röhricht/Stefan Priebe: Körpererleben in der Schizophrenie. Göttingen u.a. 1998 (Hogrefe)

89 Winnicott, siehe Anm.1

90 a) D. N. Stern, R. K. Barnett, S. Spieker: Early transmission of affect: Some research issues. b) Louis W. Sander: Polarity, paradox, and the organizing process in development. Erschienen in: J.D. Call, E.Galenson, R.L. Tyson (Hg.): Frontiers of Infant Psychiatry. Vol.1. New York 1983 (Basic Books)

91 Winnicott, ibd., S. 42

92 ibd., S. 38

93 Jessica Benjamin: Die Fesseln der Liebe. Psychoanalyse, Feminismus und das Problem der Macht. Frankfurt/M. 1990 (Stroemfeld/Roter Stern), S. 35

94 Winnicott, ibd., S. 42ff.

95 L. Sander, ibd., S. 342

96 Ilya Prigogine: Vom Sein zum Werden. München 1982, 3. Aufl. (Piper); Humberto Maturana/Francisco Varela: Der Baum der Erkenntnis. München/Bern 1987, 3. Aufl. (Scherz)

97 Fritjof Capra: Lebensnetz. Bern/München 1996 (Scherz)

98 ibd., S. 207

99 ibd., S. 208

100 ibd., S. 219

101 ibd., S. 303

102 ibd., S. 303

103 ibd., S. 306

104 Dornes, Anm. 76, S. 159f.

105 Benjamin, Anm. 93, S. 44

106 Vgl. Peter Geissler: Präverbale Interaktion. In: Psychotherapie Forum, Vol. 9, No. 3, 2001. Wien/New York (Springer), S. 99 - 111

107 Stern, ibd., siehe Anmerkung 7!; Geissler, ibd

108 Daniel Goleman (Hg.): Die heilende Kraft der Gefühle. München 1998 (Dt. Taschenbuch Verlag), S. 236ff

109 Vgl. dazu Francis J. Broucek: Shame and the Self. London 1991 (The Guilford Press)

110 Vgl. dazu Dornes, Anm. 76, S. 173ff.

111 Stern, Anm. 7, S. 241ff.

112 ibd., S. 242

113 ibd., S. 245

114 ibd., S. 246f.

115 Stern, ibd., S. 24

116 Körperpsychotherapien, die sich darauf konzentrieren: George Downing: Körper und Wort in der Psychotherapie. München 1996 (Kösel); Yvonne Maurer: Körperzentrierte Psychotherapie. Stuttgart 1987 (Hippokrates); David Boadella: Befreite Lebensenergie. München 1991 (Kösel); Tilman Moser: Stundenbuch. Protokolle aus der Körperpsychotherapie. Frankfurt/M. 1992 (Suhrkamp); Peter Geissler (Hg.): Analytische Körperpsychotherapie in der Praxis. München 1998 (Pfeiffer); Bernhard Maul (Hg.): Körperpsychotherapie oder die Kunst der Begegnung. Berlin 1992

117 Stern, Anm. 7, S. 250

118 Paul Watzlawick: Menschliche Kommunikation. München/Bern 2000 (Huber)

119 Stern, ibd., S. 257

120 ibd., S. 258

121 ibd., S. 258

122 Siehe Anmerkung 109

123 Broucek, ibd., S. 37

124 ibd., S. 38

125 ibd., S. 38ff.

126 ibd., S. 40

127 ibd., S. 59ff.

128 ibd., S. 59ff.

129 Stern, Anm. 7, S. 79

130 ibd., S. 80

131 Dornes, Anm. 76, S. 197ff.

132 Stern, ibd., S. 143

133 Dornes, ibd., S. 189

134 Stern, ibd., S. 143

135 ibd., S. 138

136 ibd., S. 145

137 ibd., S. 27 und S. 356f.

137a Dieses Denken beruht auf dem Leugnen des Beziehungsaspektes, was typisch ist für die cartesianische Naturwissenschaft. Individuen, Gruppen, Völker usw. werden als in sich abgeschlossene, voneinander getrennte Einheiten gesehen. Gründe dafür sind Angst, Misstrauen und latente Aggressivität. Es wird nicht gesehen, dass wir alle aufeinander angewiesen sind.

138 Dornes, siehe Anm. 76

139 Peter Geissler: Körperarbeit und Körpererfahrung in der Analytischen Körperbezogenen Psychotherapie. In: Energie und Charakter, 26. Jg., Heft 12, Dezember 1995; Werner Pitzal: Kontakt und Beziehung in Kindesentwicklung und Körperpsychotherapie. In: Energie und Charakter, 27. Jg., Heft 13, Juni 1996; Hilarion Petzold (Hg.): Psychotherapie und Babyforschung, Bd.I, Frühe Schädigungen - späte Folgen. Paderborn 1997 (Junfermann)

140 Downing, siehe Anmerkung 116

141 Lee Sanella: Kundalini - Psychosis or Transcendence. San Francisco 1976 (H.S. Dakin Company)

142 Itzhak Bentov: Töne - Wellen - Vibrationen. München 1984 (Dianus-Trikont)

143 Hiroshi Motoyama/Rande Brown: Chakra-Physiology. Freiburg/Br. 1980 (Aurum)

144 W. J. Kilner: The Human Aura. New York 1965 (University Books)

145 Alexander Dubrov: Biogravitation and Psychotronics. In: White/ Krippner (Hg.): Future Science. New York 1977 (Anchor)

146 George De La Warr: Matter in the Making. London 1966 (Vincent Stuart)

147 Fritjof Capra: Das Tao der Physik. München 1997 (Droemer-Knaur); ders.: Wendezeit. München/Bern 1982 (Scherz)

148 Stephano Sabetti: Lebensenergie. München/Bern 1985 (Scherz)

149 John Pierrakos, siehe Anm. 61

150 Barbara A. Brennan: Lichtarbeit. München 1989 (Goldmann)

151 Wilhelm Reich: Die Entdeckung des Orgons. Frankfurt/M 1972 (Fischer); ders.: Die Entstehung des Orgons. Frankfurt 1976 (Fischer)

152 Hildegard . Bingen: Wisse die Wege (Scivias). Salzburg 1954 (Otto Müller); Meister Eckart: Mystische Schriften. Hgg. von Gustav Landauer. Frankfurt/M. 1991 (Insel); Gerhard Wehr: Jakob Böhme. Reinbek 1971 (rororo-bildmonographie 179); Ernst Kaiser: Paracelsus. Reinbek (rororo-bildmonographie 149)

153 Meher Baba: Discourses, 3 Bde., Ahmednagar/Indien 1976 (Adi K. Irani); Ramana Maharshi: Sei, was du bist. Frankfurt/M, 8. Aufl. 2006 (O. W. Barth)

154 Gopi Krishna, siehe Anm. 16
155 Daskalos: Esoterische Lehren. München 1991 (Knaur), S. 74
156 K. Ring; siehe Anm. 20
157 R. Moody, siehe Anm. 21
158 Elisabeth Kübler-Ross: Über den Tod und das Leben danach. Horhausen 2002 (Silberschnur); dies.: Verstehen, was Sterbende sagen wollen. München 2000 (Knaur)
159 Melvin Morse/Paul Perry: Zum Licht. Was wir von Kindern lernen können, die dem Tod nahe waren. Frankfurt/M. 1992 (Zweitausendeins)
160 Betty Eadie: Licht am Ende des Lebens. München 1994 (Knaur)
161 Daskalos, Anm. 155, S. 93
162 K. Ring (1999), siehe Anm. 20
163 Sogyal Rinpoche: Das tibetische Buch vom Leben und vom Sterben. München, 4. Aufl. 1994 (O.W. Barth), S. 332
163a Francisco Varela: Traum, Schlaf und Tod. Der Dalai Lama im Gespräch mit westlichen Wissenschaftlern. München, Zürich 2001 (Piper)
164 Mark Epstein: Gedanken ohne den Denker. Frankfurt/M. 1998 (Fischer), S. 46ff.
165 Chögyam Trungpa: Spiritueller Materialismus. Freiburg/Br. 1975 (Aurum), S. 108ff.
166 Epstein, ibd., S. 125
167 Chögyam Trungpa, ibd., S. 161
168 Jack Kornfield: Frag den Buddha und geh den Weg des Herzens. München 2003 (Heyne)
169 ibd.
170 Suzanne Segal: siehe Anm. 17, S. 133
171 ibd., S. 134.
172 Stanislav Grof, siehe Anm. 18 und 19
173 Grof, siehe Anm. 19, S. 67
174 Annemarie Schimmel: Rumi. Düsseldorf/Köln 1978 (Diederichs Gelbe Reihe)
175 Segal, Anm. 17, S. 142ff.
176 ibd., S. 145
177 Daskalos, Anm. 155, S. 93
178 ibd., S. 74
179 Ken Wilber: Integrale Psychologie. Freiamt 2001 (Arbor)
180 Daskalos, ibd., S. 93
181 ibd., S. 204
182 Siehe dazu auch: Grof, Anm. 19, S. 70ff.

183 Daskalos, ibd., S. 101

184 Alexa Kriele: Wie im Himmel so auf Erden. Einführung in die christliche Engelkunde. 4 Bde., Seeon 1998ff. (Falk)

185 Daskalos, ibd., S. 110

186 Vgl.: Grof, Anm. 19, S. 91ff.

187 Dornes, siehe Anm. 76, S. 91ff.

188 Private Mitschrift eines Workshops mit Gerda Boyesen

189 Joseph Campbell: Die Kraft der Mythen. Zürich/München 1989 (Artemis)

190 Vgl. Johnson, Kohut, Kernberg: siehe Anm. 1; Vgl. Moser: siehe Anm. 14; Manfred Thielen (Hrsg.): Narzissmus. Neuauflage Berlin 2003 (Leutner Verlag)

191 Vgl. Anmerkungen 4, 5, 6, 116; Ron Kurtz: Körperzentrierte Psychotherapie. Essen 1985 (Synthesis)

192 Shitsuto Masunaga/Wataru Ohashi: Shiatsu. Reinbek 1989 (Rowohlt)

193 Joachim Vieregge: Ki-energetische Therapie und Charakterstrukturen. In: Bernhard Maul (Hg.), siehe Anm. 116, S. 348 - 357.

194 Demetry/Clonts, siehe Anm. 82

195 C. W. Leadbeater: Gedankenformen. Freiburg 1987, 4. Aufl. (Bauer)

196 Vgl. H.H. Almaas: Essenz. Oldenburg 1994 (Transform), S. 107ff.

197 Einführend in die Arbeitsweise von Bert Hellinger seien hier empfohlen: Bert Hellinger: Zweierlei Glück. Heidelberg 1995, 7. Aufl. (Auer); ders.: Ordnungen der Liebe. Heidelberg 1994 (Auer); Bert Hellinger/ Gabriele ten Hövel: Anerkennen, was ist. München 1996 (Kösel)

198 Vgl. Pierrakos, siehe Anm. 6

199 Barbara A. Brennan: siehe Anm. 150, S. 329

200 Siehe Sabetti, Anm. 118, Pierrakos, Anm. 6; Brennan, Anm. 150; Rosalyn Bruyere: Chakras. Räder des Lichts. Einführung. Essen 1990 (Synthesis); Daskalos, Anm. 155; Demetry/Clonts, Anm. 82.

201 Vgl. Capra, Anm. 97; Ken Wilber, Anm. 179

202 Daskalos, Anm. 155, S. 157ff.

203 Brennan, Anm. 150, S. 153f.

204 Demetry/Clonts, Anm. 82, S. 75ff.

205 Jeremy Hayward/Francisco Varela: Gewagte Denkwege. Wissenschaftler im Gespräch mit dem Dalai Lama. München/Zürich 1996 (Piper)

206 ibd., S. 244ff.

207 Daniel Goleman, Anm. 108, S.88ff.

208 F. Capra: Wendezeit, siehe Anm. 147, S. 316ff.

209 Aus: Ron Fischer: Spione des Herzens. München 1989 (Droemer-Knaur)

210 Wie in den Kapiteln über die Säuglingsforschung erwähnt, kann es auch schon in der präverbalen Beziehungsphase zu Störungen des Selbstempfindens kommen. Auch dort wird die Selbstwahrnehmung des Kindes durch die Vorstellungen und inneren Bilder der Eltern ("selektive Abstimmung") mitgestaltet. Psychotische Frühstörungen treten dann auf, wenn die subjektive Integrität und Selbstorganisation des Kindes durch mangelhafte Interaffektivität und unterbrochenen Körperkontakt seitens der Mutter ignoriert wird oder ohne Resonanz bleibt. Eine ähnliche Beziehungsstörung auf der späteren Ebene der Selbstobjektivierung und Selbstreflexivität läuft dann ab, wenn das Kind etwas auf der präverbalen, resonanten intersubjektiven Beziehungsebene weiß, ihm aber auf der verbalen und objektiven Ebene vermittelt wird: du darfst es nicht wissen. Dieser Spaltungsvorgang kann der Beginn für Schizophrenie sein, besonders wenn es sich um lebensbedrohliche oder tödliche Geschehnisse in der Familie handelt, die verschwiegen werden. (Vgl. hierzu: Franz Ruppert: Verwirrte Seelen. Der verborgene Sinn von Psychosen. München 2002 (Kösel), S. 245ff.)

211 Vgl. zu dieser Problematik. Zygmunt Bauman, Anm. 22!

212 Nicholas Demetry: Mitschrift aus einem Workshop.

213 Pierrakos: Core Energetik, Anm. 6, S. 83ff.

214 Demetry/Clonts, Anm. 82, S. 34 - 65

215 Brennan, Anm. 150, S. 323

216 ibd., S. 323f.

217 ibd., S. 328f.

218 Hellinger, Anm. 197

219 Brennan, ibd., S. 138ff.

220 Alexander Gosztonyi: Das Vaterunser. Aitrang 1990 (Windpferd), S. 258ff.

221 Aus: Idries Shah: A veiled Gazelle. London 1977 (The Octagon Press)

222 B.K.S. Iyengar: Licht auf Yoga. München 2001, 5. Aufl. (O.W.Barth), S. 97

223 Vgl. hierzu den Roman von Javier Cercas: Die Soldaten von Salamis. Berlin 2002 (Berlin-Verlag)

224 Vgl. Anmerkungen 195, 150 und 6

225 Brennan, Anm. 150, S. 153f.

226 Pierrakos, Anm. 6

227 Aus: Idries Shah, Anm. 221

228 Diese Chakra-Körperübung wurde dem Etherikos-Training von Nicholas Demetry entnommen.

229 *Meditation zur Transformation von Ärger/Aggression:*

Bei dieser Meditation visualisiert man zuerst weißes Licht, das von oben als Lichtstrahl aus dem Kosmos in das Scheitel-Chakra eindringt und schließlich den ganzen Leib durchflutet. Danach visualisiert man vor sich eine weiße Lichtkugel und in ihr möglichst konkret die Ärger und Wut erzeugende Situation so lange, bis man dieses Grundgefühl wieder fühlt. Dann lässt man das blaue Licht von Erzengel Michael (der Ärger in Frieden und Heiterkeit verwandelt) von unten durch die Beine aufsteigend den ganzen Leib in dieses blaue Licht verwandeln. Mit den blauen Lichthänden berührt man sodann die Lichtkugel und lässt das blaue Licht hineinwirken. Nach einiger Zeit (sofern man nichts "will" oder an besondere Erwartungen fixiert ist), wird man eine neue Gefühlsqualität sowohl in der Kugel als auch im eigenen Körper fühlen. Bitte diese neuen Energien nicht intellektuell verstehen wollen. Sie wirken durch dein sich veränderndes Verhalten und Leben.

Meditation zur Transformation von falscher Macht:

Die Meditation beginnt wie die vorherige. In der Lichtkugel wird aber diesmal eine Situation visualisiert, in der man Macht- und Autoritätsprobleme hatte. Dann lässt man von unten nach oben das gold-orangene Licht der Autoritäten einströmen (das sind die Engel der 2. Triade, die Kyriotetes. Sie sorgen für das Wirken der göttlichen Macht, bewirken Hingabe an den göttlichen Willen, den altruistischen Dienst an der Gemeinschaft. Vgl A. Kriele: Wie im Himmel so auf Erden, Anm. 184, 2. Bd., S.343ff.). Danach berührt an mit diesem Lichtkörper die Situation in der Lichtkugel. Man kann auch den Erzengel Gabriel mit seinem weißen Licht anrufen, bei dieser Arbeit zu helfen. Er ist so etwas wie eine Brücke zu den Kyriotetes. Die Identifizierung mit der falschen Macht des kleinen Egos transformiert das Machthaben-Wollen über andere und das Besitzen-Wollen in Unschuld und Wahrhaftigkeit im Dienste der göttlichen Christusliebe.

230 Vgl. dazu: Thure v. Uexküll: Psychosomatische Medizin. München u.a. 1990, 4. Aufl., S. 180-184

231 Michael Lukas Moeller: Die Wahrheit beginnt zu zweit. Das Paar im Gespräch. Reinbek 1997 (Rowohlt)

232 Herbert Marcuse: Triebstruktur und Gesellschaft. Frankfurt/M. 1968 (Bibliothek Suhrkamp 158); Dieter Duhm: Warenstruktur und zerstörte Zwischenmenschlichkeit. Köln 1975 (Rolf Horst)

233 Vgl. Capra (1982), Anm. 147, S. 316ff.; Maturana/Varela, Anm. 96

234 Max Wertheimer: Drei Abhandlungen zur Gestalttherapie (1925); Fritz Perls: Gestalt-Therapie in Aktion. Stuttgart, 4. Aufl. 1986 (Klett-Cotta)

235 Vgl. z.B.: James Gleick: Chaos - die Ordnung des Universums. München 1988 (Droemer-Knaur)

236 Broucek, Anm. 109

237 Quelle: mündliche Überlieferung

238 Hellinger: Zweierlei Glück (Ausgabe 1993), Anm. 197, S. 177

239 Karlfried Graf Dürkheim: Hara. München 1978 (O.W. Barth)

240 David Boadella, Anm. 116, S. 90ff.

241 Anmerkung zur Meditation: Der Erzengel, der hier angerufen wird, kommt von den Thronen der 3. Hierarchie der 1. Engel-Triade. Die Abgesandten der Throne bringen göttliche Liebe, Selbstlosigkeit, das Dienen zum Wohle der Menschheit. Sie lösen Illusionen und Selbsttäuschungen auf, die durch Anhaftung an das Ego entstehen. Näheres dazu siehe: Alexa Kriele, Anm. 184, 3. Bd., S. 262ff.

242 Aus: Otto Reps (Hrsg.): Ohne Worte - ohne Schweigen. 101 Zen-Geschichten und andere Texte aus vier Jahrtausenden. München 1976 (O.W. Barth)

243 Symington, Anm. 72, S. 54

244 ibd., S. 54

245 Daniel Stern: Die Mutterschaftskonstellation. Stuttgart 1998 (Klett-Cotta)

246 Symington, ibd., S. 59

247 M. Scott Peck: Eine neue Ethik für die Welt. München 1995 (Goldmann); Peter Senge: Die fünfte Disziplin. Kunst und Praxis der lernenden Organisation. Stuttgart 2001 (Klett-Cotta)

248 Moeller, Anm. 231

249 Eva Pierrakos: Der Pfad der Wandlung. Essen 1994 (Synthesis), S. 101ff.

250 ibd., S. 94

251 Sogyal Rinpoche, Anm. 163, S. 232ff.

252 Alexa Kriele, Anm. 184

253 Chögyam Trungpa: Das Buch vom meditativen Leben. München 1986 (O.W. Barth), S. 182. Amerikan. Originaltitel: Shambhala. The Sacred Path of the Warrior.

254 ibd., S. 177

255 Aus: Bhagwan Shree Rajneesh: Until You Die. Discourses on the Sufi-Way. Poona/India 1976 (Rajneesh Foundation). Übersetzung: Joachim Vieregge.

256 Zu diesem Zweck sei die Meditation auf das 5. Chakra, das Kehle-Zentrum, empfohlen. Abgedruckt in: Demetry/Clonts, Anm. 82, S. 163ff. Auf Wunsch kann dem Leser eine Kopie der Meditationsanweisung zu diesem Chakra in deutscher Übersetzung zugeschickt werden.

Danksagung

Dieses Buch verdankt sein Entstehen vielen Menschen. An vorderster Stelle möchte ich allen Kursteilnehmern danken, da sie den Mut aufbrachten, sich ihre seelischen Verletzungen des Selbstwerts anzuschauen und dabei ihr ehrliches Verlangen nach Heilung ausdrückten. Die Liebe dieser Menschen hat mich in meiner Arbeit beflügelt, in Gebiete der Psyche und des Geistes vorzustoßen, die ich sonst nicht gewagt hätte. Dadurch hat jeder Kurs eine einmalige, genuine Note gehabt. Den Mitarbeitern und der Leitung des Odenwald-Instituts für personale Pädagogik möchte ich danken, denn ohne ihre Organisation wären die Kurse so nicht zustande gekommen.

Das Buch ist ein Resultat vieler Einflüsse durch psychotherapeutische und spirituelle Lehrer, die ich im Laufe der Jahre in ihrer Arbeit kennenlernte. Bei John Pierrakos lernte ich das Herz oder Core unserer Arbeit als Körperpsychotherapeut schätzen. John hat stets betont, dass jeder Mensch ein einzigartiges Höheres Selbst hat und dass Therapie ohne dieses Wissen eine mühsame, frustrierende Arbeit wird, weil sie nur am Symptom haften bleibt und dieses noch vergrößert. Bert Hellinger verdanke ich sowohl persönliche Wertschätzung und Förderung als auch das Erlernen der Methode des Familienstellens. Obwohl dieses therapeutische Verfahren im Rahmen dieses Kurses eher in den einzeltherapeutischen Settings vorkommt, führen die Familienaufstellungen doch auf sehr direkte Weise zur Erfahrung des wahren Selbst; vordergründig in einem familiensystemischen Kontext durch das Nehmen der Eltern, aber dann oft auch in einem überzeitlichen, transpersonalen, ja religiösen Raum. Kritische Anregungen erhielt ich von Hans-Joachim Maaz, der sich für die soziologische und psychologische Sicht dieser Problematik vor dem Hintergrund der Geschichte der DDR-BRD-Beziehung lebhaft interessierte.

Die spirituellen Räume des Selbst half mir mein Freund Nicholas Demetry zu erschließen. Ihm verdanke ich die Gewissheit, dass die Vorgänge in den Lichtkörpern eine Realität sind und dass man die ätherische Energie dieser Sphären zur Heilung von negativen Bildern über den eigenen Selbstwert ganz praktisch sehen und anwenden kann. Das Glück und die Freude, die man erlebt, wenn man die geistigen Wesen “sieht” und fühlt, die die subtilen, lichten Lichtkörper besuchen und die man um Heilung vieler Menschen bitten kann - diese Freude und dieses Glück werde ich nie vergessen. Nicholas vermittelte mir und vielen Freunden auch die so kostbare mystische Lehre von den Elementalen und der Chakren, die er durch Daskalos kennengelernt hat. Die wichtigsten Meditationen, Gruppenvisualisierungen und spirituellen Wahrheiten habe ich bei Nicholas zuerst selber erfahren. Ich gebe sie hier an alle weiter, die die Kurse besuchten oder die dieses Buch lesen. Vollständiger sind sie in Nicholas' eigenem Werk enthalten.

Danken möchte ich Adelheid Dörsam, die mich bei vielen Kursen als Mitarbeiterin begleitete und unterstützte.

Meinem Freund Peter Vogt sage ich “Danke”, weil er mich bei vielen unserer Gespräche kritisch-wohlwollend zu der Thematik begleitete, während ich an dem Buch schrieb.

Schließlich aber danke ich meiner Frau Annemarie, die mir die Zeit ließ, die ich am Schreibtisch und am Computer beim Verfertigen dieses Buches zubrachte.

Manchmal während der Seminare und beim Verfassen des Textes überkam mich das seltsame Empfinden, dass ich bei dieser Arbeit von geistigen Wesen geführt wurde. Daher weiß ich, dass das Gelingen aus einer Zusammenarbeit mit ihnen entstand, um deren Hilfe ich immer wieder gebeten habe.

Dr. Joachim Galuska (Hrsg.)
Den Horizont erweitern
Die transpersonale Dimension in der Therapie
Die Ausrichtung, transpersonales Wissen, Bewusstsein und Technik zu Heilungszwecken einzusetzen, besitzt heute große Bedeutung. Die meisten Beiträge dieses Buches beschäftigen sich mit den Fragen, welche Auswirkungen dies auf Diagnostik und Therapie besitzt.
- Wie zeigt sich das Transpersonale in der in der Körpertherapie, in der Atemarbeit oder im Familienstellen?
- Gibt es besondere Gesichtspunkte durch eine transpersonale Orientierung in der Traumatherapie, in der Behandlung von Psychosen oder im Verständnis religiöser und spiritueller Störungen?
- Gibt es Besonderheiten oder Anregungen in den verschiedenen Feldern der Medizin, in den unterschiedlichen Institutionen und Sektoren unseres Gesundheitswesens oder für diverse Berufsgruppen?
Die Autoren versuchen in diesem Buch erste Antworten. Beiträge u.a. von Hans-Peter Duerr, David Boadella, Joachim Galuska.
280 Seiten, ISBN 978-3-934391-22-2

Norbert Schrauth
Körperpsychotherapie und Psychoanalyse
Eine vergleichende Studie am Beispiel von Wilhelm Reich, Gerda Boyesen und Alexander Lowen sowie Sandor Ferenczi, Michael Balint und Donald W. Winnicott.
Die Körperpsychotherapien in der Tradition Wilhelm Reichs beeindrucken durch ihre Variationsbreite der Interventionstechniken und die Tiefe der emotionalen und körperlichen Erfahrungen und Veränderungen, die diese ermöglichen. Bei den Vertretern der Psychoanalyse besticht demgegenüber die Treffsicherheit der Begrifflichkeiten und die Differenziertheit der Theorien, die diese aufgestellt haben und immer weiterentwickeln. Ziel dieser ist es, einen Teil des Theorienreichtums der Psychoanalyse für die Körperpsychotherapien wieder zu erschließen.
192 S., ISBN 978-3-934391-08-6

Ulrich Leutner Verlag

Stanley Keleman
Formen der Liebe
Das Gestalten von Beziehung aus somatischer Sicht
In diesem Buch zeigt Stanley Keleman, wie die jeweilige Konstitution eines Menschen die Art und Weise, wie er Liebe erfährt und ausdrückt, beeinflusst und dass jede Wachstumsphase des Menschen eine eigene Qualität von Bindung braucht, um eine erwachsene Beziehungsform zu finden. Beeinträchtigungen in diesen Beziehungsstadien rufen entsprechende, von Keleman charakterisierte Probleme im erwachsenen Beziehungsleben hervor, die er auf Basis einer dialogisch fundierten Typenlehre beschreibt.
128 Seiten, Broschur,ISBN 978-3-934391-10-9

Stanley Keleman
Formen des Leids
Emotionale Verletzungen und ihre somatischen Muster
„Wenn ein Therapeut in den somatisch-emotionalen Prozess einer Person eingreift, trifft er auf mehr als die Ideen, welche die Person über sich selbst und ihren üblichen Gefühlszustand hat. Er beginnt darüber hinaus die verkörperte Geschichte der Person zu entdecken."
Stanley Keleman

Dieses Buch untersucht die Art und Weise, wie jemand von innen heraus auf Herausforderungen und Verletzungen durch Schock, Trauma, Missbrauch und Vernachlässigung reagiert. Es zeigt auf, wie diese vergangenen und gegenwärtigen schmerzhaften Gefühle und Erfahrungen eingekörpert werden. Diese Erfahrungen bringen eine Veränderung in Form, Haltung und Aktivität mit sich, und sie verändern die innere und äußere Wahrnehmung . Für Keleman ist der Körper ein Prozess - ein lebendiger, subjektiver Prozess - eine Kette von Erfahrungen, die sich über über die Zeit in körperlicher Form manifestiert. Er nennt dies „den formativen Prozess".
Ein grundlegender Beitrag zur Traumatherapie
128 Seiten, Broschur, ISBN 978-3-934391-27-7